조선후기 공론정치의 새로운 전개

- 18, 19세기 향회, 민회를 중심으로 -

서울대학교 규장각한국학연구원 한국학모노그래프 72

조선후기 공론정치의 새로운 전개

– 18, 19세기 향회, 민회를 중심으로 –

초판 1쇄 발행 2017년 8월 15일
초판 2쇄 발행 2018년 7월 19일

지은이 김인걸
펴낸이 성낙인
펴낸곳 서울대학교출판문화원

출판등록 제15-3호

주소 08826 서울 관악구 관악로 1
대표전화 02-880-5252 | **팩스** 02-888-4148
홍보마케팅팀(주문상담) 02-889-4424, 02-880-7995
이메일 snubook@snu.ac.kr
홈페이지 www.snupress.com

ISBN 978-89-521-1961-2 94910
978-89-521-1027-5(세트)

서울대학교 규장각한국학연구원 한국학모노그래프 72

조선후기 공론정치의 새로운 전개

－ 18, 19세기 향회, 민회를 중심으로 －

김 인 걸 지음

서울대학교출판문화원

New Developments in '*Kongnon* Politics' During the Late Chosŏn Period:

Local Councils and People's Assemblies in the 18th and 19th Centuries

Kim, Ingeol

Seoul National University Press

머리말

공론정치라는 오래된 얘기로 지금껏 가 보지 않았던 조선 정치사에 첫 발을 디디려 하니 발걸음이 잘 떼어지지 않는다. 그래서인지 이 자그마한 책을 하나 내는 데 많은 시간이 흘러 버렸다. 이 문제에 처음 관심을 갖게 된 것은 2001년도 2월에 개최된 동양사학회 제20회 동계학술토론회에 초청받은 것이 계기가 되었다. 전체 주제는 '여론과 정치'였는데, 발표자는 '조선후기의 정치와 여론: 공론정치의 지속과 단절'이란 주제의 글로 참석하였다. 당시 언론학계의 성과가 어느 정도 있었고 마침 역사비평사에서 〈조선시대 여론과 정치〉(1997)라는 기획을 상재한 바 있었기 때문에, 여기에 기대어 조선시대사 연구에 몸담은 이후 얻게 된 일종의 상식을 보태서 책상 위에서 정리해 본 것이었다.

이 책의 구체적 구상은 2009년도 서울대학교 한국학 장기기초연구지원사업 연구비의 지원을 받으면서 이루어졌다. 한 주제를 10년 정도 묵히고 틈틈이 관련 자료도 챙겼으니 어떻게든 꾸려지겠지 하는 안일한 생각과 함께, 이렇게라도 자신을 얽매어 놓지 않으면 글이 되지 않을 성싶어 욕심을 내 본 것이었다. 한국사학계의 새로운 연구 성과를 정리하여 보충하고 필자의 우견을 보탠다면 하나의 새로운 틀이 만들어지지 않을까 하는 생각도 없지 않았다. 그러나 이 주제를 혼자의 힘으로 해결한다는 것은 거의 불가능에 가까운 일이었다. 2012년에는 전국역사학대회에서 한국사연구회 주관으로 〈한국사 속의 소통과 공론의 장〉이란 주제의 발표가 있었다. 이들 기획이 큰 도움을 주었음은 물론, 그사이 사회과학계나 철학계에서 많은 연구 성과들이 나와서 도움과 자극을 주었다. 특히 후자의 논문들을 면밀히 검토하는 것이 힘들었는데, 마침 김경래의 깔끔한 연구사 정리(2012)가 있어 짐을 덜 수 있었다. 그 외에도 조선 전기 부분에 대해서는 송웅섭의 '공론정치 형성'이라는 주제의 학위논문(2011)이 제출되어 도움을 받았다. 이 책의 주요 소재의 하나인 향회 가운데 전사에 해당하는 17, 18세기 향회 관련 자료는 저자의 박사학위논문(조선후기 향촌사회 변동에 관한 연구)에서 다루었던 것을 다수 활용하였는데, 사실 이들 자료가 있어서 책의 골격이 갖추어질 수 있었다는 점도 부기해 둔다.

조선시대의 공론정치가 역사학계만이 아니라 철학계 및 사회과학계의 관심 대상이 된 것은, 서구의 공론장에 대한 많은 논의가 자극제가 된 것이기도 하지만, 사방이 꽉 막힌 한국 현실이 그렇게 만든 측면이 없지 않은 것 같다. 이러한 현실적인 고민을 가지고 보았을 때 조선의 공론정치는 매력적인 주제임이 틀림없다. 현실이 아무리 문제가 많고 어렵더라도 만세토록 없어지지 않을 그 무언가를 부여잡고 유교적 이상사회를 추구하며 자신들이 그 공론의 담지자임을 자부할 수 있었다는 것이 얼마나 멋진 일인가. 그렇지만 사림공론을 중심으로 한 조선의 공론정치는 자부심의 대상이면서도 한편으론 그 원칙이 제대로 지켜졌는지 의심이 가는 경우가 늘어나기 시작한 것도 사실이었다. 입을 닫고 있는 것이 상책이라는 조정 신료들의 함묵성풍(含默成風) 풍조 속에 새 돌파구를 찾아야 했던 국왕 정조의 노력도 시세(時勢)를 거스를 수는 없었다. 정조의 죽음으로 시작된 19세기에 들어오면 예의 세도정치가 열린다. 중앙정치만을 놓고 볼 때 세도정치기에 들어오면 공론은 사라지고 그 결과 '민란'이 만연하는 것으로 설명할 수 있다. 과연 조선후기에 들어와 공론정치는 막을 내린 것인가.

이 책은 바로 위와 같은 위로부터의 시각을 바꾸지 않으면 안 된다는 판단에서 시작한다. 1980년대 이래 크게 성장한 사회사적 연구에 기반해서 본다면, 기존 공론정치와 대립하면서도 상호 영향을 주고받으며 지방 향촌사회에서는 새로운 공론장이 활발히 펼쳐지고 있었음을 확인할 수 있다. 18, 19세기의 대소민인(大小民人)이 같이 만들어 간 향회(鄕會)와 민회(民會)가 바로 그것이다. 조선사회를 흔히 양반사회라고 하지만, 조선사회는 국왕과 지배계급인 양반, 그리고 그 밑을 받쳐 왔던 민 등 이들 3자가 연출한 역동적인 사회였다. 그러니 조선후기는 공론정치가 종식된 것이 아니라 새롭게 전개되어 간 시기로 자리매김 될 수 있는 것이다. 이러한 기반이 있었기 때문에 '근대' 국민의 형성과정에서 큰 갈등 없이 '민주공화정'을 스스로 선언할 수 있었던 것으로 본다면 지나친 억단이라고만은 할 수 없을 것 같다. 이 책이 나오는 데 적극 지원해 주신 서울대학교 규장각한국학연구원에 감사드리고, 출판을 허락해 주신 서울대학교출판문화원에도 감사의 말씀 드린다.

2017년 7월 31일 관악산 아래서

김인걸

차례

그림 차례

Ⅰ. 서론 – 조선시대에 대한 새로운 이해와 '공론정치' –

극단의 시대

어느 시대나 사회에서건 자신들이 살고 있는 시대를 성세(盛世)로 여기는 경우는 많지 않을 것이다. 그렇지만, 오늘날 우리 국가 사회처럼 정론(正論)이 무시되고 정치, 경제, 사회 등 모든 면에서 어느 한 사물이나 현상에 대한 평가가 극과 극을 달리는 경우는 보기 힘든 것 같다. 근대로의 전환 과정에서 전혀 생각지 못했던 일제의 식민지배를 거치고, 이어 분단과 동족상잔의 전쟁 등 일련의 역정 속에서 겪은 압도적 외압에 눌려 자신만의 주견을 가질 수 없게 된 결과인가? 아니면 자신이 딛고 있는 정체성의 기반에 대한 상반된 이해 때문인가?

극단적인 평가는 우리 역사에 대해서도 마찬가지이다. 찬란한 반만년 역사를 자랑하는 문화민족이라는 자부심의 이면에는 언제나 외세의 침략에 시달려 온 고난의 민족이라는 인식이 깔려 있다. 그리고 오늘날이 정도로 '발전'할 수 있게 된 것이 유교문화전통에서 비롯한 교육열과 근면성에서 찾을 수 있다는 긍정적 평가가 없지 않았지만, 정반대로 '유교망국론'적 인식 역시 쉽게 무너지지 않고 있다. 평행선을 달리면서 전혀 해결의 기미를 보이지 않는 학계 내의 이른바 내재적 발전론과 식민지근대화론의 대립도 결국 금도를 넘어 정치 현장에서까지 생경한 모습을 드러내기에 이르렀다.

역사에 대한 일도양단의 평가는 얼핏 역사를 몰라서라기보다는 역사까지도 현실 특정한 이해관계와 연결시켜 자신의 목적대로 호도하기 때문인 경우가 대부분인 것으로 보인다. 그런데 이를 조금 깊이 들여다보면, 이 같은 현상은 당시의 사람들이 어떠한 조건에서 어떠한 생각을 가지고 살아왔는가 하는 점을 역사적으로 보려 하지 않고 결과론적으로 보는 데 익숙해진 때문이라 하겠다. 더 근본적으로는, 역설적이게도 한국 현대사의 역정이 반영된 것이겠지만, 과거와의 진정한 단절에 기초한 새로운 현대문화 건설의 방향을 제대로 잡지 못한 데서 기인한 것이라 할 수 있다. 결국 이러한 극단적 평가는 자신의 정체성 기반에 대해 역사적으로 사고하는 것을 가로막게 된다.

조선시대 역시 극단적인 평가를 받고 있는 시대 가운데 하나이다. 초등학생의 머릿속에는 존경하는 인물로 세종대왕과 이순신, 정조대왕과 정약용 등이 자리하고 있을 터이지만, 중고등학생쯤 되면 주요 사건으로 병자호란과 삼전도비, 강화도조약과 을사늑약이 생각에 추가된다. 그런데 대학교에서는 기존의 인식 위에 조선 건국의 기본 이념이자 조선사회를 이끌어 간 유교에 대한 이해까지 더해질 것 같지만, 기대와는 정반대이다. 대학에서는 교양과목으로 개설되어 오던 한국의 유교문화 관련 강좌는 폐강되거나 이름을 바꾸어야만 하는 것이 오늘의 현실이다. 대학생 누구나 말로는 역사에 관심을 가지고 있다고 얘기하지만, 그 역사를 역사적으로 공부하는 데에는 그다지 관심을 두지 않는 것이다. 그래도 8·15 해방 당시에 비해 1960년대 이래 한국사 연구에서 이루어진 커다란 진전의 결과로 일반인들이 우리나라 역사를 보는 눈이 많이 달라진 것은 사실이다. 그렇다고는 하지만, 조선시대를 보는 주변의 시선은 여전히 만족스러운 데 이르지는 못한 것 같다.

자기 역사에 대한 무관심은 공급자와 수요자 간 이해의 불일치에서

오는 것으로서, 이는 공급자라 할 수 있는 역사가들이 현재 우리 앞에 제기되고 있는 여러 궁금증들을 해소시켜 주지 못한 데서 비롯된 것이라 할 수 있다. 따라서 그 일차적 책임은 역사가들에게 돌려져야 할 것이다. 즉, 역사를 특정 목적에 따라 왜곡하지 않고 총체적으로 기술한다는 것이 어떤 것인지 모범을 보여야 할 터인데, 그것이 쉬운 일이 아니라 역사가들은 여전히 여기저기 눈치를 보고 있는 실정이다. 그리고 역사를 단지 지나가 버린 과거사가 아니라 독자 자신들의 삶과 연결시켜 생각할 수 있도록 가르쳐야 한다는 점이 누누이 강조되어 오고 있지만, 그것을 뒷받침할 연구는 아직 초보 수준을 크게 벗어나지 못하고 있다. 그런데 수요자에게도 문제가 없는 것은 아니다. 역사의 수요자라 할 독자나 청자들이 많이 늘어난 것은 사실이지만, 많은 역사물들을 접하면서도 그것을 자신의 문제로 생각지 못하는 경우가 대부분이다. 역사를 현재의 삶과 무관한, 지나가 버린 역사라는 무대에서 펼쳐진 영웅들의 각축장 정도로 생각해서는 곤란한 것이다. 현실이 주는 압박도 힘겨운 판에 역사라는 짐까지 떠안고 싶지 않다는 생각에서 먼저 벗어나야 한다. 역사는 자기 정체성의 기반이기 때문이다.

조선시대 이해에서 일반인들이 겪는 혼란에는 학계의 정제되지 못한 논쟁구도 역시 큰 몫을 차지하고 있다. 과거 양반망국론, 유교망국론의 해독이 가시지 않은 상황에서, 동아시아의 네 마리 작은 용을 설명하기 위한 '유교자본주의론'이 반짝 유행하다가 사라지고, 일본 제국주의 식민사관의 폐해를 극복하기 위해 이루어진 1960, 70년대 이른바 내재적 발전론의 성과들이 식민지근대화론에 의해 무단적으로 폄훼되는가 하면, 그에 편승하여 근거가 부실한 19세기 위기론이 잠들어 있던 식민사관의 망령을 불러내고 있는 것이 작금의 현실이다.

그간 한국사학계의 조선시대 연구에 대한 비판이 내외적으로 꾸준히 제기되어 온 터이지만, 국내 학계에서 아무래도 가장 큰 논란을 야기한 것은 국사학계의 '내재적 발전론'에 대한 경제사학계의 문제제기라고 할 수 있을 것 같다.[1] 그런데 경제사학계의 일부에서 내놓고 있는 주장들은 식민지 근대화론의 다른 한 짝으로서 한국 근현대사를 특정한 방식으로 재단하려는 이데올로기적 성격이 강한 것이다. 현 체제의 정당성을 치장하기 위한 이러저러한 '이론'으로는 조선왕조의 지배체제를 이끌어 온 국왕과 신료[君臣], 그리고 왕조를 떠받쳐 온 백성들[民]이 같이 만들어 나온 조선의 문화나 조선 사회의 변화들은 온전히 설명할 길이 없다.

조선시대에 대한 극단적 평가가 이어지는 이유 가운데는 국민국가 형성과정에서 겪어야 했던 수많은 상흔을 극복, 치유하는 과정에서 국민적 합의, 즉 전통적 수사에 따르면 공론을 도출해 낼 수 없었다는 점도 간과해서는 안 될 것이다. 외압이 아무리 강하다고 하더라도 그 외압은 압박을 받는 사회 내부 사회세력 간의 역학관계를 매개로 해서 관철된다는 점을 고려할 때, 공론 형성의 주체나 그 기준이 문제가 된다. 그렇지만 우리 사회 내부에 공론의 내용이나 그것을 이끌 주체에 관한 심도 있는 검토는 아직 걸음마 단계이다. 연구의 진전이나 교육의 효과로, 무엇보다 '대한민국'이 그간 성취한 경제적 '성공'에 힘입어 전통문화에 눈을 돌릴 수 있는 여유가 생기고, 자신의 문화전통에 대한 설명의 필요성을 자각할 수 있는 단계에 들어서고 있는 것은 반가운 일이다. 그렇지만 정작 그 전통을 자신의 삶과 연결시켜야 할 대목에서는 주춤거리기 일쑤이다. 전통과의 단절이 가져온 결과라 하겠다.

---

1. '내재적 발전론'과 '식민지근대화론'에 대한 연구사적 정리로는 다음 논저들을 참조. 정연태, 《한국근대와 식민지근대화논쟁—장기근대사론을 제기하며—》, 푸른역사, 2011.
김인걸, 〈1960, 70년대 '내재적 발전론'과 한국사학〉, 《한국사인식과 역사이론》(김용섭교수정년기념사학논총 I), 지식산업사, 1997.
박찬승, 〈한국학연구 패러다임을 둘러싼 논의—내재적발전론을 중심으로—〉, 《한국학논집》 35, 계명대학교 한국학연구원, 2007.
이헌창, 〈한국사 파악에서 내재적 발전론의 문제점〉, 《한국사시민강좌》 제40호, 2007.
이영호, 〈'내재적 발전론' 역사인식의 궤적과 전망〉, 《한국사연구》 제152호, 2011.

한국인 정체성의 기반으로서 조선시대

이 책의 연구 주제는 '공론정치'이지만, 집필의 또 다른 목적 중의 하나는 조선시대에 대한 이해 기반을 넓힘으로써 자신의 정체성에 관해 역사적으로 사고할 수 있도록 해 보자는 데 있다. 이를 통해 전통과의 단절을 극복하는 한편, 부진상태를 면치 못하고 있는 한국인의 정체성을 이루고 있는 바탕에 대한 보다 심도 있는 논의의 장이 만들어지기를 기대하는 것이다.

연구의 측면에서는 조선사회를 구조적으로 파악하면서도 이를 지배계급이나 지배체제의 성격을 드러내는 데 머물지 않고 각 역사 주체들 사이의 역동적 관계를 중심으로 이해할 수 있도록 하는 것을 목표로 한다. 그럼으로써 일반 독자들이 역사를 단지 교과서적 지식으로서가 아니라 자신의 삶과 연결지어 이해할 수 있도록 해 보자는 것이다. 이러한 시도에 적합한 주제의 하나가 바로 조선의 공론정치이다. 이 공론정치, 공론에 대한 연구는 일찍부터 역사학계에서 주목해 온 것이지만, 최근 들어 철학, 사회과학계에서 많은 관심을 가지고 참여함으로써 우리의 사유를 더욱 풍성하게 만들고 있는데, 풍성한 만큼 새로운 문제들이 드러나기도 한다.

우리는 흔히 대한민국 정통성의 기반을 3·1운동에서 찾는다. 3·1운동이 거족적 민족운동이자 향후 독립운동의 기반이 되었다는 데는 이의가 없다. 그런데 1919년 3·1운동의 결과 중국 상해에 대한민국임시정부가 들어섰을 때, 상해 임정은 어떠한 논쟁도 제기되지 않은 가운데 자신의 정체(政體)로 '민주공화제'를 채택하고 의사결정기구로서 임시의정원을 설치하였다.[2] 그런데 모순되게도 3·1운동이 대한제국 황제

---

2. 대한민국임시정부는 헌법초안(조소앙)에 있던 '조선공화국'을 '대한민국'으로 고치는 과정에서 국호를 '朝鮮'으로 하느냐 '大韓'으로 하는가를 놓고 의견이 나뉘었지만, 政體로서 공화정을 택하는 데는 아무런 문제제기가 없었다. 윤대원, 《상해시기 대한민국임시정부 연구》, 서울대학교출판부, 2006 참조.

고종의 인산일(因山日)에 맞추어 기획되었음에도 불구하고, 한반도 안에서 황제국을 다시 세우고자 하는 복벽운동은 1920년대 후반 이후 더 이상 찾아볼 수 없게 되었다. 과거 500년 이상 존속해 오던 '조선왕조'에 근거를 둔 자기 정체성은 1910년 일제의 식민지로 전락하면서 10여 년도 못 되어 물거품처럼 사라진 것인가?

위 질문과 관련하여 '3·1운동에서 동학의 후신인 천도교가 중심세력이 될 수 있었던 역사적 배경'을 찾기 위해서 《동학과 동학란》을 집필하였던 동빈 김상기의 경우를 주목하게 된다. 김상기 선생은, 3·1운동의 동력 가운데 중요한 하나였던 동학을 매개로 일어난 1894년 '동학란'을 '민중의 애국적' 운동으로 평가한 바 있다. 그런데 이 같은 견해는 이후 발전적으로 계승되지 못하고, 민족운동의 주 흐름은 위정척사파의 계보를 잇는 의병운동이나 개화파의 근대화운동, 애국계몽운동 등 '근대적' 제 조류들을 중심으로 재구성되어 왔다. 서구적 근대의 세례를 받으며 전통과 단절되어 나온 결과가 그렇게 만든 것이다.

이 책에서는 이른바 동학란의 중심 구호인 진멸권귀(盡滅權貴)·척왜양(斥倭洋), 즉 중앙정계를 좀먹고 있는 권세가들을 모두 몰아내고 일본 및 서양세력을 배척하자는 구호에 담긴 그들의 의사표현 방식에 주목하고자 한다. '동학란' 1년 전인 1893년, 동학교주 최제우 신원을 위해 2만여 명이 충청도 보은군에서 모였던 '보은취회(報恩聚會)'에서 '동학도'들은 자신들의 모임을 '민회(民會)'라 하였다. 잘 알려진 이 민회에 대한 관련 언급은 동학군을 선무하러 내려갔던 선무사 어윤중의 입을 통해 다음과 같이 전해졌다.

> 그들이 또 말하길 그들의 이번 모임은 "아무런 무기도 가져오지 않았으니 이는 곧 민회(民會)이다. 일찍이 듣기로 각국(各國)에도 또한 민회가 있어 조정(朝廷)의 정령(政令) 가운데 민국(民國: 백성과 국가)에 불편한 것이 있으면 (민회에서) 회의를 통해 검토하여 정한다고 한다. (우리들의) 이번 모임 또한 이와 비슷하다. 어찌 비류(匪類)로 지목할 수가 있단 말인가?"라고 하였습니다.[3]

위 인용문에서 동학군이 말했다고 하는 민회는 한편으로는 당시 동학군의 서양 사정에 대한 이해를 보여 주는 것이기도 하다. 그런데 서양의 예를 들어 자신들의 거사(집회)를 서양의 민회와 같다고 주장한 것은, 엄밀히 보자면 서양의 민회 그것과 자신들의 집단적 행동은 동일한 것은 아님을 전제하는 것이다. 전봉준의 정치구상이라는 것도 대원군을 옹립한다거나 고종을 폐위하고 새로운 왕을 추대하려는 것이 아니고, 소수 세력가의 독주를 막고 몇몇 주석(柱石)의 선비를 내세워 이들을 통해 '합의법(合意法)'에 의한 정치를 기대한다는 것이었다.[4] 실제 동학도들의 집회나 주장은 전통적으로 중민(衆民)이 합법적 공간에서 등소(等訴)나 의송(議送)의 형태로 자신들의 집단적 의사를 표해 오던 의사표현 방식과 내용을 계승하는 것이다.

갑오농민전쟁 당시 '동학도'들의 의사표현 방식을 보면 '도소(都所)'를 설치하여 의사를 모으고 그 결과를 관찰사에 청원하는 형식을 띠고 있었다는 점에서, 기존의 도 단위로 올라오던 유생들의 연명상소와 다를 바가 없었다. 당시 동학군들은 기존에 고을 단위로 대소민인(大小民人)들이 '향회(鄉會)'를 열어 그 결과를 각 도 감사(監司)에게 올리는 '의송'의 형식을 활용하기도 하였다. 1862년의 '민란'이 단지 삼정문란으로 못살게 된 빈농들이 아니라, 정부 부세정책이 가진 모순으로 인해 더 이상의 성장이 불가능하다는 점을 자각한 요호부민과 양반토호들의 선도하에 진행되었듯이, 농민전쟁 단계에서는 기존 군현 단위 정소(呈

---

3. 〈宣撫使再次狀啓, 魚允中兼帶〉, 《聚語》; 《東學亂記錄》 상, 국사편찬위원회, 123쪽.
4. 〈동학수령과 합의정치〉(2월 20일, 경성 아오야마 발, 《東京朝日新聞》 1895년 3월 6일)[오늘 법부아문에서 참의 이재정씨가 주사 1명을 데리고 일본영사관에 와서 전녹두를 취조했는데, 취조 중 일본 警部가, "네가 경성에 쳐들어온 후 누구를 추대할 생각이었는가?"라고 묻자, "일본병을 물러나게 하고 惡奸의 관리를 축출해서 임금 곁을 깨끗이 한 후에는 몇 사람 柱石의 선비를 내세워서 정치를 하게 하고 우리들은 곧장 농촌에 들어가 常職인 농업에 종사할 생각이었다. 하지만 국사를 들어 한 사람의 세력가에게 맡기는 것은 크게 폐해가 있는 것을 알기 때문에 몇 사람의 名士에게 協合해서 合議法에 의해서 정치를 담당하게 할 생각이었다."라고 대답하였다.].

訴)로는 근본적 해결책을 찾을 수 없음을 자각한 '창의유생(倡義儒生)'을 위시한 민중(民衆)의 주도로 진행되었다. 달라진 점이 있다면 농민전쟁에서는 집단적 의사를 '방문(榜文)·격문(檄文)'의 형태로 공중(公衆)에 게시하고 '전국적' 차원에서 정부군과 '전쟁'을 치렀다는 점이다. 그리고 1차 농민전쟁의 결과 '관민상화(官民相和)'의 상징으로 '전주화약'을 이끌어 내고 농민군 지도부가 국가행정이라는 '공적 영역'에 진출하였다는 점[5] 역시 주목해야 할 것이었다.

'동학도'들의 움직임은 중앙 조정에서 제대로 대처하지 못하고 있는 내부의 구조적 폐단 제거나 외세의 침략에 대한 대처방안을 아래로부터 제시하고자 하는 의사표현인 셈이었다. 3·1운동이 '동학란'을 계승한 점이 있다면 바로 이와 같은 전 계층이 참여한 아래로부터의 의사표출 방식(운동)이었던 것이다. 식민지배 초기 일제의 무단통치 아래서도 아직은 민중이 자신의 의사를 개진할 수 있는 여력을 가지고 있었기에 가능한 것이었다. 1894년 동학농민전쟁 2차 봉기의 마지막 전투라 할 수 있는 석대들전투에서 패한 이후 저항세력이 전멸된 장흥지방에서 3·1만세운동조차 일으킬 수 없었다는 사실은 그 역설적인 반증이 되는 셈이다. 우리는 자신의 정체성의 기반으로 삼고 있는 조선시대 역사에서 중민(衆民), 즉 근대로의 전환기에 민중으로 성장한 이들의[6] 역할을 평가하는 데 있어서 너무 인색했고, 민중의 활동을 부각시키려 할 경우에도 그 방법이 너무 제한적이었던 것은 아닌지 다시 생각해 볼 필요가 있다.

---

5. 김선경, 〈19세기 농민저항의 정치 ─1862년 농민항쟁, 관민 관계 위기와 법담론─〉, 《역사연구》 16, 2006.

6. 정창렬, 〈백성의식, 평민의식, 민중의식〉, 《한국민중론》, 한국신학연구소 편, 1984; 〈한국사(학)에서의 민중 인식〉, 《리영희선생화갑기념문집》, 두레, 1989(《정창렬 저작집Ⅱ 민중의 성장과 실학》, 도서출판 선인, 2014 재수록).

조선시대 이해의 어려움

조선시대 하면 흔히 중앙집권적 양반관료국가, 또는 양반사회를 떠올린다. 그러나 이 양반이 이끌었다고 하는 국가, 사회의 성격이나 그 변화 과정에 대해서는 아직 만족할 만한 답이 제시되지 못하고 있다. 성리학, 신유학(Neo-Confucianism)을 지배이념으로 채택한 조선은 그 중반에 7년간에 걸친 일본과의 전쟁(임진왜란: 1592-1598), 두 차례 만주족(청)의 침입(정묘호란: 1627, 병자호란: 1636)에도 불구하고 체제 재건을 이루어 1910년 일제의 식민지로 떨어질 때까지 500여 년을 장수한 국가였다. 이 때문에 조선조의 장기지속 문제를 어떻게 이해할 것인가를 놓고 일찍부터 연구자들이 관심을 가져왔다. 조선왕조의 장기지속의 원인에 대한 설명으로서 조선왕조에서는 국왕과 사대부(관인) 양자 사이의 견제와 균형이 이루어지고 있었기 때문이라는 팔레 교수의 설명이 알려져 있지만,[7] 조선의 근세정치가 500년 이상 장기화될 수 있었던 요인을 처음 지적한 이는 일제 때 안확(1886-1946)이었다.

안확은 조선왕조가 장기지속할 수 있었던 원인으로 '정당(政黨)이 발생한 이유 때문'을 들었다. 당시로는 매우 흥미로운 지적이었다. 그는 "군권(君權)이 무한히 발전하였으나 서양 전제시대와 달라서 다소의 민권(民權)이 있을 뿐 아니라, 정당이 쟁의를 일으키는 기풍에 군권이 감히 무제한으로 신장치 못하였는지라. 고로 반동이 일어남이 없었다."라고 하였다. 그와 동시에 "정조 때부터 정당이 멸절하고 독재정치의 본색이 되는 계급작용이 심한 지경에 이르매, 이로부터 반동이 일어나기 시작하니 홍경래의 기병(起兵)이 첫 번째로 나온 운동이라. 고로 정조 이후 120년간은 실상 독재정치의 극성기인 동시에 쇠퇴를 가져와 신시

---

7. 팔레 교수는 조선왕조의 장기지속을 두고 왕조국가와 양반 귀족의 상호의존에 주목한 바 있다. James B. Palais, *Politics and Policy in Traditional Korea*, Cambridge, Mass.: Harvard University Press, 1991, pp. 4-6.

대를 간절히 바라는 사조가 밑으로 흘렀다."라고 지적한 바 있다.[8] 상호 모순적이기도 한 그의 설명은 크게 주목되지 못하였지만, 조선 공론정치의 전개과정과 관련하여 주목해야 할 것이었다.

박현모는 국왕과 신료들 사이의 합의를 통해 주요 국정을 이끌어 왔던 공론정치를 조선이 장수할 수 있었던 요인으로 꼽았다. 그는 위 안확의 논의를 지렛대 삼아 정조대 대간활동과 유생들의 집단상소를 분석하여 언론 위축을 실증함으로써 공론정치의 붕괴를 주장한 바 있다.[9] 과거 역사학계에서 일반적으로 받아들여졌던 정조대 인식, 즉 문화융성기로서의 정조시대상에 문제를 제기한 것은 참신하고 공론정치의 붕괴를 공언한 점이 주목된다. 그렇지만 공론정치를 지배계급, 좁힌다면 군신 간 소통이나 합의에 국한하여 설명하고 있어 역사학계의 과거 정치사 연구의 오래된 설명방식으로 회귀한 듯한 아쉬움도 남긴다.

기존의 서구중심주의에서 벗어나 전통사회 내부로부터 비교사적으로 파악하려는 노력이 필요하다는 점을 상기시킨 것으로서 아시아 전통사회를 중앙집권적 유교 관료제사회의 작동과 관련하여 검토한 우드사이드의 논문은[10] 시사하는 바가 크다. 이 논문은 종교전쟁 등으로 인하여 장기간 분열되어 있던 중세 유럽과 달리, 아시아 지역에서 근대까지 살아남은 중국, 베트남, 한국의 각 지역질서와 이를 뒷받침한 집단 정체성

---

8. 안확, 《조선문명사》, 안동서관, 1923, 325-326쪽.
《황성신문》 1899년 5월 31일 〈논설〉 참조. '황성신문'의 경우 다음과 같이 당론의 분열로 공론이 그치게 되었다고 보았다. "我韓에는 노소남북이란 당론이 국체에 큰 병을 腫成한 후로 온 일국에 공론이 그치게 되어[遂寢] 인재를 천거할 때나 사람 쓰는 자리에는 사람의 됨됨이는 논하지 않고 각기 그 당파를 따라 취사하니(이하 생략)."

9. 박현모, 〈조선왕조의 장기지속성 요인 연구 −공론정치를 중심으로−〉, 《한국학보》 30, 2004.
_____, 〈정조시대의 공론 연구 −대간의 활동과 유생들의 집단상소를 중심으로−〉, 《한국정치연구》 11-2, 2002.

10. Alexander Woodside, "Territorial Order and Collective-Identity Tensions in Confucian Asia: China, Vietnam, Korea," *Daedalus* Vol. 127, No. 3, Early Modernities (Summer), 1998, pp. 191-220.

을 주목한다. 이 집단 정체성은 유교라는 보편성, 특히 일원적 시험제도에 의해 관료 지배층을 충원한다고 하는 중앙집권적 정치체제로부터 연유하는 것이었다. 그리고 변경(국경)이 지속적으로 확장되어 타 종교나 소수민족을 포섭해야 했던 중국이나 베트남의 경우와 달리, 한국은 지역적으로 일찍부터 상대적 독립성을 유지하고 있었기 때문에 정체성의 위기는 거의 없었으며, 조선왕조가 500년 이상 장기간 지속될 수 있었던 것도 이와 무관하지 않은 것으로 설명한다. 한국(조선)의 양반 지배계급은 자신의 정치적 진출의 확대를 위하여 국왕을 중심으로 한 중앙집권적 관료제를 정치체제로 채택하였고, 환관과 관료 두 세력을 기반으로 하였던 중국과 달리 조선의 국왕은 관료층만을 파트너로 하였기 때문에 사족 양반(Yangban Aristocracy)이 국왕과 권력분점을 하면서 500년 이상 장기간 왕조국가체제를 유지하였다고 한 설명은 팔레 교수의 그것과 일치한다.

위 우드사이드의 설명틀은 국내 조선시대사 연구자들이 주목하지 못했던 점을 상기시켜 주었다는 점에서 의의를 갖는다. 그렇지만 위 견해가 갖는 문제점이 없는 것은 아니다. 조선시대사, 조선 정치사를 양반 지배계급 중심으로 파악하고 있지만, 조선시대 안에서도 지배계급의 존재형태가 변화해 왔다는 사실, 특히 조선후기 사회변동에 따라 정치운영방식에서 전기와는 다른 큰 변화가 있었다는 사실을 설명하지 못하는 것이다. 같은 문제에서 비롯된 것이지만, 집단 정체성에 주목하면서도 근대형성기의 역사적 조건을 간과하고 있다는 점 역시 한계로 보인다.

한편, 최근 동아시아의 특성과 관련하여 조선시대를 새롭게 보고자 하는 견해로서 제기된 소농사회론(유교사회론)이 주목된다.[11] 이 소농사회론은 기존 서구중심적 '역사발전 모델'을 지양하고 '동아시아 전통사회의

---

11. 宮嶋博史, 〈東アジア小農社會の形成〉, 《アジアから考える6 ー長期社會變動ー》, 溝口雄三・浜下武志・平石直昭・宮嶋博史 編, 東京大學出版會, 1994.
이영훈, 〈조선후기 이래 소농사회론의 전개〉, 《역사와 현실》 45, 2002.

모습과 근대 이행과정의 특징'을 파악하기 위한 거대한 기획으로서,[12] 조선사회의 성격을 이해하는 데 여러 시사점을 제공한다. 그렇지만 우리가 관심을 가지는 조선을 이끌어 간 역사 주체들과 관련하여 조선사회의 지향이나 변화의 역동성을 설명하는 틀과는 일정한 거리가 있다.

이상의 사실에 비추어 조선시대 전체를 관통하는 주제로서 공론정치론은 조선시대를 새롭게 이해하는 좋은 소재가 될 수 있을 것으로 생각한다. 그것을 중앙정치나 지배계급에 국한하지 않고 보다 총체적이면서도 역동적으로 설명한다면 조선시대 이해에 한 발 더 다가갈 수 있게 해 주지 않을까 기대하는 것이다.

조선시대 이해와 공론정치

역사에 대한 정의는 역사학의 유파만큼, 아니 역사가 개개인의 숫자만큼이나 다양할 수 있다. 그렇지만 역사가 한 시대의 문제를 직시하고 그 문제 해결을 위해 노력해 온 인간 활동의 산물이라는 점에 대해서 이의를 제기할 사람은 많지 않을 것이다. 그러한 점에서 조선시대사는 조선의 국체를 이끌어 갔던 국왕, 지배계급, 일반 민 등 이들 3자가 연출해 간 거대한 서사시라고 볼 수도 있을 것이다.[13] 각 주체들이 공적 영역에서 체제 유지와 그를 위한 개혁을 내걸고 겨루었던 모습, 계급적 이해를 관철시키기 위해 벌인 정치사회적 경쟁들을 구체적으로 검토할 필요를 느낀다. 그러나 위에서 언급한 바와 같이 지금까지 조선시대 이해는 망국의 원인 해명이나, 스스로 근대화할 수 있는 조건이 됐는가

---

12. 미야지마 히로시, 《나의 한국사 공부》, 너머북스, 2013, 41쪽.
13. 남지대, 〈15세기 조선사회와 농민〉, 《역사와 현실》 5, 1991.
위 글에서 남지대는 지금까지 15세기를 설명하는 데 있어 건국 주체인 신흥사대부 중심으로 설명해 온 한계를 보완하기 위해서는 지주전호 관계의 한 축을 이루었던 농민의 존재를 같이 다루어야 한다는 점을 강조하였다. 지배계급과 피지배계급의 상호관계를 주목해야 한다는 지적이 정당하지만, 거기에서 국가(국왕)의 역할을 아울러 고려할 필요가 있다고 하겠다.

그렇지 못한가를 두고 부정과 긍정으로 대립하는 과정이었다. 20세기 한국사의 경험이 생존을 건 투쟁을 요구하였고, 미래의 사회 전망과 관련한 논의에 학문적 자유가 쉽게 허락되지 않았기 때문에 어찌 보면 당연한 귀결이다. 그러나 이제는 이러한 질곡으로부터 벗어나 한 걸음 뒤에서, 목적론에서 벗어나 진정 조선시대를 역사적으로 검토할 단계로 나아가야 할 때도 되었다. 언급했듯이 조선시대를 정치운영론의 측면에서 전체적으로 새롭게 조망해 볼 수 있게 해 주는 공론정치론은 그 시금석이 될 수 있겠다.

가장 일찍 시작되었으면서도 정체상태를 면치 못했던 조선 정치사는 최근 관련 분야사 연구의 진전에 의해 역동성을 보이기 시작했다. 정치주체들의 움직임까지를 아우를 수 있는 단계로 진행되고, 인접 철학이나 정치학 분야 연구자들의 참여로 논의의 폭도 크게 확대되었다. 조선후기를 대상으로 하는 최근 연구들에 의해 18세기 이래 왕권 강화책이 추진되는 가운데 사족, 양반계급의 지위가 동요하고, '사림공론'이 제한되는 가운데 국왕이 직접 대・소민인들의 의견을 들어 정치에 구현코자 하였으며, 나아가 18-19세기 지방사회에서는 이들 대・소민인들이 '향회'와 '민회'를 통해 집단적 의견을 합법적인 공간에서 분출하고 있었다는 점을 알 수 있게 되었다. 그런데 이 같은 사실의 확인은 커다란 수확이라고 할 수 있지만, 그 해석에 있어서는 각 분야사 연구자들 간에는 상당한 온도의 차이가 있어 숙고가 요구된다.

우선, 한국사학계의 경우 일찍이 공론정치의 기제라 할 수 있는 언론기관에 주목하였고,[14] 주 담당층으로서 사대부, 사림, 유생층으로 이어지는 공론 담당층의 확대 과정에 주목하여 조선 공론정치의 발전을 설명해 왔다고 할 수 있다.[15] 반면, 공론정치에서 사림이라는 주체를 강조하

---

14. 최승희, 《조선초기 언관・언론연구》, 서울대학교출판부, 1976.

15. 김경래, 〈조선 공론정치론에 대한 비판적 검토와 제안 – 이이의 공론 개념을 중심으로 –〉, 《사학연구》 105, 2012.

는 국사학계와는 달리 철학계 및 정치학, 언론학을 비롯한 사회과학계에서는 민주정치의 한국적 기원을 추적하여 현대 민주주의의 한계를 보완한다는 실용적 목적과도 관련하여 심의와 토론이라는 '원리'를 강조한다.[16] 이렇게 공론정치를 여러 주체들이 논의와 토론을 통하여 올바른 결정을 내린다고 하는 심의정치로 규정할 경우 공론은 다수의 공정한 의론이 되는 셈이다. 그렇지만 공론은 여러 논자들이 강조해 오고 있듯이 천리(天理)를 구현한 의론으로서, 다수의 동의라고 하는 현실과는 별개의 원론적 논의이다.

뒤에 다시 설명되겠지만, 공론이 천리를 구현하는 의론으로서 '절대적으로 공정 공평하면서도 지극히 옳은 공의(公議)이기 때문에 당연히 많은 사람이 따라야 하거나 따를 수밖에 없는 논의'라는 설명은[17] 주희와 주희의 설을 부연한 율곡 이이의 언급에 기초하고 있다. 주희는 국시(國是)를 설명하면서 "진실로 '천리에 따르고 인심에 합당[順天理合人心]'하면 천하가 모두 옳다고 여길 것이니 이론(異論)이 생길 수가 없다."라고 한 바 있는데,[18] 율곡은 이와 관련하여, '인심이 모두 당연하다고 하는 것을 가리켜 공론이라 하고, 공론이 있는 곳이 국시이다. (그러니) 국시는 꾀하지 않더라도 모두 옳다고 여기는 것이다'라고 부연하였다.[19] 이렇듯이 공론은 천리를 구현하는 의론을 의미하는 것으로서, 숙의를 한다거나 다수의 동의를 얻어야 하는 그런 성질의 것은 아니라고 하겠다.[20]

---

16. 김경래, 위 논문.
17. 송웅섭, 〈조선 성종대 公論政治의 형성〉, 서울대학교 박사학위논문, 2011, 11쪽 참조.
18. 주희, 《朱子大全》 권24, 〈與陳侍郎書〉, "所謂國是者 豈不謂夫順天理合人心 而天下之所同是者也 (중략) 誠順天理合人心 則固天下之同是也 異論何自而生乎."
19. 이이, 《栗谷全書》 권7, 〈辭大司諫兼陳洗滌東西疏〉; 《선조수정실록》 권13, 선조 12년 5월 22일 병인, "人心之所同然者 謂之公論 公論之所在 謂之國是 國是者 一國之人 不謀而同是者也."
20. 공론이 천리를 구현한 의론이라 할 경우, 누가 그 천리를 대변하는가 하는 점과 관

공론이 천리를 구현한 의론이라면, 그 공론은 변할 수 있는 것이 아니고, 따라서 공론정치는 공론에 기반을 둔 정치, 즉 그 공론에 입각하여 운영되는 정치라고 정의될 수 있을 것이지만,[21] 그것은 기실 정치에 천리를 구현하겠다는 하나의 이상에 가까운 것이라고도 하겠다. 이 같은 사실을 전제한다면 공론은 사회과학계에서 설명하듯이 '심의와 토론에 의해 도달한 합의된 의론'을 넘어서는 보다 복잡한 '정치적인' 개념이라 할 것이다. 그리고 역사학계에서 추구하듯 그 담당층의 변화로써 변화상을 추구한다고 할 경우, 조선 정치는 각 계급 계층의 주장이 경쟁하는 '공론의 경연장'에서 더 나아가지 못하게 되고, 조선시대가 추구해 온 정치의 특질과 그 변화를 설명하는 데까지는 나가지 못하게 된다. 따라서 어느 경우든 조선의 정치발전은 정치 밖에서 찾을 수밖에 없는 처지에 놓이는 문제점을 안고 있다고 할 수 있다.

필자는 "한 시대, 사회를 지탱하는 이념이자 공공선을 지향하는 여론을 해당 사회에 구현하는 것이 정치라고 한다면, 그 같은 의미에서 조선시대의 '공론(公論)'만큼 '여론(輿論)'에 잘 부합되는 용어도 드물 것 같다"는 판단에서 공론정치의 지속과 단절 문제를 시론적으로 검토한 바 있다.[22] 같은 차원에서 '천리를 구현한 의론'으로서의 공론을 정치에 구현하고자 했던 조선의 정치를 조선 공론정치라고 규정한다면, 뒤에 설명되듯이 조선 정치사 일반에서 다루는 방식대로 군신(君臣) 간의 소통만을 문제 삼아 조선후기 공론정치가 종식되었다거나, 역으로 지배계급의 상호 견제나 집단정체성이 조선왕조의 장기지속을 뒷받침했다는 설명 등은 재고되어야 함을 알 수 있다.

조선 정치에서 공론 구현이 어떠한 방식으로 이루어졌는가에 대해서

을 분식하는 수사에 그칠 위험에 항상 노출되어 있다고 볼 수도 있을 것이다.

21. 송웅섭, 앞 박사학위논문.

22. 김인걸, 〈조선후기 여론과 정치〉, 《최승희교수정년기념논문집 - 조선의 정치와 사회 -》, 집문당, 2002.

는 상당한 연구의 축적이 이루어져 왔다. 그렇지만 후기, 특히 '민란의 시대'라고 하는 19세기, 일반 민의 집단적 의사표명이 집중적으로 제기되는 시기의 사정을 공론정치라는 맥락에서 전후시기와 관련하여 본격적으로 검토하고 있지는 못한 상태이다. 최근 1862년 농민항쟁 150주년을 기념하는 공동연구가 〈한국사 속의 소통과 공론의 장〉이란 제하에 이루어진 바 있는데, 그 가운데 배항섭의 연구가 특히 본고의 주제와 관련하여 많은 참고가 된다.[23] 여기서 배 교수는, "19세기에 들어와 민중운동이 빈발하고 동학농민전쟁으로 진전되어 가는 과정에서 아래로부터 형성된 '민중공론'이 '향중공론'은 물론 사림공론과도 대립·경합해 나가는 모습, 그것이 조선 정치문화나 '공론정치'에 어떠한 변화를 만들어 나갔는가 하는 점"을 집중 조명하고자 하였다.

배 교수는 위 논고에서 19세기 민란의 전개과정에서 나타나는 리회(里會), 민회(民會), 도회(都會) 등 광범한 '대중조직'들을 세밀하게 추적하고, 그것을 기존의 관권에 의해 조작된 공론이나 대민들만의 공론에 대항하는 '대항적 공론'으로 규정하고, 이를 '소민주도 공론'으로 성격지우고 있다. 민중이 새로운 공론장을 만들어 간다는 데 주목하여,[24] 여기서 제기되는 각종 주장들을 새로운 '공론'으로 주목하자는 취지로 읽힌다. 그런데 새로운 '공론장'의 출현에만 주목할 경우 공론을 계급·계층별로 병렬하고, 공론장을 둘러싼 경쟁만을 부각시켜 자칫 계층·계급 환원론으로 회귀할 우려가 없지 않은 것으로 보인다. 이로써는 18, 19세기 상·하, 반·상이 투쟁·연대하는 정치문화, 정치발전이라든가 공론의 전유 현상을 면밀하게 추적하기 어렵다고 판단된다.

---

23. 배항섭, 〈19세기 후반 민중운동과 공론〉, 《한국사연구》 161, 2013.

24. 김선경은 민란에서 민이 사회적 발전의 주체로 등장하고, 사회에 충격을 주어 새로운 정치적 장을 만들어 내는가 하면, 동학을 통해 기존 공적영역을 무력화하고 자신들이 주체가 된 공적 영역을 확보, 새로운 관민관계를 구축해 나간다고 주장한다. 김선경, 앞 주 5의 논문.

문제는 지배층의 경우 자신들이 공론 구현의 담당자임을 포기한 적이 없었기 때문에 변화하는 현실 속에서 하층민과의 관계를 새롭게 설정할 수 있을 것인가 하는 점이다. 그들이 생각하고 있던 공론을 구현함에 있어 합법적·비합법적 공간에서 새롭게 제기되고 있던 18, 19세기 민중의 요구에 대처하는 양상들, '민란' 과정에서 축적된 경험과 공론의 전유, 그 과정에서 형성되는 새로운 정체성 등이 더 추구되어야 할 것이다. 이 책에서는, 사상사적 접근보다 그동안 축적이 상대적으로 많은 정치사 및 사회사 분야의 성과를 참조하면서 단절의 측면과 아울러 지속의 측면에 주의하여 다시 정리해 보고자 한다. 이 경우 자연히 중앙정치의 장보다는 지방사회와의 관련성이 커지기 때문에 새로운 '공론장'으로 평가되어 온 18, 19세기 향회와 민회를 겨냥하면서 논의를 진행하게 될 것이다. 이는 언급했듯이 한국인의 정체성의 기반 문제를 조선 지배층이나 양반문화에 국한하지 않고 총체적, 역사적으로 접근하는 길을 열어 줄 것으로 기대한다.

II. 조선시대 '공론정치'의 구조와 그 전개

1. 조선 정치사 이해와 공론정치론

유교망국론

한국의 전 역사에서 조선시대는 오늘날 근현대와 가깝다는 면에서 가장 잘 알고 있는 듯하지만, 정작 현실과 가깝기 때문에 현실의 여러 편견에 노출되기 쉽고 어느 한 측면에서 재단되기 쉬운 것 또한 사실이다. 과거 일제 식민지배자들은 그 같은 점을 이용하여 유교망국론, 양반망국론을 유포하여 식민지배의 정당성을 합리화하고자 하였던바,[1] 다음 단재 신채호의 발언은 한말 조선인들의 유교에 대한 인식의 단면을 잘 보여 준다.

> 오호라 한국은 유교국(儒教國)이라. 오늘날 한국의 쇠약이 이에 이른 것은 그 유교를 믿은 때문이 아닌가? 나는 그렇게 생각하지 않는다. 그렇다면 무슨 이유로 쇠약해졌단 말인가? 유교를 믿어서 쇠약해진 것이 아니라 유교를 믿되 그 본질을

1. 일제는 식민지배를 위해 조선의 구 지배계급에 대한 일반인의 원망을 최대한 활용하면서도, 한편으로는 기존 정치적 결집의 장으로서 정치적 동원의 핵심기제로 작용하고 있던 군현제나 면리(동) 편제를 대대적으로 재편함으로써 기존 지배층의 기반과 일반민들의 정체성 기반을 해체하고 식민지에 새 길을 내고자 하였다.

> 깨닫지 못해 왔기 때문에 오늘과 같이 쇠약해진 것이다. (중략) 그들 소위 유교계(儒教界)에 과연 진심으로 유가(儒家)의 도덕과 법(원리)을 실천하며 지키고 있는 자 몇이나 되는가.[2]

위 단재의 언급에서 우리는 두 가지 사실을 확인할 수 있다. 하나는 일반적으로 한국이 쇠약해진 것은 유교 때문이라는 인식이 조선사회 전반에 팽배해 있었다는 것이고, 다른 하나는 단재가 보기에 일반적으로 말해지는 유교의 폐해에 대한 사회 여론은 피상적인 것일 뿐 본질적인 것은 아니라는 것이다. 위 발언의 이면을 고려하면서 찬찬히 음미해 본다면 다음과 같이 정리할 수 있겠다. 신채호의 위 글은 당시 국망(國亡)이라는 위기의 시기에 형식과 수구에 빠져 있는 유교계에 각성을 촉구하기 위하여 쓰여진 것으로서, 유교의 본질은 대동(大同)에 나아가기 위한 실천, 즉 당시로 본다면 국운을 타개할 수 있는 신사업(新事業)의 착수에 있음을 강조한 것이다. 반면 당시 일반인들의 생각은 식민지상태로 떨어진 조선의 현실에 즉해 그 책임을 지배계급인 양반과 그들이 묵수해 온 유교에서 찾았고, 일본 제국주의 당국은 일반 여론에 편승, 이를 확대하여 유교망국론, 양반망국론을 고안해 냈던 것이다.

식민지배의 정당성을 합리화하기 위해 만들어진 위와 같은 유교망국론은 자연 조선 정치사를 부정 일변도로 폄훼하는 방향으로 흘렀다. 그와 궤를 같이하여 해방 후까지 커다란 영향력을 행사하게 되는 당파성론, 사대주의론 등이 조선 정치사를 설명하는 대표적인 '이론'의 역할을 맡게 된다. 그리고 이는 일제의 관제적 선전물에 지나지 않은 것이었지

---

2. 신채호, 〈儒教界에 對한 一論〉, 《대한매일신보》 1909년 2월 28일자(단재신채호전집편찬위원회, 《단재신채호전집》 제6권, 독립기념관 한국독립운동사연구소, 2008, 325쪽 수록), "嗚呼라 韓國은 儒教國이라. 今日 韓國의 衰弱이 此에 至함은 其惟 儒教를 信仰한 所以가 아닌가. 曰 否라. 奚其然이리오. 儒教를 信仰함으로 衰弱함이 아니요, 儒教의 信仰이 其道를 不得한 故로 衰弱이 此에 至하니라. (중략) 彼 所謂 儒教界에 果然 眞心으로 儒家의 道德을 踐하며 儒門의 法規를 守한 者1 幾人이나 有한가."

만, 그 영향력은 대단하여서 해방 후 상당기간까지 조선시대에 대한 이해의 주류는 양반망국론이었다. 그러니 양반계급이 주도하던 조선사회, 조선 유교문화에서 계승 발전시켜 나갈 그 무엇을 찾는다는 것은 생각하기 어려웠다. 식민사관이 초래한 폐해였다.[3] 물론 일제 식민지배기에도 안확, 일본인 이시이(石井) 등 조선정치를 부정적으로만 평가하지 않고 조선의 붕당정치를 새롭게 설명해 보고자 하는 이가 없지 않았다.[4] 그렇지만 해방 후 한국 현실과 맞물려 이들 견해는 적극 검토될 기회가 거의 없었고, 여전히 조선 정치는 당파성론, 사대주의론 등과 같은 설명틀에서 크게 벗어나지 못하고 있었던 것이다.

조선 정치사에 대한 새로운 해석들

조선 정치사 이해에 새로운 설명이 가해지기 시작한 것은 다른 분야와 마찬가지로 4·19 이후, 민족주의에 대한 관심이 고조되고 식민사관의 폐해로부터 벗어나 우리 역사를 주체적이고 발전적으로 보자는 연구열풍이 일어나면서부터였다. 사상사나 사회경제사 분야보다 다소 늦게 출발하였지만 정치사 이해의 전기는 이른바 사림파 연구에서 마련되기 시작하였다. 사림파란 여말선초 사회변동기에 신유학으로 무장한 새로운 사회세력으로서, 이들이 성리학적 사회 건설 운동의 주체로 상정되었다. 다른 분야와 마찬가지로 식민사관의 정치분야 이론이라 할 수 있는 사대주의론이나 당파성론에 대한 반론의 성격을 갖는다.

1960, 70년대의 연구 성과에 기초하여, 현재는 많은 반론이 제기되어

---

3. 김용섭, 〈일제관학자들의 韓國史觀〉, 《思想界》 1963년 2월호(역사학회 편, 《韓國史의 反省》, 신구문화사, 1969 재수록).
4. 안확, 《조선문명사》, 안동서관, 1923.
石井壽夫, 홍순민 역, 〈후기이조당쟁사에 관한 일고찰 ― 후기이조 이학지상주의 국가사회의 소장을 중심으로 ―〉, 《조선시대 정치사의 재조명》, 이태진 편, 범조사, 1985(원문: 《사회경제사학》 10-6·7, 1940).

원래 상태를 유지할 수 없게 되었지만, 조선정치사 이해의 기본 틀이 갖추어지게 되었다. 그것은 조선정치사 발전을 정치형태의 변화에 초점을 맞추고 조선왕조 건국 초기, 붕당정치기, 탕평정치기, 세도정치기 등으로 나누어 설명하는 것이었다.[5] 그런데 건국 초기를 제외하더라도 각 시기를 설명하는 데 있어 앞 두 시기는 초점이 정치운영 방식에, 마지막 기는 정치 주도세력에 각각 달리 맞춰져 있어 일관성 면에서 부족한 점이 있다.[6] 그리고 각 단계에 이루어진 정치의 발전이 강조되지만, 세도정치기에 대해서는 정반대로 '정치의 실종'이 문제로 지적된다. 물론 성과가 없는 것은 아니지만 모순이 아닐 수 없다.

정치 참여층의 확대에서 조선 정치사의 발전을 설명하는 견해도 일반적으로 받아들여져 왔다. '붕당정치'의 긍정성을 강조하는 연구자가 조선전기 이래 정치사의 발전을 공론 실현의 주체가 확대되어 나왔던 점에서 찾는 것도[7] 같은 맥락의 평가이다. 탕평정치와 관련해서는 탕평군주, 특히 정조가 성립시켰다고 하는 '민국정치(民國政治)', 그가 지향했던 군민일체(君民一體), 만민평등의 세계에 대한 지향을 주목한다.[8] 기존 군신공치(君臣共治)의 정치운영 원리에서 정치의 한 축이었던 양반사족을 대신해서 '민(民)'을 새로운 정치의 파트너로 삼는 단계로 나아간다는 파악인데, 뒤에 설명할 바와 같이 당시 실정과는 거리가 먼 해석이다.[9] 또 다른 각도에서는 정조의 적극적 민의(民意) 수렴 노력에 주목하여 그것에서 '중세적 민본정치의 토양 위에서 근대적 민권의식이

---

5. 이태진 편, 《조선시대 정치사의 재조명》, 범우사, 1985 참조.
6. 조선 건국초기, 붕당정치기, 탕평정치기, 세도정치기 각 단계에서 주도적 역할을 한 것이 국왕, 사림, 국왕, 세도가문 등 정치주체가 설정될 수 있겠는데, 이 같은 측면에서 붕당정치론의 정치세력과의 정합성이 떨어진다는 점에서 사림정치기로 설명하는 것이 더 나을 것이라는 견해가 제출되어 있다. 정만조, 〈조선시대의 사림정치 ― 17세기의 정치형태 ―〉, 《한국사상의 정치형태》, 일조각, 1993 참조.
7. 김 돈, 《조선전기 군신권력관계 연구》, 서울대학교출판부, 1997 참조.
8. 이태진, 〈18세기 한국사에서의 民의 정치적 · 사회적 위상〉, 《진단학보》 88, 1999.
9. 김인걸, 〈정조의 국체인식〉, 《정조와 정조시대》, 김인걸 외, 서울대학교출판문화원, 2011.

싹트고 있는 모습을 확인'하기도 한다.[10] 한국의 근대에 대한 모색이 매우 어려운 과제임을 보여 주는 사례들인데, 아직까지 '민(民)'이 정치의 주체로 나서고 있지 못한 단계를 고려하면서도 조선 정치사에서 민이 설 정당한 자리를 찾는 새로운 방법은 없는가? 여기서 최근 다시 주목되고 있는바, 조선 왕정에서 공히 정치운영의 기준으로 삼고 있었던 공론을 중심으로 조선 정치의 특징과 정치발전을 설명하고자 하는 공론정치론은 정치사 연구의 새로운 가능성을 보여 줄 것으로 기대한다.

조선 정치사와 공론정치론

공론정치론은 기존 붕당정치론이나 사림정치론, 혹은 탕평정치론이나 세도정치론 등 정치세력 중심의 이해에서 나아가 정치운영이나 정치문화에 대한 이해를 가능하게 해 주었다. 우선 조선 정치를 보다 폭넓게 설명할 수 있게 해 주어서 조선 정치사 이해를 한 단계 끌어올린 것으로 평가된다. 여기에는 정치 세력만이 아니라 정치제도, 운영방식, 참여층, 정치사상까지도 포함되기 때문이다. 그렇지만 공론정치에 대한 엄밀한 개념규정이 없이 연구가 진행되어 왔고, 특히 그것이 구현되는 현실정치의 장에 대한 이해가 부족한 상태에서 논의가 이루어짐으로써 그것이 하나의 담론에 그치지 않을까 우려를 낳기도 한다.

조선의 공론정치가 학계에서 중요하게 거론되기 시작한 것은 1980년대 이후 설득력을 갖게 된 붕당정치론이나 사림정치론을 뒤이어 정치이념과 그에 기초하여 현실에서 전개되는 정치 과정에 대한 설명의 필요성에서 제기된 것이다.[11] 그런데 그것이 갖는 현재성과도 관련하여 역사학계만이 아니라 철학계, 사회과학계의 참여로 훨씬 내용이 풍부해지게 되었는데, 또 그런 만큼 새로운 문제가 드러나고 있기도 하다. 역

---

10. 한상권, 《조선후기사회와 소원제도 ― 상언·격쟁 연구 ―》, 일조각, 1996.
11. 김경래, 앞 논문.

사학계에서는 공동연구로 기획되기도 하였다. 2012년 전국역사학대회 한국사분과 한국사연구회 학술대회 '1862년 농민항쟁 150주년 기념 — 한국사 속의 소통과 공론의 장(2012. 10. 27.) —'은[12] 그 대표적 예의 하나이다. 그런데 여기에도 몇 가지 문제가 있다. 가장 큰 문제는 역사학계나 사회과학계 공히 19세기는 공론정치가 종식된다고 보고, 공론정치의 붕괴로 말미암아 조선 정치운영이 마비되고 민란이 일어나며, 새로운 공공성을 추구하는 대안 공론장이 나오는 것으로 본다는 점이다. 조선 정치사의 단절을 반영하는 설명이다.

19세기 정치사가 조선 정치사로부터 단절되는 것으로 파악하는 설명 방식이 갖는 문제들은 우선 첫째, 공론정치에 대한 엄밀한 개념 규정 없이 논의가 진행되어 온 데 기인한 것으로 보인다. 간단히 언급된 바 있지만 공론정치를 소통이나 심의의 문제로 파악하는 견해가 대표적이다. 둘째, 그 주체를 지배층, 특히 사림이나 양반 등 지배계급에 초점을 맞추고 공론정치의 구현에서 국왕의 역할이나 민의 지위가 상대적으로 소홀히 다루어지는 문제이다. 셋째, 마지막으로 담론이 아니라 구체적인 정치 현장에 대한 이해가 다소 부족한 데서 오는 문제이다. 양반·서민, 사족·하인, 반·상, 대·소민인, 민중 등 무수한 관련 용어들이 구체적인 정치, 삶의 현장에서 어떻게 관련을 맺고 있는가를 고려하면서 큰 흐름을 읽어 낼 필요가 있다.

전체적으로 보아 공론정치의 전개과정과 연결시키면서, 흔히 거론되어 온 19세기 정치의 실종이라는 문제를 어떻게 설명할 수 있을 것인가? 기왕에는 19세기 세도정치기에 들어서면 공론정치는 부정되고 민의에 입각한 새로운 '공론(여론)' 형성 가능성이 모색되는 것으로 설명해 왔다. 이 같은 견해를 받아들일 경우, 그렇다면 이 새로운 공론, 여론은 어떠한 지

---

12. 2012년 전국역사학대회에서 한국사연구회가 기획 발표한 주제의 발표요지는 〈한국사 속의 소통과 공론의 장〉이라는 공동 기획논문으로 기관지 《한국사연구》 161호, 2013에 수록되었다.

향성을 갖는 것이며 그것을 담아내는 새로운 그릇이 구상되고 있었던 것인가? '근대적' 공론장을 염두에 둔 담론에 머물러서는 곤란할 것이다.

최근 관련 연구들에 따르면 공론정치는, 앞서도 언급한 바 있지만, '공론에 기반을 둔 정치', '공론에 입각하여 운영되는 정치'로 규정할 수 있겠는데, 그 구체적 내용으로 '유교적 도덕성과 합리성에 기반 한 정치'라고 표현되기도 한다. 이 책에서는 기존의 연구 성과를 참조하면서도 조선 정치사를 단절 없이 설명할 수 있는 가능성을 모색하는 데 초점을 맞추고자 한다. 조선시대에는 군신 상하가 공히 공론의 담지자로서 정치 현실에 공론을 구현할 것을 요구받고, 또 자임해 왔다. 그 형식에 변화가 있기는 하였으나 19세기라고 공론정치가 단절된 것은 아니다. 조선후기 공론정치의 새로운 전개과정에 대한 검토가 필요한 이유이다. 조선 왕정하에서 누구나 시비를 말할 수 있으나 그 결정은 오로지 군주에 달려 있다는 점 역시 고려되어야 할 것이다.[13]

2. 공론정치의 구조

공론과 공론정치

천리(天理)를 구현하는 의론으로서 공론을 현실 정치에 구현하는 것이 공론정치라고 한다면, 공론정치는 원론적으로 유교적 이상사회의 실현을 목표로 하는 정치라고 할 것이다. 조선 정치를 공론정치로 부를 수 있을 만큼 조선은 공론이 구현될 수 있는 제도적 장치로서 국왕을 보좌하는 재상(宰相) 외에 대각(臺閣)이라고 하는 언론기관을 마련하고 있었고, 이들 기관의 언론활동이 정치사에서 갖는 비중은 매우 큰 것이었다.[14]

---

13. 《명종실록》 권17, 명종 9년 10월 기묘, 史臣曰: "國之所以爲國者 以其有公論也 公論者 國家之元氣 而人君者 公論之主也."

14. 최승희, 《조선초기 언론사 연구》, 지식산업사, 2004.

국초부터 언관들은 공론은 천하 국가를 움직이는 원기(元氣)이며 간쟁이 공론의 근저가 되는 것임을 주장하고, 국가를 운영함에 있어서 공론은 하루라도 없어서는 안 될 것임을 강조하며 국왕이 언로를 열어 간쟁을 구하고 믿고 받아들일 것을 주장하고 있었다.[15] 기실 고려시대 간관들은 문하부에 참여하고 있었기 때문에 '일의 경중과 완급을 두루 알아서 간언'할 수 있었던 반면, 조선시대에 들어오면 언론기관이 재추(宰樞)로부터 분리되어 따로 설치된 후, 일을 잘 알 수도 없고 시기를 놓쳐 적실성이 떨어지는 면이 없지 않았다.[16] 실제 조선전기 이래 공론 실현의 핵심 기구로 간주되던 대각(臺閣)의 기능을 둘러싸고 논란이 끊임없었다. 그렇지만 그 분리가 오히려 자유로운 언론을 가능하게 한 점도 없지 않았으며, 정치의 폭도 넓힐 수 있었다.

16세기에 들어오면 조선 정치사에서 하나의 '투어(套語)'로 자리 잡게 된 문구, 즉 "공론(公論)이 공경(公卿)에게서 행해지지 않으면 대각으로 돌아가고, 대각이 못 맡으면 초야(草野)로 돌아간다. 공론이 공경에 있으면 다스려지고 대각에 있게 되면 어지러워지며, 환시(宦侍)한테로 돌아가면 나라가 망한다."[17]라고 하는 명제가 널리 받아들여지고, 이후 정치 운영의 한 기준이 되었다. 그런데 이 같은 인식은 사실 조선 건국의 틀을 짠 정도전이 제시했던 것으로서, "정권은 하루라도 조정에 있지 않으면 안 된다. 조정에 없으면 대각에 있게 되고, 대각에 없으면 궁위(宮闈)에 있게 된다. 조정에 있으면 다스려지고, 대각에 있으면 어지러워지며

15. 《태조실록》 권2, 태조 원년 12월 병술, "諫官上書言 臣等竊謂 公論者 天下國家之元氣也 諫諍爲公論之根柢 佞諛爲公論之蟊賊 有國家者 常培其根柢而去其蟊賊 則讜論正議日進於前 而甘言卑辭 不聞於耳矣 (중략) 由是觀之 公論之於國家 誠不可一日而無也 (중략) 伏願殿下 開導而求諫誠信而聽納 則臣等當盡言不諱 庶使生民之利病 畢陳而無壅 國家之元氣 流行而不滯 上敎曰 關於大體者 悉以啓聞."
16. 박용운, 《고려시대 臺諫제도 연구》, 일지사, 1980.
17. 《중종실록》 권30, 중종 12년 11월 임진, "公論不在公卿則在臺閣 不在臺閣則在草野 在公卿則治 在臺閣則亂 在宦寺則亡."

궁위에 있게 되면 망하게 되니 국가의 흥망치란이 모두 이에 근본을 둔다."라고[18] 한 것이 전범이 되는 것이었다. 정도전이 언급한 '정권'이 '공론'으로 치환된 것이니 공론이 갖는 비중을 짐작케 한다. 아래 율곡 이이(栗谷 李珥)의 발언에서 구체적으로 보겠지만, 상하(上下) 어느 한 군데서라도 공론이 존재하지 않는다면 나라는 망할 수밖에 없다는 것이 국초 이래 당시 위정자들에 의해 표방된 공통의 인식이었다. 우리는 여기에서 정치 자체가 곧 공론의 실현으로 간주됨을 보게 된다.[19]

공론정치가 성립되고 구현되는 데는 공론의 실현에 있어 그 내용과 형식이 문제가 되지 않을 수 없었다. 초기 건국 과정에서는, 개혁을 추진하는 데 있어 국왕이 중심에 서면서도 실제 재상이 그를 뒷받침하고 대간이 문제점을 보충하는 형식을 취하였다. 이때 그 골격의 기본 구조는, 천리를 구현한 논리로서의 공론이 가지는 가치와 권위를 가장 우월한 것으로 인정한다는 점, 조정 내에서 중하급 서열의 대간과 청요직 관료들이 자신들의 의견을 공론이라 내세우고 또 그것이 인정되었다는 점, 대간의 의사수렴 과정에서의 피혐이나 풍문탄핵이 인정되는 등 새로운 정치문화가 자리 잡게 된 점 등으로 설명할 수 있다.[20] 그리하여 성종대 사림이 중앙정계에 대거 기용되면서부터 대간의 역할과 비중이 커지다가 결정적으로 연산군의 '폐정(廢政)'을 거치고 수차의 사화(士禍)를 거치면서 중

---

18. 정도전, 《三峰集》 권5, 〈經濟文鑑〉 '宰相', "政權不可不在宰相: 政權不可一日不在朝廷, 不在朝廷 則在臺閣, 不在臺閣 則在宮闈 在朝廷則治 在臺閣則亂 在宮闈則亡 國家之興亡治亂 皆本諸此."
19. 박광용, 〈17, 18세기 조선의 국가와 공론〉, 《제44회 전국역사학대회 발표논문집》, 2001; 〈조선의 18세기〉, 《역사학보》 213, 2012 및 이근우, 〈18세기 공론정치 구조에 대한 시론〉, 《조선시대사학보》 71, 2014 참조.
    사림정치기는 물론이고 탕평정치기에 들어와서도 영조 원년 생원 이만시 등은 '古語'라고 하여 인용하면서 "공론이 조정에 있으면 다스려지고 대각에 있으면 어지러워지며, 상하 어디에도 없으면 망한다"는 상소를 올리고 있고, 강민저 역시 "공론이 조정에 있으면 다스려지고 대각에 있으면 어지러워지면 초야에 있게 되면 망한다" 하였는바, 공론이 위에 있어야 한다는 '公論在上論'적 면모에도 불구하고 공론정치의 기본 틀은 작동되고 있었다.
20. 송웅섭, 앞 논문 참조.

외유생(中外儒生)들까지 참여하는 붕당정치, 사림정치기로 나아간 것으로 설명된다. 기존의 연구에서는 아직까지 그 실현에 있어서 국왕의 역할에 대한 조명이 충분히 이루어지지는 못하고 있었다.

이후 숙종대 들어와 붕당정치가 폐해를 노정하자 환국기를 지나 탕평정치로 틀을 바꾸면서 영·정조대에 들어오면 국왕이 당인(黨人)들의 의론을 부정하고 국왕 스스로 의리의 주인임을 표방하게 되었다. 그리고 바로 이어 탕평군주의 민의 수렴을 통한 새로운 정국 구상이 좌절되고, 세도정치기에 접어들자 무수한 '민란'이 폭발하게 된다. 이상과 같은 일련의 사실들은 조선 공론정치의 변화 방향을 이해하는 데 주요 논거로 이용되어 왔다. 탕평정치기에 공론이 억압되었다든가, 민란의 원인을 세도정치기의 공론정치 종식으로 인한 소통의 단절에서 찾는 견해들이 대표적 예들이다. 우리는 이와 같은 정치형태의 변화에서 공론 담당층의 변화와 아울러 공론이 함의하는 내용의 변화를 읽어 낼 수 있게 된다. 그렇지만 언급되어 온 바 공론정치는 조선 전 시기를 통해 부정된 적이 없고, 심의나 의사소통 여부 같은 의견수렴 형식과 관련된 것만은 아니었다.

> 공론은 나라의 원기입니다. 공론이 조정에 있으면 그 나라가 다스려지고, 공론이 여항에 있으면 그 나라는 어지럽게 됩니다. 그러나 만약 위나 아래 어디에도 공론이 없게 되면 그 나라가 망하게 되는 것입니다. (중략) 오늘날 조정에 공론이 펼쳐지지 못하고 있기에 여항에서 과연 시비를 논하는 자가 있는 것입니다. 재야의 선비가 이(공론의 주인)를 자처하는 것은 잘못이고 그 지위에 있지 아니하면 진실로 그 정사를 논해서는 안 되는 것이지만, 위에 있는 사람이 자기에 대해서 의론하는 것을 싫어하여 금하고 끊어 버리는 것은 (중국의) 주(周)나라나 진(秦)나라가 멸망을 재촉한 길을 따르는 것이나 다름없습니다. 나라에 공론이 없으면 망하게 되어 있는데 어찌 그것을 금해서 없애려 하시는지요?[21]

---

21. 이이, 《栗谷全書》 권7, 〈代參贊人傑論時事疏〉; 참찬 (백)인걸을 대신해서 시사에 대해 올린 상소.

위 말은 조선 정치사에서 큰 존경을 받는 이 가운데 하나인 16세기 인물 이이가 국왕 선조에게 올린 글에 나오는 말이다. 재야의 선비들이 조정의 정치에 대해 시비하는 것이 장려할 만한 일은 아니지만, 만약 나라 안 어느 곳에도 공론이 없으면 그 나라는 망할 것이니 당시 재야의 시비 논의를 인정하고 그 공론을 금지해서는 안 된다는 충고이다. 조선 전기 정치사에 대한 조감 위에서 종합적으로 평가한 것이고, 조선 후기 정치의 귀감이 된 말이다.

이이는 또한 선조에게 관인들이 동서로 나뉘어 싸우는 것을 물로 씻어내듯 모두 없애야 한다는 점을 주자의 국시(國是)론에 의거하여 건의하면서, "사람들이 마음으로 모두 당연하다 여기는 것을 공론(公論)이라 부르고, 공론이 머무는 곳을 국시라고 부르니, 국시라는 것은 온 나라 사람이 논의하지 않고도 모두 옳다고 여기는 것입니다."라고 지적한 바 있다.[22] 국시는 이익으로 유혹하거나 위세로 위축시킬 수 없어 어린아이 같은 삼척동자라도 모두 그 옳음을 아는 것인데, 당시의 국시는 그렇지 못하다는 것이다. 즉, 당시의 국시는 주론자(主論者) 스스로 옳다 여기지만 나머지는 둘로 나뉘어 옳으니 그르니 끝내 하나로 귀일될 가능성이 없으니, 아예 그 빌미를 없애 국시를 바로잡아야 한다는 것이다. 그러니 이러한 공론이 드러나는 국시는 분분한 논의나 다수의 의견을 좇아 이루어질 수 있는 일이 아니고 천리(天理)에 따라 정해진 바 임금의 결단이 있어야 한다는 것이기도 하다.

공론은 위와 같이 천리가 구현된 의론으로서 원칙적으로 거기에는 중

---

22. 이이, 위 책, 권7, 〈謝大司諫兼陳洗滌東西疏〉, "時輩之意 亦非欲盡斥西人也 只欲强定國是 必使一時之人 皆曰東正西邪 (중략) 人心之所同然者 謂之公論 公論之所在 謂之國是 國是者 一國之人 不謀而同是者也 非誘以利 非怵以威 而三尺童子亦知其是者 此乃國是也 今之所謂國是 則異於此 只是主論者自以爲是 而聞之者 或從或違 至於愚夫愚婦 亦皆半是半非 終無歸一之期 豈可家諭戶說而强定之乎."
주희는 "이른바 國是라는 것은 '順天理合人心'하여 천하가 모두 옳다고 하는 것[天下之所同是者]을 가리킨다."라고 말한 바 있다. Ⅰ. 서론의 각주 18 참조.

론(衆論)의 시비가 끼어들 여지가 없는 것이고 군신 간의 소통이나 타협으로 결정할 문제가 아니었다. 그렇지만, 그것을 정치 현실에 구현함에 있어서는 공론이 군주나 재상 어느 일인의 독점물이 아니고 당시 공론소재처로 주목되었던 대간만이 아니라 그 누구도 공론 구현의 담당자를 자임할 수 있고, 또 담당자가 될 수 있도록 장려되는 것이기도 하였다. 앞서 언급했듯이 공론 실현에 있어 군주의 역할이 절대적이었던 것이 사실이다.[23] 일시의 국시를 정함에 있어 어느 일당이 전횡을 한다고 하더라도 그것은 국왕의 동의를 얻어야 한다. 저간의 사정을 다음 선조 3년 홍문관에서 올린 상소는 잘 보여 주고 있다.

> 엎드려 생각하옵건대 한때의 국시는 어지럽힐 수가 있어도 만세의 공론은 없어지는 것이 아니고, 한때 다른 사람의 말을 막을 수는 있어도 만세의 인심은 속일 수가 없는 것입니다. 까닭에 예부터 한때 전도된 국시는 반드시 없어지지 않는 공론을 기다려 바로잡히게 된다고 하였던 것입니다.[24]

위 홍문관의 상소는 한때 국시가 잘못 결정되었다고 하더라도 만세의 공론은 없앨 수 없는 것으로서 결국 제자리를 찾는다는 것인바, 이는 공론이 어느 일당이나 군주의 전횡을 압박하는 근거가 되는 것이며, 정치의 폭을 넓히는 기제임을 말하는 것이었다.

조선중기 이후의 조선 공론정치는 율곡이 지적한 대로 초기 중앙 집권세력이 중심이 되었던 단계에서 재야 유생들까지 정치 참여가 확대되는 방향으로 진행하였다. 여기에서 공론은 단순한 다수의 의견이라기보다는 여러 이질적인 의견까지를 포괄하여 나라를 이끌어 갈 수 있는 국시를 뒷받침하는 것이라는 점에서 공공선을 띤 의견으로서 모두가 따를 수밖에 없고, 또 따라야 하는 의견이라고 할 수 있다.

---

23. 김경래, 앞 논문.
24. 《선조실록》 권4, 선조 3년 5월 을유.

공론정치의 구조

앞서 언급했듯이 조선 국초 이래 공론은 국가의 원기로서 한시도 없어서는 안 될 것으로 강조되었고, 이 같은 사정은 조선 전 시기를 통해 한시도 부정된 적이 없다. 그리고 간략히 설명한 바와 같이 이를 실현할 수 있는 각종 제도적 장치도 마련되고 있었다. 그런데 공론정치가 유교국가의 이상으로 강조되고 제도로써 뒷받침되었다고 하더라도 그것이 하나의 정치규범, 정치문화로 자리 잡게 되기까지는 상당한 기간을 필요로 하였다.

대체로 보아 공론은 15세기 성종대 이전까지는 중앙정치에 참여하는 관료, 좁게는 정치 주도세력의 의견에서 크게 벗어나지 못하고 있다가,[25] 성종대(재위: 1470-1494) 국왕과 대신 중심의 권력구조에 변동이 생기고 도덕과 성리학적 이상을 내용으로 하는 공론의 가치를 최우선으로 존중하는 정치풍토가 자리하면서 공론정치가 성립되기에 이르는 것으로 설명된다.[26] 원론적인 차원에서 강조되었던 공론이 정치 운영에 주요한 기저로서 자리 잡게 되는 것은 지방 사림의 중앙정치 진출이 한 획기를 이루는데, 이후 공론정치의 외연은 16세기 중종대(재위: 1506-1544) 재야 사림(유생층)까지 포함하게 되었다. 그리하여 앞에서 언급했듯이 '공론이 공경에게서 행해지지 않으면 대각으로 돌아가고, 대각이 못 맡으면 초야로 돌아간다'는[27] 말이 하나의 관행구[套語]로 자리 잡게 된다.

---

25. 《성종실록》 성종 24년 8월 계유, "조정의 정사가 제대로 되면 國家가 다스려지고 宗社가 편안해지며, 조정의 정사가 그렇지 못하면 국가가 어지러워지고 종사가 위기에 처하게 된다. 예부터 국가가 조정의 득실에 대해 듣고자 해서 臺諫에 위탁하여 대간으로 하여금 그것을 말하도록 한 것이니, 까닭에 대간을 설치한 이유는 국가와 종사를 위한 것이다."

26. 송웅섭, 앞 논문 참조.

27. 《중종실록》 중종 12년 11월 임진, "공론이 公卿에게서 행해지지 않으면 臺閣으로 돌아가고, 대각이 못 맡으면 草野로 돌아간다. 공론이 공경에게 있으면 다스려지고, 대각에게 있으면 어지러워지며, 宦侍한테로 돌아가게 되면 나라가 망한다."

그렇지만 아직까지도 이러한 정치형태는 불안하여 이후 수차례의 사화를 거치면서 사림계가 조정을 장악하게 되는 선조대(재위: 1568-1608)에 들어와서야 하나의 안정된 틀을 갖추게 된다. 그것은 사헌부 사간원 양사가 선조에게 올린바, "시비를 변별하여 공론을 정하는 것은 오직 임금이 평심을 가지고 천리를 살피는 데 달려 있다(辨是非定公論 惟在於人主之平心察理而已)."라는 말에서 보는 바와 같이, 공론의 최종 결정권자로서 임금의 권위를 인정하면서도 그 임금 역시 천리를 구현하는 공론의 담지자를 자임하는 언관들의 입장을 존중하는, 말하자면 군신공치의 이상적 유교정치론을 전제한 것이었다.[28]

위에서 살펴본 바와 같이 선조대 율곡 이이가 조정에 공론이 없기 때문에 초야의 유생들이 나선 것이고, 공론이 없으면 나라가 망하는 것이니 이들 유생공론을 막아서는 안 된다고 한 것은 저간의 사정을 잘 반영하는 것이었다. 이때 공론의 주체가 양반 지배계급에 국한되었음은 물론이다. 이이는 기본적으로 주자의 붕당론을 인정하여 국왕도 '진붕(眞朋)'에 들어와 같이 왕도정치를 구현해야 한다고 하는 군신공치론에 동조하고 있었던 만큼 공론 실현의 주체는 사(士) 일반을 포함하는 것이었다. 이는 당시 공론의 소재나 운영방식이 종전의 조정 대신들을 보좌하는 정도의 수준에서 크게 진보한 사실을 말하는 것이다. 여전히 시비를 분별하고 공론을 정함에 있어서 국왕의 역할이 지대한 것은 사실이었지만,[29] 이제 공론은 조정만이 아니라 태학에서도 공유하게 되었으니, 국왕이라고 하더라도 그것을 일방적으로 억누를 수만은 없고 소인배들이 개입할 수 없는 것으로서 천지간을 관통하며 만세토록 없어질 수 없는 것이라는 주장이 성균관 유생의 입에서까지 나올 정도가 되었

---

28. 《선조실록》 권17, 선조 16년 8월 을묘, "兩司全數 啓曰 辨是非定公論 惟在於人主之平心察理而已 (중략) 遜志之言必以爲正 逆耳志論必以爲邪 則終未免好惡失正是非顚倒 公論始不得爲公論 而治亂辨矣."

29. 위와 같음.

다.[30] 이만큼 공론정치의 기반이 크게 확대되어 나갔다.

3. 공론정치의 전개와 지방 향회

공론정치의 지방적 확산

성리학을 국시로 삼아 건국된 조선은 국정운영의 기반으로서 공론을 중시, 공론은 천하 국가를 움직이는 원기로서 국가를 운영함에 하루라도 없어서는 안 될 것으로 여겨졌으며, 국가의 원기로서 공론은 마치 신체의 원기와도 같이 한시도 막히지 않고 흘러야 할 것으로 강조되었다.[31] 건국 이래 군신(君臣)은 함께 국가를 움직이고 국정의 대체를 틀 잡는 그 공론 실현의 주체가 되도록 요구받았다. 그렇기 때문에 위에서 설명한 바와 같이 조정에서는 공론 실현을 위한 각종 제도가 갖추어지게 되었고, 특히 그 실현 방법으로서의 언관 활동을 중심으로 많은 논란이 빚어지기도 하였으며, 그 과정을 통해 하나의 정치문화로서 공론정치론이 자리 잡아 가게 된 것이다. 그리고 공론정치가 유생층을 포함한 지배층 일반으로까지 확장되는 가운데, 당시 지배계급의 존재 양태나 정치세력화, 그리고 국가의 지방지배 정책과도 관련하여 공론정치의 이념은 지방으로까지 확산되어 나가게 된다.

공론정치의 지방적 확산은 기본적으로 유생층의 정치적 성장에 따라 그들 스스로 공론의 담지자임을 자임하게 되는 데 따른 자연적인 현상이지만, 그 과정에는 과거(科擧)를 통한 중앙 정계 및 태학으로의 진출, 유생 장수처(藏修處)로서 서원(書院)의 발달이 중요한 역할을 하였

---

30. 《광해군일기》 권42, 광해군 3년 6월 경인(成均儒生 洪得一 等 245인 상소), "朝廷公論定矣 太學之公論定矣 擧國之公論定矣 未知一片公論 復在於何等人 而更定於何日也 是則擧國之公論 不若一乾甲之言也 (중략) 夫公論者 非人主之所加抑 小人之所可犯 而窮天地亘萬歲不泯者也."
31. 본장 각주 15와 같음.

다.[32] 이들 기구들은 유생들의 학습의 장이면서 정치적 훈련의 기반으로서 이를 통해 공론 구현의 방안에 대한 심도 있는 논의가 이루어졌을 것이다. 서원은 국가의 사액서원 제도를 통해 중앙권력과의 연계성이 크게 강화되었다. 정치적 비중이 증대되고, 그 결과 후대 당론이 격화됨에 따라 중앙권력의 정치적 도구로 이용되는 경우까지 나타나게 되는 것이지만, 당인들의 공론 경쟁에 이들 유생이 동원되는 것 자체는 이제 지방사회도 공론정치의 영향권 안에 들게 된다는 점을 반증하는 것이라고 하겠다.[33]

중앙과 지방의 직접적인 연계와 관련해서는 조보(朝報)가 15세기 중엽까지만 하더라도 주·부·목 단위까지에만 내려가고 그 이하 고을인 군 현 단위까지는 전해지지 않다가, 16, 17세기에 들어서야 중앙 정보 전달매체, 즉 공론의 매체로 광범하게 활용되기 시작한 점도 주목된다.[34] 조보는 조정의 정사 일반을 담은 일종의 관보(官報)와 같은 것인데, 이 조보에는 원칙적으로 군사 기밀에 관한 사항 이외의 모든 조정의 득실을 반영하는 내용들이 포함되고 있었으며, 그 가운데서도 상소나 차자, 대간들의 논계 등과 같은 언론이 크게 주목되었다.

위 조보는 중앙 관청과 중앙 관료 및 지방관들에게 제공되는 것이었으나, 예비 관료군으로서 중앙 정치에 관심을 가진 일반 사류들 역시 여러 경로를 통하여 조보를 접할 수 있었다.[35] 현전하는 자료들은 늦어

---

32. 정만조, 〈사족의 향촌지배와 서원의 발달〉, 《한국사》 31, 국사편찬위원회, 1998.

33. 조선시대 공론정치와 유생의 정치적 위상에 관해서는 설석규, 《조선시대 유생상소와 공론정치》, 도서출판 선인, 2002 참조.

34. "우리 文宗 원년(1451) 辛未에 太守 安哲石이 무너진 채로 있던 옛 터에 나아가 새로 짓고 이름하여 喜慶이라 하였다. 이보다 앞서 세종 20년(1430) 고을의 어리석은 백성들이 牧使를 쫓아낸 일로 茂珍郡으로 강등되어 20여 년이 되었는데, 이때에 이르러 옛 이름을 회복하여 光州牧이 되었다. 樓가 만들어지고 朝報도 이르니 邑人들이 모두 기뻐하고 서로 축하하였다."(《漁村集》 卷9, 〈喜慶樓記〉) 김경래, 〈인조대 朝報와 공론정치〉, 《한국사론》 53, 2007에서 재인용.

35. 17세기에는 지방에 거주하는 전직 관료가 지방관보다 먼저 중앙 정계 소식을 듣고 지방관에게 이를 전달하는 경우도 있었다. 《戫聞日記》 참조.

도 선조대부터는 재야의 사림들이 조보를 보고 조정 정사의 득실에 대해 비평하는 현상이 일반적이었음을 확인할 수 있다.[36] 지방의 유생 공론은 주로 선현(선생)의 문묘종사, 충·효·열에 대한 포장 등 지배체제의 유지와 직결되는 것이었고, 따라서 중앙정치와 긴밀히 연결되는 것으로서 공론정치의 지방적 확산의 주요 기반으로 역할하게 된다.

지방적 확산은 한편 관료제적 (준)행정조직을 통해서도 진행되었다. 공론을 정치에 구현하는 일은 중앙정치에 국한되는 것이 아니고 군현제로 편제된 전국 330여 개의 군현까지 포함하는 것이어야 했다. 지배계급의 물적 토대가 지방사회에 있었던 데서 당연한 것이기도 하다. 조선왕조는 건국 이후 중앙집권체제를 유지하기 위해 전국 330여 개의 군현에 왕명의 대행자인 수령을 파견하게 되는데, 초기 군현제가 갖는 한계로 인해 지방 양반들로부터 지지기반을 확보할 수 있는 다양한 조치를 취하게 된다.

유교적 지방제도 개편에는 수령권 강화를 위한 면리제 개편과 각 면에 권농관 설치, 향교를 통한 지방 양반의 교수직 활용, 향리층에 대한 대대적 정비, 부민고소금지법 제정을 통한 지방세력 통제 및 지방 지배세력을 향촌 지배에 활용하기 위한 유향소 설치 등을 들 수 있다. 여기에서 우리가 주목하는 것은 군현제적 지배와 유교적 향당운영 논리의 접합점에 있었던 유향소 체제이다.

국가는 수령을 보좌하는 기구로 각 지방에 사족 품관의 자치기구라 할 유향소 설치를 유도하고 이를 중앙의 경재소를 통해 통제하는 방식으로 지방 지배를 실현하고자 하였다. 그런데 유향소-경재소 체제는 조선전기 훈척정치에 이용되면서 사림파의 비판에 직면하여 치폐를 거듭하는 가운데 대안으로서 사림파의 향약실시운동이 전개되게 된다.[37] 여

---

36. 김경래, 〈인조대 朝報와 공론정치〉, 《한국사론》 53, 2007.

37. 이태진, 《한국사회사연구》, 지식산업사, 1986; 《한국유교사회사론》, 지식산업사, 1989 참조.

기에서 주목되는 것은 그 근저에 유교적 향당운영의 기반이 된 '향중공론'이 자리 잡고 있었다는 사실이다.

공론정치와 지방 향회

공론정치의 지방적 확산은 위에서 설명한 바와 같이 유생 일반의 정치의식의 성장, 정치참여의 확대를 배경으로 전개된 것이지만, 초기 그것은 신왕조의 중앙집권 정책과 맞물려 자율성 확보에는 한계가 있는 것이었다. 지방 사회 지배층 일반의 결집체로서 유향소를 중앙의 경재소가 통제하고 있던 것이라든지, 유생 장수처(藏修處)로서의 서원을 국가가 사액이라는 제도로서 체제 내에 포섭해 나갔던 것은 그 같은 사정을 잘 말해 주는 것이다. 그렇지만 16세기 중반 이후 사족 중심의 향촌 지배질서가 자리 잡히고 군현 단위의 향당윤리가 정착되면서 공론은 지방사회 교화의 주체로서 사족의 무기가 되었다.

지방 '공론정치'의 중심은 향안(鄕案)에 적을 둔 향원(鄕員)들이 운영하였던 향회이다. 뒤에 설명할 바와 같이 지배층 일반의 동향이나 그 성격과 관련하여 각 지방사회의 개성과 자율성이 일정하게 반영되고 있음 또한 주목할 만하다. 그 개성을 잘 반영하고 있는 것이 각 군현 단위로 조직되어 있던 지배기구로서의 향안조직과 그 운영기구로서의 향회이며, 이 향회 운영의 기반이자 주요 원칙은 공론이었다. 향회 운영의 대표적 사례라 할 안동과 남원에서 "향임을 차출할 때는 한 가지로 공론을 따르며, 사사로이 끌고 당겨 제 사람을 쓰지 못해 향풍을 훼손해서는 안 된다."[38]라고 한 것, "향임은 반드시 일향에서 천거하여야 하며 향청이 공론을 무시하고 사사로이 자행하는 폐단을 막아야 한다."[39]라고 한 것 등이 군현 단위 향촌사회에서 공론의 중요성을 말해

---

38. 《永嘉志》 권5, 향사당조, 〈新定十條〉 '重鄕任'.
39. 최시옹, 《東岡遺稿》 권2 〈與李地主 聖漢〉, 숙종 38(1712).

준다.

사족들은 공론에 따라 향안을 만들고 향임을 천거하여 그 사이에 사사로움이 개입되지 않도록 해야 하며, 하루라도 공론이 행해지지 않으면 백성들이 그 피해를 보게 된다는 점을 들어 자신들의 지배기구를 정당화했다. 공론정치의 '지방편'을 보여 주는 듯하다. 다음 17세기 전반 전라도 남원에서의 기록이 잘 대변한다.

> 일국에 일국의 공론이 있듯이 일향에는 일향의 공론이 있어 향선생이 혼자 천단할[獨擅] 바가 아니니다. 다만 사부가 주론하여 공의가 펴져야 할 것이니, 치국(治國)·화향(化鄕)의 법도가 다른 데 있지 않다.[40]

1980년대 이래 향촌사회사 연구의 진전으로 밝혀지게 된바, 16세기 이래 각 지방에는 수령을 정점으로 하는 관의 행정조직 외에 지방 사족이 중심이 된 향촌 자치기구로서, 향안조직과 향회가 병존하고 있었다.[41] 16, 17세기에 재지사족(在地士族)은 그들의 '신분적' 권위의 상징인 향안을 기반으로 하여 운영하는 향회를 통해, 수령권과의 타협을 전제로 향권(鄕權)을 장악하고 이민(吏民)을 지배하고 있었다. 조선중기 이후 지방 사족의 자치기구라 할 향회의 통제를 받는 향소(鄕所)는 전기의 유향소-경재소 계통을 잇는 것으로서, 조선전기에는 훈척정치와 관련하여 치폐를 거듭하기도 했고, 임란 이후 경재소 혁파에 따라 중앙권력과의 연계가 약화되어 그 운영에 상당한 문제점이 나타나기도 하였다. 그렇지만, 난후 삼남 지방을 중심으로 사족이 주도하여 향안을 복구하고 향회 운영의 내규라 할 향규(鄕規)를 정하는 등 향촌사회에서 지배기구를 정비해 나갔다.

'향권'은 유향소의 임원이 가지고 있었던 '일향지권병(一鄕之權柄)'

---

40. 《龍城誌》, 〈完議〉, 남원, 인조 17(1639).
41. 김인걸, 〈사족의 향권과 수령권〉, 《한국사》 31, 국사편찬위원회, 1998, 112쪽.

을 주장하는 권한으로서, 그 핵심 내용은 이민(吏民)에 대한 지배와 부세운영권을 가리켰던 것으로 이해된다.[42] 따라서 향회는 일반적으로 이해되듯 유교적 교화를 이끌어 내는 유교윤리 실천의 장이기도 하지만, 구체적으로는 부세운영을 중심을 한 지방 정치행정의 장이기도 한 것이다. 지방 사족의 향당 윤리라 할 수 있는 거향관(居鄕觀)이 다분히 정치적 색채를 강하게 띠고 있었던 것도[43] 그와 관련된 것이라 하겠다. 사족들은 수령의 정사에는 일체 간섭하지 말 것[勿論官政得失]을 전제하고 부세 납부를 아래 사람보다 먼저 할 것[賦稅必先下戶]을 강조하였는데, 이는 자신의 지위나 유지하자는 소극적인 것이 아니라 자신들이 책잡히지 않아야 수령의 비리를 견제할 수 있다는 적극적인 의미를 갖는 것이었다.

군현 단위에서 향권은 흔히 '향론(鄕論)'의 주도권을 의미하는 것으로 인식되기도 했는데, 조정에서의 '조권(朝權)'과 대비되는 표현이라고 이해된다. '조권'이 중앙 권력기구의 인사권의 장악이라든가 정책결정에 미치는 영향력을 의미했던 것으로 미루어 볼 때,[44] 향권이란 결국 향촌사회 지배기구의 인사권과 그 실질적 내용이 되는 부세운영 등 향촌 지배정책 전반에 가지는 영향력을 의미하는 것으로 이해할 수 있는 것이다. 이 향권은 '관부(官府)의 정령(政令)', 즉 관권과는 구별되는 독자

---

42. 박상, 《訥齋續集》 권4, 〈光州鄕案序〉, 중종 11(1516), "吾州之座首金叔讓 別監金敬寶·薛崇价 別監柳子華 簡訥齋曰 (중략)今夫爲員於鄕所者 貳邑長而尸一鄕之權柄 里胥之所俯伏而聽命矣 閭井之所軟 而附威矣 大則賦租傭調之亦罔或搖其利之茂弘 不止是而人之視之者 若短褐者之千金 此則所謂鄕所者 弄一鄕趨競之別種利權 而行胸臆作威勢於其間 誠非國家樹置之本旨也."

43. 김인걸, 〈조선후기 재지사족의 '거향관' 변화〉, 《역사와 현실》 11, 1994.
_____, 〈16, 17세기 재지사족의 거향관〉, 《한국문화》 19, 1997.

44. 숙종이 그의 초년에 남인들의 견해를 받아들여 黨論의 폐를 지적하는 가운데, "局量이 좁은 미세한 무리들이 儒名을 빌려 山林에 머물면서 朝權을 틀어잡고 있다. 무릇 人物의 進退나 大小 政事를 필히 먼저 兩人(송시열·송준길)에게 품의한 후에 王에게 보고하니 극히 한심한 일이다."라고 서인들을 비판하였던 것(《숙종실록》 권4, 숙종 원년 윤5월 갑인)에서 미루어 '朝權'이란 朝廷에서의 권력으로, 그 권력의 핵심은 인사권과 정책결정권임을 추론할 수 있다.

적인 영역을 가지는 것이었다. 향권이 향론의 주도권이라는 의미로까지 확장되게 된 것은 향당 운영 전반이 향중공론에 따라 운영되어야 한다고 보는 지배계급 일반의 공론관과 깊은 관련을 가진다.

17세기 전라도 담양의 사례를 집중적으로 분석한 연구에 따르면 17세기 담양에서는 향안을 '공론'에 따라 작성하며, 향중의 의견을 집행하는 실무자라 할 향임을 천망할 때 역시 '채택공론(採擇公論)'하여 임무를 수행하게 하고, 향중의 결의사항을 어긴 경우 향회를 열어 '공론'에 따라 벌을 가하도록 하였으며, 전에 없던 '비변사 납미비납(納米備納)' 건을 해결하기 위하여 일향에 의견을 물어 '중론'이 모두 가(可)하다고 한 연후에 처리하도록 하였고, 대동법 변통에 대해서도 수령에게 항의하고 열읍이 공동으로 대처할 것을 결의한 바 있었다.[45] 요컨대 일향의 기강을 유지하고 향풍을 바로잡기 위해서는 모든 문제를 어느 한두 개인이 사적으로 천단해서는 안 되고 모두 '공론'에 따라 처리한다는 것이다. 물론 이견(異見)이 있을 경우 향중에서 상의하여 처리하는 것이지만, 여기에서도 공론이 의견을 모으는 데 있어 기준이 되는 것이며, 그 주요 내용은 '향규'로 규정하고 있었다.

17세기 중엽 윤선도(尹善道)가 해남(海南) 〈향사당약조(鄕社堂約條)〉를 써 주면서 '정풍속(正風俗)·려염치(勵廉恥)·보관정(補官政)·균부역(均賦役)·어하리(御下吏)·안민생(安民生)'의 6개 큰 조목을 제시한 바 있는데,[46] 위 담양의 향규와 같은 차원의 내용이라 하겠다. 즉, 향회는 자신들의 결속 위에서 수령의 정치를 보좌하는 기능을 하면서, 특히 부역을 균등히 하고 하리(下吏: 이서층)를 검속함으로써 궁극적으로는 민생의 안정을 도모해야 한다는 것이다.

---

45. 전형택, 〈17세기 담양의 향회와 향소〉, 《한국사연구》 64, 1989.

46. 윤선도, 《孤山遺稿》 권5, 〈海南鄕射堂約條〉, 효종 7(1656).

향안과 향회

향안(鄕案)은 군현 단위로 작성된 사족양반의 명부인데, 향회는 바로 이 향안에 오른 사람들의 결사체이다. 향안에는 향촌 사족품관 가운데 정해진 자격을 갖추어야 들어갈 수 있었으며, '삼향(三鄕)', 즉 부계 모계 처족 3 계통에서 모두 향안에 올라 있는 것 등의 자격 요건을 갖추지 못한 경우 권점(圈點: 향원의 투표)을 거쳐야 했다. 향안에 입록된 자들을 향원(鄕員)이라 하였는데, 향회는 바로 이들 향원의 모임인 것이다. 그러니 향회는 말하자면 향원들의 공론장이라 하겠는데, 다루는 대상이 일향 전반에 걸쳐 있는 것이기 때문에 리민(吏民), 즉 이서층과 일반 민들 역시 그 자장 안에 들어가게 된다.

향회가 향안 입록자들의 결사체인 만큼 가장 중요한 기능은 바로 새로운 회원을 받아들이는 것이다. 조선후기 남원에서는 향원 입록을 결정할 때 흑백 돌로 투표를 하였는데, 투표 참가자 중에 3명 이상이 부표를 던지면 해당 후보자는 향안에 들어갈 수 없었다(그림 1. 남원 '무오적 향적계획기' 참조). 투표는 좌수 별감 등 향임을 천거할 때도 이루어졌다. 향회에서는 이와 같은 투표 외에도 각종 향중의 일을 논의하였다. 아래 자세한 설명이 있겠지만, 기본적으로 사족의 이해를 대변하는 것이라 할 수 있는데, 그들은 이를 향중공론의 실현이라 하였다. 그러니 향중공론을 모으기 위해서 모이고, 공론의 분기를 막기 위해서도 모이는 것이 되어, 향회 자체가 거향 사족의 결속을 위한 것이었지만 역으로 분열시키는 촉매제가 될 수도 있는 것이었다.

'향안'은 좁은 의미로는 유향소(留鄕所) 품관(品官)의 명단을 지칭하였던 것으로서,[47] '품관좌목(品官座目)'[48]이라고 불리기도 하고, '향록

---

47. 《密陽鄕案》, 〈密陽鄕射堂品官案〉, 인조 2(1624), "右嘉靖甲辰(中宗 39, 1544)以來品官也 傳來鄕錄蕩失於壬辰之變 今欲修復舊案 而中古以上 無徵不可攷 故只得甲辰以後若干品官 而書其姓名 註其來歷 以爲傳後世 不朽之萬一耳."

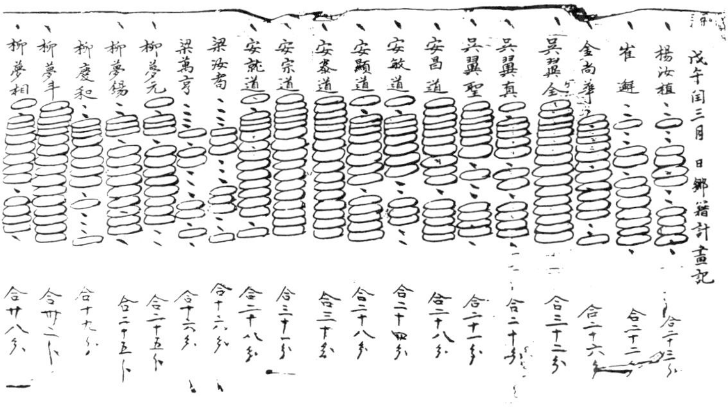

그림 1. 남원(南原) 무오적(戊午籍) 향적계획기(鄕籍計劃記). 1678년(무오) 전라도 남원에서 향안(鄕案) 입록대상자를 대상으로 한 투표[黑白砂取點] 결과표[計劃記]의 첫머리 부분이다. 입록을 허락하는 경우는 백사(白砂)를, 반대하는 경우는 흑사(黑砂)를 가지고 찬반을 표시하였다. 이를 종합한 위 '계획기'에는 부표를 의미하는 흑사가 먹점으로 표시되어 있는데, 부표가 일정 숫자 미만이어서 입록이 허락된 사람의 이름 위에 별도의 표기를 한 것이 보인다.(《朝鮮社會史資料 Ⅰ(南原)》 1, 국사편찬위원회, 1990, 남원향교 소장)

(鄕錄)', '향적(鄕籍)' 등 그 명칭은 다양하였으나 일반적으로 향안이라 불리었다. 이때 그 명단을 '향안'이라고 하였던 것은 재지 지배층이 유향소에 결집되어 있었고, 유향소를 통제하던 경재소에 비치하였던 명단을 '경안(京案)'이라고 불렀던 것과 관련된 것으로 파악된다. 즉, 이 향안은 경안과 연동되고 있어서 지배계급의 공론이 경향(京鄕) 간에 영향을 주고받을 수밖에 없음을 보여 준다. 선초부터 작성되기 시작한 향안은 임란을 전후하여 파손되었다가 난 후 대부분 지역에서 복구된다.

향안의 특징으로는, 일향(一鄕)의 사족안(士族案)으로서 사족의 '신분적' 권위의 상징이었다는 점과 입록 조건이 매우 까다로웠다는 폐쇄성이 흔히 들어지지만, 우리의 논의와 관련하여 가장 중요한 점은 그것

48. 《永嘉誌》 권7, 〈人物〉, 안동, 李股: "以淸風郡守還鄕 爲本州留鄕座首 糾正品官座目 考定鄕吏三壇案 至今不敢違."

이 일향 사족의 공론에 의해 작성된다고 하는 점이다. 즉, 향안의 작성은 그 지방 지배세력의 동향과 밀접한 관련을 갖는다. 따라서 여기에 향론이 분열될 때 향안이 치폐(置廢)될 소지가 있음을 보게 된다. 남원에서 인조즉위년(1623) 〈계해적(癸亥籍)〉에 입록하면서 향안을 크게 수정하는 데 중심이 된 인물은 이상형(李尙馨)[49]이었다. 그가 인조 17년 〈기묘적(己卯籍)〉의 작성을 위한 〈약속조목(約束條目)〉을 마련하면서 쓴 다음의 〈완의(完議)〉는 향안이 일향 사족의 공론에 의해 작성된다는 점을 잘 보여 준다.

> 지금 향중(鄕中)의 부로(父老)들이 향적(鄕籍)이 없음을 해결하고자, 계속해 출문(出文)하여 복구하고자 하나 복구가 어려운 것이 아니다. 복구한 뒤 어떻게 잘 하느냐가 어려운 일이다. 비록 복구한다고 하여도, 도맡아 다스릴 만한 조약이 없으면 이후의 폐가 전보다 배가 될 것이다. 향적(향안)은 모두 사(私)를 따르게 될 것이며, 향임(鄕任) 또한 바른 사람을 잃게 됨에 이르러 분경괴란(奔競壞亂)이 날로 심해질 것이다. 하루라도 공론이 행해지지 않으면 백성들이 그 폐를 당하게 된다. 약속기강(約束紀綱)은 폐할 수가 없는 것이다.[50]

기본적으로 재지사족은 자신들의 결속을 강화하고 신분적 권위를 확보하기 위해 향안을 작성하고 있었으며, 이 향안을 토대로 결성되는 향회를 통하여 향소(鄕所: 鄕廳) 및 이민(吏民)을 통제하고 있었기 때문에 향안이 갖는 지위는 거의 절대적이었다. 그렇지만 이 향안은 지배계급 자신의 이익만을 추구하는 데 머무른 것만은 아니다. 흔히 다음과 같이 향당의 기강을 유지하는 역할을 한다고 표명된다.

---

49. 李尙馨(1585-1645)은 39세의 나이로 〈癸亥籍〉에 오른 인물이다. 당시 司馬試에 합격한 상태였다. 그러나 이 계해적은 여러 문제가 있어 自罷되었다 하며(《龍城鄕案》, 〈立議〉), 인조 17년 〈己卯籍〉이 다시 만들어졌다. 이때 이상형은 完議와 約束條目을 써서 사대부가 鄕論을 주도해야 함을 강조하였다. 그는 29세 때 사계 김장생에게 제자의 예를 취하였으며, 장유와 장현광에 의해 理學에 밝은 자로 천거된 바 있다(이상형, 《天默遺稿》 권5, 〈年譜〉).

50. 《龍城誌》, 〈完議〉, 인조 17(1639).

향(鄕)에 안(案)을 두는 것은 무슨 까닭인가. 세족(世族)을 밝히기 위함이다. 밝히는(구분하는) 이유는 무엇인가. (그것은) 장차 그렇게 함으로써 일향의 기강을 잡고 민속을 바룰 수 있기 때문이다.[51]

향안이 향당의 기강을 유지하는 기초가 된다는 것은 무엇을 의미하는가. 기강을 바로세우기 위해서 가장 중요한 것은 사족 당사자 자신의 절제, 즉 유교적 향촌질서 유지라는 공론의 구현을 자임하는 것이 아니면 안 되었다. 다음 호남 향안의 하나의 기준을 제시했다고 하는 박상(朴祥)의 〈광주향안서〉의 내용은 향안을 작성한 목적과도 관련하여 주목할 수 있는 것으로 매우 상징적인 의미를 함축하고 있다.

박상은 향안 작성의 취지를, "성자(姓字)를 등록하여 후세에 전하게 한다면 후인들이 이를 살펴보면서 반드시 말하기를, 누구는 말을 더듬거렸고, 누구는 사기꾼 같았으며, 아무개는 온화하며 성실했고, 누구는 간사하고 야박했으며, 누구는 양이 호랑이 가죽을 빌린 듯 일마다 궁색을 면치 못했고, 누구는 입으로는 순임금처럼 말하면서 도척의 길을 걸었다고 할 것이니, 어찌 두렵지 않겠습니까?"라고 하였다.[52] 비록 향안이 군현 단위 향촌 지배계급의 명단으로서 사족들의 권위의 상징이지만, 단지 자신의 이익만을 추구하기 위한 것이 아니라, 뒤에 올 후손들이

---

51. 정경세, 《愚伏集》 권15, 〈尙州鄕案錄序〉, 광해 9(1617).
52. 본장 각주 42와 같음. [우리 고을의 좌수 金叔讓과 별감 金敬寶, 薛崇이 별감 柳子華를 통해 訥齋에게 편지를 보내어 이르기를, "우리 朝鮮이 天命을 받은 이래, 周나라의 卿大夫 제도를 모방하여 州・府・郡・縣에 留鄕所를 설치하고 고을의 職秩과 명망이 있는 자들로 그 임원을 채우매, 그 우두머리[長]를 座首, 그다음 자리[亞]를 別監이라 하였습니다. (중략) 이제 저희부터는 종이판에 이름을 적어 두어, 별감이 누구였는지 후인들이 알 수 있게끔 하는 것을 길이 변치 않을 법식으로 남기려 합니다. 그대도 우리 고을의 후예로 文筆을 담당하고 계시니, 어찌 자세한 서문을 지어 주시지 않으시렵니까?"라고 하였다. 눌재가 사양하여 가로되, (중략) 다시 만류하며 강권하자 가로되, "(중략) 또한 姓字를 등록하여 후세에 전하게 한다면 후인들이 이를 살펴보면서 반드시 말하기를, 누구는 말을 더듬거렸고, 누구는 사기꾼 같았으며, 아무개는 온화하며 성실했고, 누구는 간사하고 야박했으며, 누구는 양이 호랑이 가죽을 빌린 듯 일마다 궁색을 면치 못했고, 누구는 입으로는 순임금처럼 말하면서 도척의 길을 걸었다고 할 것이니, 어찌 두렵지 않겠습니까?"라고 하였다.]

그것을 보고 자기 조상이나 해당 인물에 대해 이러저러한 평가를 반드시 하게 될 터이니 행실을 조심해야 하지 않겠는가 하는 경고의 성격을 아울러 갖고 있었던 것이다.

향회의 구조와 운영

향회는 향원들의 결사체이자 지방 사족의 일향지배를 실현하는 최고 의결기구였으며, 그 집행기구는 유향소(후기의 향소, 혹은 향청)였다. 향회의 구조와 성격은 각 지역의 사정에 따라 일정한 차이가 있었지만, 그 구조는 크게 두 형태로 구별해 볼 수 있다. 하나는 유향소가 주축이 되는 영남을 대표로 하는 안동형(安東型)이고 다른 하나는 유향소 바깥 위에 향헌(鄕憲)이나 향유사(鄕有司) 등 향론을 주도하는 기구를 별도로 두어 운영했던 호서, 호남을 대표하는 광주형(光州型)이다.

첫 번째, 유향소(향소)가 중심이 되는 향회 유형의 대표적인 예는 영남(嶺南) 안동(安東)의 경우이다. 류성룡(柳成龍)이 작성한 〈신정십조(新定十條)〉에 의하면 향회는 매년 봄가을에 열리며 좌수(座首)·별감(別監)이 주관하게 되어 있다.[53] 좌수·별감을 천망(薦望)하는 것이 향회의 공론에 달려 있었던 만큼, 향회의 기능은 유향소를 통해 표출되는 것이라고 하겠다. 각종 〈입의(立議)〉 등에서 향안 입록과 향임 선출을 향회의 일차적 기능으로 특히 강조하는 것은 유향소와 향회의 일치성 때문이라고 할 것이다.

향회의 운영방안은 안동 향회의 규범(鄕規)이라 할 〈신정십조〉에 잘 나타나 있다. 서애 류성룡이 기초한 향규의 세목(細目)은 '중향임(重鄕任)·엄회의(嚴會儀)·후이륜(厚彝倫)·정향안(正鄕案)·명예속(明禮

53. 《永嘉誌》 권5, 〈新定十條〉, "嚴會儀: 每年春秋行講信禮 座首別監當主席 品官以齒爲席居賓位 尊者南向西上 異爵者南向東上 坐定 別監抗聲讀法 獻酬依鄕約燕集禮 鄕中凡有大事 請會父老 公同通議 毋得自擅."

俗)·존고년(尊高年)·금비위(禁非違)·치이서(治吏胥)·균부역(均徭役)·훈동몽(訓童蒙)'의 10조다. 이 중 앞부분 7조는 사족 내부의 결속과 관련된 것이고 군현 전체를 대상으로 한 운영 방법은 뒷부분에 배치된 '금비위·치이서·균부역' 3조에 집약되어 있다. '금비위'조의 규제대상은 이른바 '토호품관(土豪品官)'이고, 비위(非違)의 주된 내용은 사사로운 이익을 위해 폐단을 야기하거나 수령을 모함하고 수령의 정치에 시비를 따지는 것이다.[54] 이는 유향소 운영방향의 기본성격을 제시하는 것으로 이해할 수 있겠다. 즉, 수령권과의 타협이 전제된 위에서 유향소가 품관들에 의해 운영되는 데 따른 규정이다.

'치이서'조의 규제대상은 이서층인데, 규제하는 쪽은 품관이고 결재권은 관(官)에 있음을 알 수 있다. 주된 규제 내용은 향리들의 민간에 대한 작폐, 관부 기만, 품관에 대한 항례(抗禮) 등이다.[55] 특히 서원(書員)의 작폐를 문제 삼은 것이 주목된다. 한편, '균요역'조의 주된 규제대상이 어느 층인지는 불분명하지만, 토호나 이서층이 주 대상이었던 것으로 보인다. 균부역(均賦役)의 문제는 향촌 거주 지배계급에게는 가장 중요한 문제 중의 하나였다.[56] 여기서의 규제 내용은 부역의 불균, 즉 전결(田結) 모점(冒占)에 의한 조부불납(租賦不納)과 경작토지의 은루(隱漏)에 의한 요역 기피현상이었다.[57] 그리고 그러한 것들은 향소(향

54. 위와 같음, "禁非違: 凡品官無故出入官府 營私作弊者 行實不正傷敗風教者 陰毁地主 (守令)京外流言者(已上損 不悛者黜) 妄作威執(勢)擾官行私者 恃强凌弱侵奪起爭者 公私聚會是非官政者 造言構虛陷人罪累者 受官差任憑公作私者 當任不謹汚衊鄕風者(已上中損 不悛者上損)."

55. 위와 같음, "治吏胥: 出入民間橫索橫斂者 各色該房因緣作弊者 欺瞞官司虧損政令者 貢物諸色刀蹬汎濫者 無禮鄕中有傷風俗者 冒占良民隱蔽役使者 趍赴貴勢徼避本役者 良家女及官婢作妾者 書員書者用事作弊者(甚者報府科罪)."

56. 《一善誌》 권1, 〈善山地圖誌〉, 김종직, 성종 8(1477), "夙夜思念 所以答故鄕父老之望者 惟在於均賦役 欲均之惟在於明簿籍 簿籍已粗明矣."

57. 《永嘉誌》, 〈新定十條)〉, "均徭役: 一府戶口結卜 別成一籍 賦役磨鍊時 鄕所憑考多寡虛實 有奸僞者治罪 凡干雜役等事 一從八結之法 較其輕重 輪回各面如有恃其豪悍 冒占田結 不謹租賦者 及隱漏結卜不爲 役者(報府治罪)."

청)에서 일단 치죄하고 관에 보고하여 처리하도록 하고 있었다.

위와 같이 볼 때 〈신정십조〉의 내용은 향안입록이나 향임선출 등 향회의 운영에 관한 부분, 사족 내부의 문제와 관련된 부분, 이서층 통제에 관한 부분, 그리고 이러한 것들과 관련된 것으로 부역 운영에 관한 부분 등 크게 네 부분으로 나누어진다. 이 같은 점은 비단 영남의 경우만이 아니라 다른 지역의 경우에도 마찬가지로 적용되는 것이었다고 생각된다.

다음, 두 번째 유형으로, 유향소 위에 별도의 기구를 두어 운영하는 유형의 대표적 예는 호남 광주의 경우이다. 율곡 이이가 해주 향규에서 향헌(鄕憲)과 부헌(副憲)을 따로 선출하여 그로 하여금 일향공사(一鄕公事)를 장악케 하고 향소를 향헌과 부헌의 통제 아래 두었던 것이[58] 전범이 되었던 것으로 보인다. 광주의 사례는 17세기 초 당시 호남 향회운영의 한 모범이 되었는데,[59] 그 구체적 내용이 남아 있지 않으므로 광주의 예에 따라 〈약속조목(約束條目)〉을 갖추어 운영되었다고 하는 남원의 예를 통해 검토하기로 한다.[60]

앞서 언급한 바 있지만, 인조 17년(1639) 남원에서는 그 기능이 상실

---

58. 이이, 《栗谷全書》, 권16, 〈海州一鄕約束〉.

59. 17세기 順天 · 長城 · 昌平 등지에서는 光州의 條約에 의거하여 향회 운영이 실효를 보았으며, 南原도 그 예를 따르고 있었다(앞의 책, 《龍城誌》, 〈完議〉). 광주에서는 적어도 18세기 초까지는 '鄕案'과 '座目板'이 있어 일정한 기능을 하였음을 확인할 수 있다(《報牒攷》 규古. 5125-68, 〈鄕執綱案上使事報巡營〉, 영조 42, 1766). 조선시대 남원지방의 사족사회에 대해서는 김현영, 《조선시대의 양반과 향촌사회》, 집문당, 1999 참조.

60. 1639년 남원의 〈약속조목〉을 작성한 이상형(1585-1645)의 연보(《天默遺稿》 권5)에 따르면 약속조목이 갖춰지기 이전에는 "남원부의 사대부가 향중의 제반 의론에 참여하지 않았기 때문에 무식한 무리들이 함부로 날뛰어 향풍이 어그러지고 수많은 폐단이 일어났다. 선생이 우윤 최연 및 청송 최항과 함께 광주의 기고봉(기대승) 박사암(박순)의 遺規에 의거하여 향약을 수정하였다. 대개 주례의 향사 향대부 제도를 모방하여 향노 향장 향유사를 두었으며 그 나머지 조목은 주자증손 여씨향약을 모방하여 약속을 엄히 세워 영구히 변치 않을 기준이 되게 하였다."라고 적고 있다. 박순은 〈광주향안서〉를 쓴 박상의 조카이다. 남원지방 사족의 향촌지배에 관해서는 김현영, 《조선시대의 양반과 향촌사회》 참조.

된 향안을 복구하면서 〈약속조목〉을 만들었다. 기존 향안의 파치(罷置)를 사부(士夫: 士族)가 주도하여 복구할 목적에서였다. 남원의 〈약속조목〉의 특징은 '주론지원(主論之員)'으로서 '향로(鄕老)·향장(鄕長)·향유사(鄕有司)'를 두고, 그들의 합의에 의해 향회의 권점(圈點)이라든가 향임수천(鄕任受薦) 등의 향론이 결정된다고 하는 점이다. 그리고 이 주론지원은 스스로 향임이 될 수 없게 되어 있었다.[61]

각 지방의 사족들은 향중공론이라 할 향론에 따라 일정 범위 이내의 사족만을 엄선하여 향안을 만들고, 이 향안에 입록된 사람들이 중심이 되어 향회를 구성하여 한 고을의 대·소사를 처리하고 있었다. 향회는 크게 1년에 1-2회 정기적으로 열리고 전 향원이 참가하는 대회(大會)와, 전직 임원과 일정 연령 이상이 중심이 되어 사안이 있을 때마다 수시로 열리는 소회(小會)가 있었다. 향회를 개최하거나 긴급한 현안을 처리하기 위해서는 향청에서 향원을 대상으로 통문을 돌렸다.[62]

향회는 유교적 윤리의 실천이나 교화만을 다루는 것은 아니었다. 구성원 참여를 놓고 권점을 통해 가부를 결정하는 것, 그리고 주론지원인

---

61. 《龍城誌》, 〈약속조목〉.
위 남원부의 《용성지》, 〈풍속〉·〈공서〉조 등에 의하면, 남원에서는 예부터 향헌·부헌·직월이 중심이 된 향회가 있어 鄕風을 糾正하고 있었다. 향회는 3년에 한 번씩 열렸고, 회원은 籍(鄕案)에 올라 있는 자 중에서 '生進以上 及曾經座首直月及凡員之年六十以上者'에 국한시켰다. 또 향회는 이 같은 '大禮'와 구분하여 좌수·직월·별감의 회의기구라 할 '小禮'가 있었다고 한다. 〈약속조목〉 가운데 중요한 몇 가지를 들면 다음과 같다.
一. 凡鄕會圈點及鄕任受薦時 一依光州例 而鄕老鄕長鄕有司 同議爲之(중략)
一. 凡鄕老鄕長鄕有司 所見各異 則一從正論 正論歧而二 則從多施行事(중략)
一. 凡鄕老鄕長鄕有司之員 則勿擬鄕任 或有自圖鄕任者 則相議削名 勿許主論之列 違公議妄議薦望者 論罰事

62. 17세기 남원에서는 향소에서 향임(별감 2인)을 추천하기 위하여 80여 원의 향원을 대상으로 통문을 돌렸는데, 같은 내용의 통문 22장이 현전하고 있다. 향원 거주지별로 보낸 것으로서, 각 통문에는 수신인이 적혀 있다. 통문에는 수신인의 회신 여부 등도 적혀 있는데, 통문을 통해 각 거주지별로 별도의 도유사가 있었음도 확인할 수 있다(국사편찬위원회 편, 《朝鮮社會史資料 1(남원)》 보경문화사, 1990, 430-473쪽).

향로(鄕老)·향장(鄕長)·향유사(鄕有司)의 소견(所見)이 각각 다르면 정론(正論)을 따르고, 그러고도 정론이 둘로 갈라지면 종다시행(從多施行), 즉 다수결에 따른다는 약속조목에서 볼 수 있듯이, 누구나 당연한 것으로 여긴다고 하는 공론을 따르면서도 그것에 일정한 규약을 두어 합의를 이끌어 내고 있었다는 점에서 조선 공론정치 전개의 또 다른 한 특징을 발견한다.

Ⅲ. 공론정치의 지속과 단절*

1. 여론과 공론정치

한 국가 사회를 운영하는 데 있어 지배자, 지도자는 권력의 정당성을 다수의 지지기반에서 찾는 것이 일반이다. 예나 지금이나 정치 지도자들은 자신들이 여론의 담지자이자 지도자임을 자부하였고, 여론을 수렴하기 위하여 각종 제도적 장치를 마련해 왔다. 지배층 일반은 여론 수렴장치가 고장나 다수 이견들을 수렴하지 못하거나, 또는 사회로부터 분출되는 여러 견해들이 자신의 지배 권위를 위협한다고 느꼈을 때 종종 새로운 여론수렴 방안을 창안하기도 하고, 별도로 새로운 정치세력을 부양하는가 하면, 경우에 따라서는 여론을 조작하기도 한다. 조선왕조는 유교, 성리학을 기본 정치이념으로 채택하였기 때문에 특히 민의(民意) 수렴에 남다른 면모를 보인 것으로 평가되어 왔다.

현대사회에서 여론이란 정부 이외의 영역에서 정책결정에 영향을 미

---

* Ⅲ장은 머리말에서 언급한 2001년도 2월의 동양사학회 동계학술토론회 발표문 〈조선후기의 정치와 여론 – 공론정치의 지속과 단절 –〉을 이 책의 체제에 맞게 축소·조정하여 수록한 것이다. 이 발표문은 그 뒤 보완하여 2002년 8월 최승희 교수의 정년을 맞아 별도로 출간한 《조선의 정치와 사회》(집문당, 2002. 12.)에 상재한 바 있기도 하다.

치는 집합적 의견이란 의미로 쓰이고 있지만, 그 성격상 단순히 통속적인 다수의 의견이라기보다는 여러 이질적인 의견들을 수렴해 낼 수 있는 공공선(公共善)을 지향하는 것으로 간주된다.[1] 여기서 공공선은 곧 국가나 한 시대의 사회 체제를 지탱하는 이념과 크게 다르지 않을 것인바, 정치란 바로 그 여론을 한 사회에 구현하는 것이라고 할 수 있겠다. 실제 정치란 현실 이해관계의 각축장에서 벌어지는 힘의 논리를 반영하는 것이기는 하지만, 여러 이견들을 체제 안에 끌어들이는 기술이라 할 수 있다. 여기에는 체제 유지를 위한 명분이 필요하고 그 명분을 바로 여론에서 구하게 된다.

한 시대, 사회를 지탱하는 이념이자 공공선을 지향하는 여론을 해당 사회에 구현하는 것이 정치라고 한다면, 그 같은 의미에서 조선시대의 '공론'만큼 '여론'에 잘 부합되는 용어도 드물 것 같다. 흔히 조선시대 정치를 '공론정치(公論政治)'라고도 부르는데, 거기에는 그 나름의 이유가 있었다. 같은 시기 공론 장악이 바로 정권을 장악하는 것이라는 말이 받아들여지고 있었던 것은[2] 바로 그 같은 사정을 반영하는 것이다.

한편 이 공론의 실현에 있어서는 그 내용과 형식이 문제가 되지 않을 수 없었다. 초기 건국 과정에서는, 개혁을 추진하는 데 있어 국왕이 중심에 서면서도 실제 재상이 그를 뒷받침하고 대간이 문제점을 보충하는 형식을 취하였다. 그러던 것이 훈척정치가 폐해를 야기하는 가운데 사림이 기용되면서부터 대간의 역할 비중이 커지다가 결정적으로 연산군의 '폐

---

1. 김영석 편, 《여론과 현대사회》, 〈제1부 여론의 이해〉, 나남출판, 1996; Vincent Price, *Public Opinion*, Newbury Park, C.A.: Sage, 1992.
2. 《연산군일기》 권7, 연산군 원년 7월 경자, "領議政盧思愼上疏曰 (중략) 竊惟先儒有言 政權不可一日不在朝廷 不在朝廷則在臺閣 不在臺閣則在宮闈 在朝廷則治 在臺閣則亂 在宮闈則亡 國家治亂興亡 未不由玆 近來士習日非 以告訐爲直 凌上爲高 不顧事之輕重大小 惟以己言爲聖經賢傳 務欲自勝 與人主詰頏相持 連日累旬 紛紜不止 (중략) 公卿大夫 畏其口而不敢可否於其間 是豈盛勢美事 朝廷大體乎 如此習尙古所未有 至於我朝亦所未有 若此習不已 而權歸臺閣 大臣杜口 則朝廷之事 豈不爲寒心哉."

정'을 거치고 수차의 사화를 거치면서 중외 유생들까지 참여하는 붕당정치로 나아갔다. 이후 붕당정치가 폐해를 노정하자 탕평정치로 틀을 바꾸면서 국왕이 당인들의 공론을 부정하고 국왕 스스로 의리의 주인임을 표방하기에 이른다. 그리고 바로 이어 탕평군주의 민의 수렴을 통한 새로운 정국 구상이 좌절되고, 세도정치기에 접어들자 무수한 '민란'이 폭발하였다. 이 같은 일련의 사실들은 조선 공론정치의 변화 방향을 시사하는 바 크다. 우리는 이와 같은 정치형태의 변화에서 공론 담당층의 변화와 아울러 공론이 함의하는 내용의 변화를 읽어 낼 수 있게 된다.

2. 조선의 정치 발전과 공론정치의 성쇠

'조선시대의 여론과 정치'에 대해서는 이미 역사비평사에서 같은 제목의 특집을 기획하여 다룬 바 있다.[3] 이 기획에는 4인의 연구자가 〈언론과 언관〉(구덕회), 〈사림언론과 중앙정치〉(최이돈), 〈민소의 활성화와 민본정치〉(한상권), 〈농민항쟁과 민회〉(송찬섭)라는 주제로 참여하여 글을 싣고 있어서 조선 전 기간의 정국 운영이 '언론(여론)'과의 관련 속에서 어떻게 이루어지고 있었는가 하는 점을 개략적으로 이해할 수 있게 해 준다. 특집의 주제에 초점을 맞춰 종횡으로 일관성을 유지하고 있다고 할 수는 없지만, 그 전체 흐름을 보여 준다는 점에서 시사하는 바가 크다. 이에 기초하면서 기왕의 연구성과를 참조하여 '여론'의 함의와 그 주도층, 담당층의 향방에 초점을 맞추어 정리해 보면 대략 다음과 같이 설명할 수 있다.[4]

조선시대에는 왕을 비롯하여 특정 개인이나 집단에 권력이 집중되는

---

3. 역사비평사, 〈기획 — 조선시대의 여론과 정치 —〉, 《역사비평》 37, 1997년 여름호.
4. 번거로움을 피하기 위해 위 기획에 참여한 연구자들의 논지 근거를 일일이 밝히는 것은 생략하며, 이 기획에 포함된 논문의 내용을 인용할 때에는 각각 필자와 논문명으로 약한다. 예: 구덕회, 〈언론과 언관〉.

것을 방지하고 공론에 입각한 공정한 정치의 추진을 위해 언로가 상당히 개방되어 있었다. 이를 위한 제도에는 조참(朝參)·상참(常參)·윤대(輪對)·경연(經筵)·소(疏) 등 관원(官員)들을 대상으로 한 것만이 아니라, 상언·격쟁·신문고 등과 같이 관민(官民)이 공동으로 이용할 수 있는 방법들이 있었다. 그런데 공론정치 실현에 중심역할을 할 것으로 기대되는 언론기구의 정점에 놓인 것은 언론 삼사[臺閣: 司憲府, 司諫院, 弘文館]라고 하는 언론기관이었다.[5]

초기 언론기구는 '천하 국가의 원기'로서의 공론을 실현하는 핵심적 지위를 부여받고는 있었지만[6] 어디까지나 국왕에 대한 간쟁이나 대신들의 부족한 점을 보완하는 것이 그 주 임무였다. 따라서 국왕이나 공신 등 고위 관료들이 힘을 발휘하는 정치상황하에서는 그 기능이 활성화될 수 없었다. 그리고 이때의 공론이라는 것도 크게 보면 통치의 정당성을 강조하기 위한 것으로 간주된다.

언론 삼사가 활성화되고 공론이 지배층 일반의 여론으로 자리 잡을 수 있는 기반이 마련된 것은 성종대 이후 16세기에 들어와 사림세력이 중앙정계에 등장하면서부터이다.[7] 그러나 이때까지만 하더라도 관료사회 안에서 논의되는 수준이고 유생층까지를 포함한 지배층 일반이 주체로서 참여하는 단계에는 이르지 못한 상태였는데,[8] 그 기본 틀이 갖춰지게 된 것은 중종반정 이후 여러 차례 사화를 겪고 난 뒤의 일이었다.

---

5. 최승희, 앞 책《조선초기 언관·언론연구》참조.
6. 《태조실록》 권2, 태조 원년 12월 병술, "諫官上書言 臣等竊謂 公論者 天下國家之元氣也 諫諍爲公論之根柢 佞諛爲公論之蟊賊 有國家者 常培其根柢而去其蟊賊 則讜論正議日進於前 而甘言卑辭 不聞於耳矣 (중략) 由是觀之 公論之於國家 誠不可一日而無也 方今明良相遇 治具畢張 若無事可言 而臣等所以切切於聽納公論之說者 正欲殿下有恢恢之量 而不厭其逆耳 無訑訑之色 而勿憚於屈己也 伏願殿下 開導而求諫誠信而聽納 則臣等當盡言不諱 庶使生民之利病畢陳而無壅 國家之元氣 流行而不滯 上敎曰 關於大體者 悉以啓聞."
7. 김돈, 앞 책 참조.
8. 《성종실록》 권117, 성종 11년 5월 무신, "上曰 言國家大事者 有臺諫弘文館 彼儒生何預國家事 以敢爲非毁 以欺君上乎."

이제 공론의 담당자는 경외유생(京外儒生)까지를 포함하게 되는데, 여기에서 조선 공론정치의 기본 틀을 제시한 것으로 평가되는 조광조의 다음 발언이 크게 주목된다.

> 공론이 공경에게서 행해지지 않으면 대각에서 맡게 되고, 대각이 그것을 실현하지 못한다면 공론은 초야로 돌아가게 됩니다. 공론이 공경에 있으면 다스려지고 대각에 있게 되면 어지러워지며 환시에 집중될 때 나라가 망하게 된다는 말이 있지만, 그러나 공론이 대각에 있으면 어지러워진다는 말은 그릇된 것입니다. 왜냐하면 공론이 삼공(三公)에게 있지 않기 때문에 대각으로 돌아가는 것이고, 대각이 그 역할을 못하면 자연히 초야로 넘어가게 되는 법입니다. 비록 초야의 나물 캐는 필부(匹夫)나 하잘것없는 선비라 하더라도 요순시대를 구현하려는 뜻을 다 가질 수 있는 것인데 (대각의 간관들이) 어찌 조정의 일을 논할 수 없겠습니까. (이)성언이란 자가 언급한 '외의(外議)'라는 말의 음험한 뜻이 자연히 드러났고 시종지신(侍從之臣)들이 죄줄 것을 청하였지만, 성상(聖上)의 뜻이 확고하고 지난 폐조(廢朝) 때와는 달리 대신들이 화평하니 비록 이 같은 자가 있더라도 치도(治道)에 무슨 해가 있겠습니까.[9]

위 조광조의 말은 종래 대각에 공론이 돌아가면 나라가 어지러워진다고 하는 속설을 부인하고 언관들의 활동에 큰 무게를 실어 주기 위한 것인데, 나아가 초야의 선비들까지도 공론의 담당자가 될 수 있다는 점을 암시한 것이다. 이는 대간 언론 자체가 중외 유생층, 지배층 일반의 여론을 바탕으로 전개되고 있음을 보여 준 것이었다. 기묘사화로 조광조 본인이 제거되면서 다시 제자리로 돌아간 듯했지만,[10] 그가 제시한 정치의 기본 방향은 이후 대세가 되었고 언론관행을 뒷받침해 줄 수 있

---

9. 《중종실록》 권30, 중종 12년 11월 임진, "(趙)光祖曰 公論不在公卿則在臺閣 不在臺閣則在草野 在公卿則治 在臺閣則亂 在宦寺則亡 然在臺閣則亂之言非也 何者 不在三公故歸臺閣 不在臺閣則自然歸於草野 雖草菜賤士(匹夫賤士) 堯舜君民之志 莫非分內之事 則豈不議朝廷之事乎."

10. 《중종실록》 권37, 중종 14년 11월 무신, "上曰 國政當在於朝廷 朝廷之政大臣爲之 而臺諫則補闕拾遺耳 故云政在臺閣則亂 近來政不在大臣而在臺閣 人君大臣知其弊而莫之救 過激成習 使耆老大臣 皆被論退去 此宗社所關 必矯此弊 然後朝廷安靜 故乃爾."

는 풍문거핵법(風聞擧劾法), 낭관자천제(郎官自薦制) 등 일련의 정치 관행도 성립되게 되었다.

이 같은 공론정치가 활성화될 수 있었던 데는 그것을 뒷받침해 줄 수 있는 지방적 기반이 다져지고 있었던 점도 간과할 수 없다. 공론 담당층의 확산으로 인하여 공론의 지향, 그것의 내포가 더욱 분명해지게 된 것은 커다란 발전이었다.[11] 여기에서 초야(草野: 閭巷) 공론이 정치의 토대가 되고 있다는 점을 조선 공론정치의 한 주요한 특징으로 지적할 수 있을 것이다. 율곡 이이가 지적한 말, 즉 선비들이 조정의 정치에 대해서 발언하는 것 자체가 바람직한 것은 아닐지라도 '만약 상하 어느 한 곳에라도 공론이 없다면 그 나라는 망할 것'이니 당시 여항 간에 조성되고 있던 '시비(是非)' 논의를 인정하고 그 공론을 결코 금해서는 안 될 것이라고 한 것은[12] 비록 양비론적인 성격을 갖는 것이지만 조선 중기 공론정치의 현실을 인정하는 것이었다. 이는 당시 공론의 소재나 운영방식이 종전의 조정 대신들을 보좌하는 정도의 수준에서 크게 진보한 사실을 말하는 것이다. 여전히 시비를 분별하고 공론을 정함에 있어서 국왕의 역할이 지대한 것은 사실이었지만,[13] 이제 공론은 국왕이라고 하더라도 일방적으로 억누를 수만은 없고 소인배들이 개입할 수 있는 것이 아니라는 주장이 유생의 입에서까지 나올 정도가 되었다.[14] 이는

---

11. 지방사회에서도 '鄕中公論'이 영향력을 행사하고 있었고, 지방의 사족들은 '居鄕' 처신의 가장 중요한 덕목으로 수령 정사의 잘잘못을 논하지 말 것[勿論官政得失]을 강조하였는데, 이는 官政의 득실과 시비를 제대로 따지기 위해서는 함부로 처신해서 안 된다는 점을 달리 표현한 매우 정치적 의미가 큰 표현이다. 김인걸, 〈조선후기 재지사족의 '거향관(居鄕觀)' 변화〉, 《역사와 현실》 11, 1994; 〈16, 17세기 재지사족의 '居鄕觀'〉, 《한국문화》 19, 1997 참조.

12. Ⅱ장 각주 22와 같음. "公論者 有國之元氣也 公論在於朝廷 則其國治 公論在於閭巷 則其國亂 若上下俱無公論 則其國亡 (중략) 今日之朝廷 公論不張 故閭巷間 果有議是非者矣 此在士之自處 則固失矣 不在其位 固不可議其政矣 若在上者 惡其議己而禁絶之 則是周秦促亡之遺法也 國無公論則亡 安可禁絶之乎."

13. 《선조실록》 권17, 선조 16년 8월 을묘, "兩司全數 啓曰 (중략) 辨是非定公論 惟在於人主之平心察理而已 (중략) 遜志之言必以爲正 逆耳志論必以爲邪 則終未免好惡失正是非顚倒 公論始不得爲公論 而治亂辨矣."

공론정치의 기반이 크게 확대된 사정을 반영하는 것이다.

이후 공론 담당층의 확산이라는 발전적 면모와 상응하여 중앙정계가 당론에 따라 분열되면서 이들 공론 담당층 내의 분열이 야기되고, 특히 숙종대 환국정치기를 지나면서 공론은 곧 당론을 의미하는 것으로 바뀌었다. 공론이 국시를 세우는 시비와 무관하지 않고, 또 당인들 스스로 공론의 구현자임을 자부하였던 만큼 당론의 대립은 곧장 정국의 변동과 긴밀히 연동되어 심화되어 나갔다. 붕당 간의 권력다툼에서 삼사의 언론이 그 첨병 역할을 담당함으로써 상대세력을 몰아내거나 견제하는 데 이용되고 있었던 것은 그 공론의 한계를 드러낸 것이었다.[15] 심지어 이 시기에 오면 비록 공론을 표방하고 있지만 실제 고위 관직자의 사주를 받거나 그들의 사적 이해를 대변하는 경우조차 나타나고 있었다.

이제 사림 공론이라고 하는 것이 당론으로 귀착되고, 숙종대 잦은 환국과 맞물려 그것이 상대 당을 몰아내고 정치적 반대 세력을 제거하는 데 이용되는 지경에 이르러서는 당론이 공론으로서의 지위를 유지하기가 어렵게 되었다. 더욱이 당인들의 공론이 왕위 계승권자 선택과 연계되어서는 그 존립기반을 확보하기가 더욱 힘들게 되었다. 결국 탕평책을 적극 추진하게 되는 영·정조대에 들어오면 사림의 공론이라 할 청의(淸議)는 부정되고, 국왕 스스로 일체의 시비를 자신이 결정한다고 표방하게 된다. 이 시기에는 간관이 간쟁을 하지 않는다고 국왕에 의해 지적받고 일괄 체직되는 일이 다반사였고, 대신수의(大臣收議)는 형식화되었다. 이제까지 공론정치를 지지해 주던 낭관자천제(郎官自薦制) 등을 폐지한 것은 사후조치의 성격을 갖는 것이었다. 이후 중앙과 지방을 막론하고 모든 시비 논의가 금지되게 된다.

---

14. 《광해군일기》 권42, 광해군 3년 6월 경인(成均儒生 洪得一 等 245인 상소), "朝廷公論定矣 太學之公論定矣 擧國之公論定矣 未知一片公論 復在於何等人 而更定於何日也 是則擧國之公論 不若一乾甲之言也 (중략) 夫公論者 非人主之所加抑 小人之所可犯 而窮天地亘萬歲不泯者也."
15. 구덕회, 〈언론과 언관〉.

영조, 정조는 당인들의 시비를 인정하지 않고 스스로가 의리주인(義理主人)으로 자처했다. 중앙, 지방을 막론하고 '붕당'과 관련된 시비를 공론으로 거론하는 것을 모두 부정하였다. 그리고 당인들의 의견을 구하는 대신 직접 민과의 접촉 범위를 넓혀 나갔다. 이는 변화된 민의 성장을 정치에 반영하려는 것으로 평가될 수도 있을 것이지만, 기존의 사족 당인만으로는 정치를 하지 않겠다는 선언적 의미가 더 큰 것이었다. 특히 정조는, 선왕 영조가 늘어나는 상언·격쟁을 통제할 필요성에서 신문고를 다시 설치하였던 것과는 달리, 대신들의 반대에도 불구하고 민은(民隱)의 대상에 대한 기왕의 제한조치들을 모두 풀고 민간의 모든 종류의 의견을 청취하려 하였다. 그 결과 상언·격쟁이 폭주하여 정조 14년에 최고조에 달하였다. 아울러 정조는 민의를 수렴하기 위한 또 다른 방편으로 자신이 키운 초계문신(抄啓文臣)들을 대거 암행어사로 파견하기도 하고, 수령으로 내려가 있는 시종지신(侍從之臣)에게는 타 군현의 사정까지도 포함하여 민은의 구체상을 조사해 보고하게도 하였다. 요컨대 '정조는 민의가 상달될 수 있는 통로를 적극 개방하여 사회문제를 파악하는 한편, 새로 성장하는 사회세력을 체제 내로 흡수하여 사회를 안정시키려 하였다. 그 결과 국왕의 여론수렴 대상과 폭은 이전 시기에 비해 크게 확대되었다.'[16]

위와 같은 중앙 정국의 변화와 맞물려 지방사회에서도 사족이 주도하던 '일향공론(一鄕公論)'이 분열되고 종래 사족 중심의 향촌지배질서가 부정되면서 관(수령) 주도로 지방 지배체제가 새롭게 구축되어 나갔다. 종래 사족이 주도했던 향회가 수령의 부세 자문기구로 변질되고 있었던 것은 그 대표적인 현상이라고 할 것이었다. 수령들은 지방지배의 새로운 파트너로서 부민층에 눈을 돌리고 있었으며, 그들을 끌어들이기 위한 각종 방안을 짜내기도 하였다.

---

16. 한상권, 〈민소의 활성화와 민본정치〉.

그러나 위와 같이 영·정조가 민의를 수렴하여 이루려 했던 새로운 정치의 이상은 정조 사후 일거에 물거품이 되고 만다. 세도정권하에서 정조의 개혁정치에 참여했던 세력의 정치적 진출은 좌절되고 권력은 세도가의 사유물로 전락하였다. "정치는 퇴행하였으며, 민인들의 요구를 수렴하지 못해 불만이 폭력적인 형태로 표출되고 있었다. 민소(民訴)의 시대로부터 민란(民亂)의 시대로 바뀌면서 정치가 완전히 실종된 것이다."[17]라는 평가가 나오는 이유이다.

지방사회에서는 19세기에 들어와서도 종래 사족이나 지방 세력이 중심이 되어 관의 부세 자문에 응해서 문제를 제기하는 방식이 여전히 중요한 민의 수렴기제로 활용되고 있었다. 그러나 이것은 어디까지나 관변측의 요구에 응한 것이었다. "진주농민항쟁의 지도자 류계춘을 가리켜 '향회 리회는 그의 능사이다'라고 했는데, 이때 향회는 당연히 사족들의 향회와는 거리가 멀다"고 보기도 한다.[18] 따라서 1862년 민란 초기단계에서 주도적으로 활동했던 사족이나 요호부민층(饒戶富民層) 양쪽 어느 경우도 일반농민의 의사를 담고 있지는 않았던 것으로 평가한다. "지배층으로서는 농민들의 정치참여를 허용하지 않았기 때문에 농민들의 의사를 더욱 큰 힘으로 묶어 나가기는 어려웠다."[19]라고 하겠다.

19세기 농민들은 동리 단위에서의 결집력을 바탕으로 등소(等訴) 등의 형태로 자신들의 집단적 의사를 표출하는 경우가 늘고 있었으며, 민란기에는 면, 읍 단위에서 향회나 민회 등 자신들의 새로운 의사결정기구를 만드는 경험을 하였으니, 이는 비록 단속적이지만 큰 의미를 갖는 것이었다. 앞서 정리해 본 역사비평사의 기획에서 다루어진 논의를 종합한다면 조선후기에 들어와 공론정치의 이상과 정신은 확산, 지속되고 있었으나 체제 내에 수렴시키는 연결 시스템은 고장이나 새로운 수리가

---

17. 위와 같음.
18. 송찬섭, 〈농민항쟁과 민회〉.
19. 위와 같음.

필요하게 되었다고 설명할 수 있겠다.

3. 18세기 공론정치의 단절과 지속

이상 살펴본 바와 같이 그간의 연구 성과들은 조선 정치사를 그 참여층의 확대란 측면에서 발전적으로 이해할 수 있게 해 주었다. 그리고 조선 정치사가 지배층 중심에서 '민' 중심으로 바뀌어 가는 과정임을, 그러면서도 거기에서 유교적 민본정치의 최고 담당자인 국왕의 역할이 막중한 것이었음을 보여 준다. 그러한 면에서 왕조체제에서 이루어진 18세기의 단절 현상이 갖는 발전적인 면, 즉 사족 중심 공론정치의 단절과 그 근대로의 지향 가능성을 예단할 수도 있을 것이다. 그렇지만 이 책의 주제와 관련하여 몇 가지 문제를 제기할 수 있을 것 같다.

먼저 '공론정치의 단절'이 '붕당정치의 종식'과 같은 차원에서 단순하게 이해되어서는 곤란하다는 점이다. 위에서 정리한 바와 같이 조선 공론정치의 역사에서 공론은 국왕, 대신, 대각(언론 삼사)이라는 3자 간의 세력균형과 그 지지기반인 지배층 일반의 동향 여하에 따라 그 실현 방식에 소장을 보이고 그 함의가 달라져 나왔다. 그리고 조선후기에 들어와서는 그 공론이 당인들의 이해관계를 반영하는 당론으로 간주되어 중앙 정치에서 부정되어 나간 것이 사실이었지만 조선후기 '공론들'이 그렇게 다 단절될 수는 없는 것이었다.

공론이 지배층의 사당(私黨)화에 명분을 제공하고 그에 이용되고는 있었지만, 시비 논의나 공론 일체가 당인들에게 독점되었던 것은 아니고, 더구나 이후 중앙만이 아니라 지방정치에서도 공론은 거부할 수 없는 힘으로 작용하고 있었다.[20] 그 분열과 위축에도 불구하고 사회 일반

---

20. 지방 사회에서는 사족들이 군현을 단위로 향중 공론을 통해 자신의 지방지배의 자율성을 확보하기 위해 관권과의 마찰을 가능한 피하려 하였다. 이들은 향중 공론을 통해 수령의 일방적 독단을 견제하면서도 아울러 자신들의 절제를 요구하였으며,

에서 다양한 주체들에 의해 표방되었던 '공론들'은 면밀한 검토를 요한다. 사회 계층이 분화 발전해 가는 과정에서 공공선으로 생각하는 여론이라는 것도 하나로 제시하기는 어려워지지만, 공론의 분열을 부정적으로만 볼 필요는 없을 것이다.

사회가 발전하고 계층 간의 이해관계가 달라져 나가는 것은 자연스런 추세이고, 따라서 시비 논의가 많아지게 되는 것 또한 시대발전의 징표라고 할 수 있다. 기존의 사족 공론이 부정되었다는 사실이 갖는 의미가 보다 구체적으로 파악되어야 할 것이지만, 아울러 이 시기에 누구나 공론, 공의를 표방하고 자신들의 주장을 펼쳐 나가고 있다는 사실을 주목할 필요가 있다고 하겠다. 즉, 새로운 여론이 조성되어 나오고 있던 사정을 고려해야 함을 말하는 것이다. 이는 기존 공론정치의 단절 속에서도 새로운 공론의 가능성을 열어 두는 것이고, 그러한 의미에서 새로운 여론 주도층이 주도하는 '공론정치'의 지속성을 말할 수도 있을 것이다.

정조 역시 새로운 여론에 주목하였다. 정조가 당인들의 살육을 가져오는 시비논쟁은 없애되 그를 대신할 수 있는 새로운 정치논리를 모색하고 그를 실현할 수 있는 정치집단을 양성하기 위해 부단히 노력하였던 것도[21] 바로 새 시대에 맞는 공론을 제시하기 위한 것이었다고 하겠다. 여기에서 문제는 그 공론의 지향과 실현 방식이다. 정조대까지만 하더라도 아직은 그 지향을 실현할 수 있는 새로운 수단이나 제도가 제시되지 못하고 있었고, '사(士)' 일반을 대신할 새로운 '공론'의 주체로서 '민(民)'의 위상도 불분명한 상태였다.

둘째, 위와 관련된 것이지만, 새로운 공론 형성에 있어서 군주의 역할

'居鄕處身'에서 '勿論官政得失', '謹租賦' 등을 가장 중요시하였다. 여기서 관정의 잘잘못을 말하지 말라고 한 것은 역으로 수령의 전횡을 견제하기 위한 뜻을 담고 있는 것이었다. 김인걸, 〈조선후기 재지사족의 '거향관(居鄕觀)' 변화〉, 《역사와 현실》 11, 1994 참조.

21. 박광용, 〈진보적 개혁을 꿈꾸면서 보수적 개혁을 추진한 정조〉, 《실패한 개혁의 역사》, 역사비평사, 1997, 98-99쪽.

을 과도하게 평가하는 것도 문제가 될 수 있다. 실제 위와 같은 생각은 정조 1인만의 생각은 아니었을 것이다. 숙종 이래 탕평군주들은 기존의 사족만으로는 정국을 운용하기 어렵다는 점을 인식하고 있었고, 특히 지방지배에 있어서는 사족을 일정하게 대우해 주면서도 부민층을 지방 행정에 동원하고자 하였다. 왕명의 대리인으로서 수령들 역시 진작부터 민정 염찰의 중요성을 알고 있었고, 남에게 강조할 뿐만 아니라 스스로 일반 민들의 의견을 수렴하기 위하여 읍촌(邑村)에 예부터 내려오던 '항통(缿桶)'을 설치하여 관정(官政)의 문제점을 파악하고자 하기도 하였다.[22] 그러나 그것도 처음 부임해서 연속 두세 차례 항통을 내걸어 지역 풍토와 민정을 파악하고 그 후에는 1년에 두세 차례에 그치는 것이 적당한 것으로 말해진다.[23] 아직까지 '범민(凡民)'이 정치의 동반자로 자리하지 못한 상태에서는, 민의 의견을 수렴하는 것 자체가 곧 여론의 조성과 직결되는 것은 아닌 셈이 되는 것이다.

정조의 정책이 광범한 민의 지지를 받았던 만큼 정조의 민의 수렴이 민인의 새로운 여론 형성에 끼친 영향도 간과할 수 없을 것이다. 아울러 국왕이 민의 수렴 과정에서 드러나는 새로운 여론의 향방을 파악할 수 있는 기회를 갖게 된 것도 당시 사회가 이룬 성과였다. 문제는 그것을 어떻게 공론화하는가, 새로운 여론을 어떻게 정치에 구현할 것인가 하는 대안을 제시하는 일이다.

셋째, 조선시대의 정치사가 지나치게 단절적으로 설명됨으로써 몇 가지 문제를 드러내고 있다고 하는 점이다. 기존의 연구들이 정치형태상의 변화를 확인하여 조선 정치사를 발전적으로 이해할 수 있게 한 점은 충분히 인정되지만, 붕당정치의 성립과 발전·붕괴는 지배층이나 당인 중심으로 설명하고, 탕평정치는 국왕 중심으로, 또 '정치가 실종된' 세도정치기는 민을 중심으로 설명하여서는 국정 운영의 기본 이념이라

---

22. 안정복, 《順菴先生文集》 권16 〈木州政事〉.
23. 《朝鮮民政資料 牧民編》, 〈政要 二〉, 以文社, 57-58쪽.

고 할 '공론'이 정치상에서 갖는 의미를 충분히 제시하기 어렵지 않나 생각된다.

여기에서 기왕에 정치사에 민중의 동향까지 포함시킬 것을 제안한 견해라든가,[24] 여론의 동향을 제도언론과 사회문화적 언로를 포함하여 총체적으로 보려한 연구[25] 등을 주목하게 된다. 그런데 우리 정치사에서 이러한 제의는 아직까지 크게 고려되지 못해 왔던 것 같다. 무엇보다도 민본정치를 추구했던 조선사회의 공론정치를 설명하는 데 있어 지금까지 민의 동향을 관련지어 설명하지 못하고 있는 것이라든지, 당인들의 붕당정치를 대신할 탕평정치의 구상이 좌절된 이후 '정치'가 실종된 것으로 설명하는 것 등이 저간의 사정을 반영한다. 따라서 이 같은 관점에서 본다면 기존 조선 정치사가 구명해 온 조선후기 '공론정치의 종식'은 '새로운 공론 창출의 실패'로 읽을 수도 있겠지만, 역으로 공론 영역의 다변화와 그 정치에의 수렴과정이라는 시각에서 재조명될 수도 있을 것이다.

마지막으로 19세기의 정치를 '민', '민란' 중심으로만 설명하는 것이 갖는 문제이다. 민란이나 농민전쟁은 '정치과정에서 반영·흡수되지 못한 민의'가 '사회의 밑바닥에 침전되고 누적되었다가' 일정한 계기에 표면화된 것으로 규정되는데,[26] 그런 면에서 본다면 정치의 실종을 극명하게 보여 준 것이라고 할 수 있다. 그렇지만 19세기 정치사에서는 어떤 형태로든 지방정치 가운데 합법적 공간에서 이루어지던 향회와 관련해 관행화 되었던 '통문(通文), 향회(鄕會), 읍소(邑訴), 의송(議送)'의 단계를 뒷받침하는 '여론'과[27] 그 주도층을 포함시키는 가운데 기본 틀이

---

24. 정석종, 《조선후기 정치와 사상》, 한길사, 1994.

25. 이상희, 《조선조사회의 커뮤니케이션 현상연구》, 나남, 1993.

26. 이상희, 위 책, 94쪽 참조.

27. 《玉山文牒》 경산, 철종 2(1851), "大抵前年秋冬以來 民邑等稱以七年移貿之餘事力蕩竭 不可不變通云 而始則通文焉 次則鄕會焉 又其次則邑訴焉 又其終則議送焉 故縣令認以爲大同之論 如此招致衆民 詢其所願 依其所言論報 而蒙許題是乎所 (중략) 追後詳探事機 則本非大同之論 土豪則厭春結之出錢 猾吏則利冬糴之奇貨 數三人創謨 <u>假託輿論</u> 設此奸計也."

새롭게 짜여져야 할 것이다.

1893년 '보은집회'에서 동학도들이 지방관 탐학 문제를 지적하자 당시 비교적 사정을 객관적으로 파악하고 있던 한 인사가, "그것은 조정에서 처분할 것인데 어찌 함부로 얘기하는가?"라고 비난하고, 아울러 동학도들이 자신들의 모임은 타국의 '민회'와 같은 것으로서 조정의 정령 가운데 '민국(民國)'에 불편한 것을 해결하기 위한 것인데 정부에서 자신들을 '동비(東匪)'로 모는 것은 부당하다고 항의하자, 역시 "상달(上達)할 일이 있으면 문장(文狀)으로 올릴 일이지 서울로 올라가서는 안 된다."라고 언급하였다.[28] 여기에서 드러나듯이 당시 집권층은 여전히 구래의 방식을 고수하고 있는바, 새롭게 제기되는 민인들의 집단적 의사, 새로운 여론을 반영할 수 있는 새로운 제도나 수단을 그들에게 기대하는 것은 어려운 것이 당시 현실이었다. 그렇지만 갑오정권은 당시 지방사회에서 그간 기능해 오던 향회를 인정하여 〈향회조규(鄕會條規)〉를 반포하였고, 광무정권은 그와 성격이 판이한 〈향약장정(鄕約章程)〉을 간행 배포하였다. 여기에서 우리는 19세기가 기존 지배층 중심의 공론정치가 단절된 시기이면서 동시에 사회 각 층에서 여론 표출이 다변화하는 가운데 새로운 공론이 형성되어 가던 시기, 즉 새로운 공론정치의 모색기로 다시 볼 수 있는 가능성을 발견하게 된다.

28. 《東學亂記錄》, 123쪽, 〈宣撫使再次狀啓; 魚允中兼帶〉, "渠欲上告朝廷 斥逐貪汚爲辭 臣曰 此在朝廷處分 汝等焉敢乃爾 (중략) 又曰 渠等此會 不帶尺寸之兵 乃是民會 嘗聞各國亦有民會 朝廷政令有不便於民國者 會議講定 自是近事 豈可措爲匪類乎 臣曰 汝等若有上達底情事 成文狀以來 當爲之轉達 汝等切不可西上 警動京師也."

Ⅳ. 18세기 향회의 성격변화

1. 향중공론의 분열

공론정치의 동요

조정(재상 및 경대부), 언론삼사, 유생공론 등 3자에 의해 뒷받침되던 중앙의 공론정치와 지방 양반 사족의 향중공론에 기초한 군현 단위의 향당운영을 중심 내용으로 하는 공론정치는 18세기에 들어와 붕당 간의 격심한 대립으로 인한 공론의 분열, 사회경제적 변동에 따른 하층민의 성장, 그리고 국왕(관권)의 적극적인 개입 등으로 변동기를 맞게 된다.[1]

18세기에 들어오면 각 붕당 간의 대립이 심화되는 가운데 자신이 소속한 붕당의 의론을 공론으로 천명하게 되어서는 사림공론이라고 하는 것도 결국 당론으로 귀착되기에 이른다. 더욱이 숙종대 환국(換局)이라고 하는 잦은 중앙 집권세력의 교체와 맞물려 당론으로서의 공론도 그 지위를 유지하기가 어렵게 되었다. 공론이 분열되어 나가는 가운데 경종대에 와서 당인들의 공론이 왕위 계승권자의 선택과 연계되어서는 그

1. 이하 18세기 왕권강화시기의 공론정치의 향방에 대해서는 김인걸, 앞 논문(2002)의 내용에 기초하여 정리한다.

존립기반을 확보하기가 더욱 힘들게 되었다. 결국 탕평책을 적극 추진하게 되는 영·정조대에 들어오면 사림의 공론은 부정되고, 국왕 스스로 일체의 시비를 국왕이 결정한다고 표방하게 된다.

기왕에 당인들의 공론에 구심점이 되었던 서원에 대한 대대적인 정리가 이루어진 것도 숙종, 영조대에 들어와서의 일이었다. 기존의 '공론정치'가 종식되게 된다는 평가는 이 같은 사정을 반영한 것이었다고 하겠다. 정조대에 조정에서는 '함묵성풍(含默成風)', 즉 말 않고 가만히 있는 것이 상책이라는 풍조가 지적될 정도였다. 이 시기에는 간관이 간쟁을 하지 않는다고 국왕에 의해 질책을 당하고 일괄 체직되는 일이 다반사였고, 대신수의(大臣收議)는 형식화되었다. 일직이 안확이 정조대를 혹평하여 독재정치가 시작되고 반동의 기운이 밑으로 흘러들었다고 한 것은[2] 나름의 이유가 있었던 것이다.

영조와 정조는 당인들의 시비를 인정하지 않고 스스로가 의리주인(義理主人)으로 자처했다. 중앙, 지방을 막론하고 '붕당'과 관련된 시비를 공론으로 거론하는 것을 모두 부정하였다. 그리고 당인들의 의견을 구하는 대신 직접 민과의 접촉 범위를 넓혀 나갔다. 물론 이 당시에도 왕권을 견제하던 세력이 없지 않았고, 이들 세력을 억누르기 위해 국왕 스스로 지방 유생들의 광범한 여론을 끌어내기도 하였다. 정조대 영남 유생들의 '만인소'가 바로 그것이었는데, 그러나 이것은 이미 자율성을 잃고 중앙권력에 종속된 것이었다는 점에서 한계를 가진 것이었다. 중앙 정계의 공론정치 지형의 변화는 곧바로 지방사회에도 적용되기 시작했다.

향중공론은 향안에 입록된 향원들이 공유하는 의론으로 향원 구성의 특성과 향회 운영방안을 규정한 향규의 존재 등으로 인하여 중앙의 정국 동향에 직접적으로 영향 받는 것은 아니다. 실제 향선생, 향집강의 천단만 없다고 한다면 외부적 환경에 크게 구애될 것이 없었다. 이 향

---

2. 안확, 앞 책 참조.

안에는 중앙의 고관이라 할지라도 향규의 규정을 채우지 못하면 향안 입록이 불가능하였다. 전 시기 경재소를 장악하고 있던 고관들의 입김도 임란을 겪고 난 뒤 선조대 경재소 혁파 이후 문제될 것이 없었다. 중앙 정권의 간섭보다는 오히려 앞서 남원의 예에서 보았듯이 향원의 대다수를 차지하고 있던 품관층을 사부(사족)들이 끌어안고 갈 수 있는가 하는 점이 더 문제가 되었다. 그렇지만 18세기에 들어오면서 향원들 자체가 당론에 따라 갈리고, 향회의 기반이 되는 향안 입록을 두고 향중 쟁단이 심화되는 가운데 18세기 중반을 전후하여 향안이 더 이상 만들어지지 못하고 파치되는 상황까지 연출되었다. 이 같은 상황하에서 공론 실현의 장인 향회가 그 기능을 유지하기란 힘든 일이 되었다. 그 위에 실무자인 향임을 임명하는 데 있어 향중공론(공의)에 따라 의망(향천)하면 수령이 임명하게 되어 있는 규정으로 인해 수령(관권)의 개입 여부에 따라 긴장관계가 지속되고, 부세 문제의 해결에 있어 사족 양반의 자체 대응력 약화로 관권에 수세적으로 되면서 사족이 누려 왔던 향권도 부정되어 나가게 된다.

향중공론의 분열

향중공론의 분열은 각 지역 사족 양반의 존재형태에 따라 일정한 것은 아니지만 18세기 중엽 이후 현저해졌다. 그 결과 사족이 향임을 천망하고 이서층을 통제하면서 향론을 이끌고 부세운영 등에서도 영향력을 행사하였던 것은 과거사가 되었다. 여기에는 사회경제적 여건의 변화도 크게 작용하였다. 그 위에 중앙 정권의 변동과 관련된 당론, 당색의 차이에 따른 대립이 큰 영향을 미쳤는데, 그 대립을 스스로 해결하지 못하고 관권의 개입을 초래해서는 여건이 더욱 악화되어 향론은 쇠잔해지고 그들이 장악해 왔던 향권 역시 사족의 수중을 떠나 이향층에게로 넘어가게 된다.[3] 향중공론의 분열은 그 실현의 기반이라 할 수 있는 향안의 파치와 종식에서 단적으로 드러난다. 향중공론의 지지기반, 원천이라고 할 수 있는 향안이 그 기능을 상실하자 서원이나 향교 등을 통해 영향력을 행사하려 해 보지만 이 역시 관권의 통제에서 벗어나기가 쉽지 않게 되었다.

향중공론이 엄하다고 하는 영남의 경우 향안에 입록된 자, 곧 향원(鄕員)이 중심이 되어 향회를 이끌고 이 향회에서 향임을 차출하고 향내의 대소사를 처리하는 것이 불가능해지게 되는 상황은 이미 18세기 중엽에는 확연해지는 것 같다. 경상도 밀양에서는 상하 수백 인이 취전결당(聚錢結黨)하여 골동계(汨董契)라 이름하고, 수령을 갈아치우고 향임을 마음대로 차출하는 등 폐단을 야기하다가 수령에 의해 타파되었다.[4] 같은 시기 경상도 상주에서는 역으로 수령의 향임 임명을 거부하고 있다. 영조 22년(1764) 당시 수령이 향중망보(鄕中望報)에 의해 별감·도감 등 향임을 차출하였으나, 차출된 자가 병을 칭탁하고 끝내 응하지 않았다.[5] 향중망보에 의해 향임을 차출했다고는 하지만, 당사자가 수령의 휘하에 들어가는 것을 거부한 것으로서, 향중의 결정이 효력을 가질 수 없을 정도로 향론은 분열되어 나간 것이다.

위 영남 사례는 향당 운영이 향소를 중심으로 이루어지는 경우이지만, 별도의 향선생(향집강)이 중심이 되어 운영하는 호남의 경우도 예외

---

3. 김인걸, 〈조선후기 향촌사회 변동에 관한 연구〉, 서울대학교 대학원 박사학위논문, 1991 및 고석규, 《19세기 조선의 향촌사회-지배와 저항의 구조-》, 서울대학교출판부, 1998 참조.
4. 《승정원일기》, 영조 17년 정월 8일, "慶尙監司鄭益河疏曰(중략) 密陽前府使尹懋教 因臺疏坐罷 懋教此實道內善治者也 本府曾有汨董契 上下數百餘人聚錢結黨 官長之遞易鄕任之差出 百計巧鑽惟意所欲(중략) 及夫懋教赴任以來 盡心嚴僅得打破 黨 密陽今之作淳鄕 莫非懋教之力."
5. 《商山錄》(규古. 5120-42), 상주, 영조 22(1746), "爲牒報事 各邑之設置鄕任者乃所以佐邑長而出治者也(중략) 而至於本州 則無論儒品 必差鄕望中可合人 使之承當邑幹者 又是邑例乙仍于 牧使到任後 以各別? 擇之意 申飭於鄕廳是遣一從望報差出是如乎 別監趙學經段 一自受姑之後 稱以身病累呈辭狀(중략) 別監金守行 則差出之後 又爲稱病是如可 末乃緩緩現身 一番現身之後 仍卽稱病不出(중략) 書役都監孫徵段 差帖才出病狀隨之 再呈三呈曠日拒逆."

가 아니었다. 다음 광주 '향집강안 파치사건'은 그 대표적 예이다. 이 사건은 영조 42년(1766) 당시 전라감사가 광주 사족의 대표라고 할 수 있는 향집강(鄕執綱)들이 향권을 천단할 뿐만 아니라 '교중회(校中會)', '서원회(書院會)', '읍중회(邑中會)' 등으로 호칭되었던 '향회'를 빙자하여 민간에 작폐한다는 소문을 듣고 '향적(향안)'과 '집강안'을 봉인해서 올리라는 지시를 내린 데서 수면 위로 떠올랐다. 감사가 파악하고 있던 민폐의 내용은 매번 모임을 빙자한 토색뿐만 아니라 '환정(還政)', '전정(田政)' 등의 문제에까지 관련된 것이었다.[6]

광주의 향집강안 파치사건의 처리과정에서 우리가 확인할 수 있는 두 가지 중요한 사실은 다음과 같다. 즉, 광주에는 이전까지 17세기 말 숙종 24·25년경에 만들어진 향안이 내려오다가, 영조 23년(1747) 신안(新案)이 만들어졌으나 당시 사족 내부의 문제로 말미암아 이 신안은 혁파되었다는 점이 그 하나이다. 다른 하나는 향안 파치 이후 향집강[鄕老·鄕長·鄕有司] 18인이 중심이 되어 향론을 주도하면서 '좌목판(座目板)'에 이름을 새겨 향청 벽에 걸어 놓고 그 기능을 유지하고 있었지만, 영조 42년(1766)에 들어와 이 좌목판마저 감사의 지시에 의해 잘게 부서졌다는 것이다. 향중공론의 분열과 쇠퇴가 관권의 개입과 깊은 관련을 가지고 있었다는 점을 잘 보여 주는 예라 할 것이었다.

향안이 종식되게 된 데에는 그 입록을 둘러싸고 사족 내부에 갈등이 심화된 것이 한 원인이 되었지만, 서얼들의 허통요구나 새로이 향임을 맡게 된 층들의 요구에 의해 향안 구성원이 달라지고 있었던 것도 중요한 원인이 되었다. 특히 영남지방의 경우는 중앙정부가 서얼허통절목을

---

6. 《報牒攷》(규古 5125-68), 〈鄕執綱案封印上使巡營關文〉, 光州, 영조 42(1766). "觀察使兼巡察使爲相考事 似聞本州有鄕執綱名色 成案付標厥數甚多 鬧擅鄕權 招群引類橫行邑村 民受其苦 其曰校中會·書院會·邑中會 無月無之 且於節日期會各寺 到處留連討食 侵漁之弊不一而足 替受他戶之 戶主而納之 勒捧結役之價 使結主而當之 不喩 其外許多豪之習 有不可勝言 此不嚴禁 末流之弊 必將無窮 玆 以發關爲去乎."

반포하여 지방 향안에서도 적서의 차별을 받던 서얼들을 신향으로 향안에 올리라는 지시에 반발하여 물의를 빚기도 하였으니, 관권(중앙정부)의 힘이 향당에까지 광범위하게 영향을 미치고 있는 사례라 할 수 있다.

각 지방 사족에 의해 주도되는 향론의 권위를 부정하는 데에는 사족 내부의 분열을 적절히 이용하는 소극적인 것으로부터 관이 적극적으로 개입하는 것에 이르기까지 다양한 방법이 동원되었다. 그러나 그들이 관권에 도전하지 않는 한 문제를 야기하지 않는 것이 당시 수령의 일반적 대처방식이었다. 이 시기에는 향약도 수령이 중심이 된 향약이 주류를 이루고 있었는데, 기존의 동약까지 흡수하고 있었던 다음 예산현의 사례가 그 좋은 예라고 할 것이었다.

18세기 초 예산현감으로 부임한 김간(金幹)이 상하민(上下民)들에게 효유하는 가운데, 다음과 같이 사부들에게 조심할 것을 경고하는 동시에 동계(洞契) 결성을 지시하고 있다.

> 향촌에 거주하면서 혹 당론을 주장하고 관부에 들어와서는 혹 사사로운 부탁을 하며, 향곡(鄕曲)에 무단(武斷)하면서 양민에게 해를 끼치거나 형세를 빙자하여 관령을 멸시하는 것은 모두 사부(士夫)의 미행(美行)이 아니다. 일체 마땅히 경계해야 할 것이다.[7]
>
> 각 동(洞)에서는 엄히 과조(科條)를 세우고 신의를 잘 가르쳐 기강이 유지되고 풍속이 도타와지도록 하라. 이 또한 여씨향약의 뜻이고 근세에 경외(京外)에 통행되는 항규(恒規)인 것이다. (중략) 동계(洞契)는 무릇 일동(一洞)의 상하인이 같이 하나의 계를 이루는 것이니, 그 계중의 약속은 4가지가 있다. 정윤리(正倫理)·돈풍속(敦風俗)·구환란(救患亂)·규과실(規過失), 이것이 그 대강이다.[8]

위와 같은 조치는 아직까지도 사족의 영향력을 무시할 수 없었던 상황에 대처하는 수령의 입장을 반영하는 것이다. 그러나 표면상으로는 사족의 이해를 반영하는 동약을 통해 향촌사회를 통제하고 있었지만 그

---

7. 김간, 《厚齋先生集》, 〈通諭境內上下約條〉, 숙종 27(1701).
8. 위 책, 〈頒示各面洞契約條〉.

들에 대한 견제는 계속되었고, 이 과정에서 사족의 지위는 현저히 위축되어 나갔다.

위 김간보다 50년 뒤에 같은 예산에 부임한 한경(韓警)이 감영으로부터 내려온 관문(關文)을 전달하는 과정에서 드러난 다음과 같은 감사의 지시내용과 현감 한경의 대응 내용은 50년 사이에 사정이 어떻게 달라지고 있었던가 하는 점을 잘 보여 준다.

> 근래 감사들이 필칭 호서의 사부(士夫)들이 호강(豪强)하다고 매번 억강호약(抑强護弱)을 위주로 임금께 보고를 하는데, 이는 호서 사부들이 수치스럽게 생각하는 것이지만 또한 사부들이 죄를 자초한 때문이라고도 할 수 있다. 나 역시 이 고장 사람으로 우리 도의 사정을 누구보다 잘 알고 있다. 억강지정(抑强之政) 때문에 폐단이 일어나고 명분과 풍속이 날로 어그러졌다. 양반이 양민을 침학하고 강품(强品)이 향곡(鄕谷)을 무단(武斷)하는 일이 과거에 왕왕 있었지만, 이른바 억강지정이라는 것이 그것을 없애지는 못하였다. 오히려 상한천류(常漢賤類)들로 하여금 사납고 간교한 기운을 더하게 하여, 부를 믿고 가난한 양반을 욕보이는 자들이 생겨나고 돈을 쥐고 명분을 어지러이 범하는 자들이 나타나도록 만들었을 뿐이다. 그런데도 관장(官長: 守令)은 매번 양반이 잘못했기 때문이라고 하여 억강으로 일관하니, 까닭에 사부가 억울한 일이 있어도 펴지 못하고 교활한 부민이 방자하게 꺼리는 것 없이 행동하게 되었다.[9]

위 감사의 '억강부약(抑强扶弱)'정책이 갖는 문제점에 대한 지적은 사족·양반이 관권에 의해 지속적으로 견제됨으로써 그들의 지위가 이전과는 현격히 달라져 왔다는 점을 보여 준다. 감사는 그 점을 상기시키며 사족들의 협조를 부탁하고 있었던 것이다. 그러나 현감 한경은 위 감사의 지시를 전달하면서도 다음과 같이 사족들에게 경각심을 촉구하는 일도 늦추지 않았다.

> 도내인(道內人) 가운데 부민(富民)으로서 양반을 모욕하거나 호향(豪鄕)으로서 사족을 범하는 자는 모두 마땅히 다스려야 하니 적발되는 대로 엄히 다스리겠다.

---

9. 한경, 《烏山文牒》(장서각 도서번호 2-3364), 〈壬午正月二十六日 傳令草〉, 영조 38(1762).

그러나 사부반품자(士夫班品者) 또한 영문(營門)의 위와 같은 지시를 곧바로 양반을 편호(偏護)하는 것이라고 착각하여 거꾸로 호강지죄(豪强之罪)에 빠지는 일이 없도록 해야 할 것이다. (중략) 양반의 도리를 다하여 소민의 모범이 되면 완민(頑民)도 감히 침범하지 못할 것이고 관장 또한 서로 얼굴을 붉히는 일이 없을 것이니, 이것이 진실로 공사 간에 큰 다행이 아니겠는가.[10]

이상의 사실은 당시 호서지방에 있어서도 사족들의 지위가 '부민' '호향'들에 의해 크게 위협받게 된 사정을 반영하는 것으로서, 여기서 주목하고자 하는 것은 그간에 추진된 억강책에 의해 사족들이 누려 왔던 향권에서의 기존 위치가 현저히 달라지고 있었다는 점이다. 그리고 이 같은 사태를 초래한 '억강책'은 지속적으로 강화되어 나갔다.

저간의 사정을 함축적으로 보여 주는 18세기 말 충청도 연기군의 사례를 보자. 1797년(정조 21) 부임한 수령이 처음 부딪힌 문제는 향교와 서원 사이에서 벌어진 쟁단이었다. 수령은 사풍(士風)이 점점 각박해지는 것을 문제 삼고 향중에서 벌을 가하는 시벌(施罰)에 신중할 것을 요구하면서 다음과 같은 지시를 내리고 있다.

벌을 주관하는 자는 마땅히 공에 따라야지 벌을 받는 자가 자신의 허물에 대해 승복할 것이다. 그렇지 않으면 어찌 거기에 말이 없기를 걱정할 것이며 누가 그 공론에 따를 것인가? 이 같은 징조는 결국 향전(鄕戰)에까지 이를 것이고 의도하는 바와는 반대로 수선지지(首善之地)에서 쟁단이 그치기를 기대하기가 힘들게 될 것이다.[11]

위 지시의 내용은 주론자(主論者)는 자신의 처신을 공론에 따른 것이라고 하지만 그것이 공(公)에서 나온 것이 아니면 상대방이 승복하지 않고 불만만 더 커질 것이라는 얘기이다. 수령은 향전율(鄕戰律)까지 거론하여 대응하였지만, 얼마 안 있어 서원 원장을 선임하는 문제로 향교의 유생들이 연명해서 단자(單子)를 올리는 일이 발생하였다.

---

10. 위와 같음.
11. 《岐陽文牒》, 〈下帖校宮書院〉, 연기, 정사년(정조 21, 1797).

연기군수는 향교유생들의 정단(呈單)을 보고 여론(輿論)에 따라 처리하려고 하였지만 그사이 의심스러운 부분이 있을까 염려되어 다방면으로 의견을 탐지하였다. 그리고는 유생 정단 사태를 유전(儒戰)을 일으키려는 계획에서 나온 것으로 규정하고, "유전·향전을 막론하고 국법에서 금하는 바이니 엄밀히 조사해서 감영에 보고하고 형배시켜야 할 것이지만, 이같이 하면 폐를 없애려다 또 다른 폐를 낳을까 우려되니 잠시 중단한다."라고 말하면서 사태를 무마시키고자 하였다.[12] 사족의 후예인 유림들이 자정능력을 상실함에 따라 수령이 '향전율'이란 국법을 들어 개입하여 무마시킨 사건으로서 '여론'으로만 처리하기 어려웠던 당시 시대상을 반영하는 것이다.

당시 연기군수는 각 면의 대·소민을 대상으로 환곡 납부를 독려하였는데,[13] 그보다 한 달 뒤 반호(班戶)에게는 따로 전령을 내려 독촉하였다. 여기에서 반호들에게는, "환곡의 법이 중요하다고 하는 것은 무지한 백성들도 오히려 잘 알고 있는데 하물며 능히 체면을 아는 사족은 말할 나위 없지 않겠는가?"[14]라고 재차 경고하였던 것이다. 그로부터 바로 사흘 뒤 양전(量田)을 담당하는 책감(冊監)의 폐단에 관한 전령을 내리면서는, "민인(民人) 등은 사정보지 말고 바로 일일이 와서 소지를 올려라. 그러면 죄지은 책감이나 관리, 방결(防結)을 자행하는 부호(富戶)나 반민(班民)들은 관에서 논죄한 뒤 감영에 보고하여 엄형에 처할 것이다."[15]라고 하였다. 어느 경우나 관의 억강책에서 나온 조치들로서, 그 결과 사족 양반의 처지가 위축되어 가는 사정을 보여 주는 것이었다.

---

12. 위와 같은 책, 〈십이월초일일 하첩교궁서원〉.
13. 위와 같은 책, 〈십월십이일 전령각면〉.
14. 위와 같은 책, 〈(십일월)십삼일 전령반호〉.
15. 위와 같은 책, 〈(십일월)십육일 전령〉.

2. 관 주도 통제책 강화와 '대소민회의'

공동납과 관 주도 통제책 강화

사족의 공론에 의해 운영되어 오던 향회의 성격이 변질되고 사족이 향권을 상실해 나간 데에는 앞에서 살펴보았듯이 중앙 당론의 분열과 연동된 향론의 분열 및 관권의 개입이 큰 역할을 하였다. 그렇지만 더 주요하게는 각 지방 사족 양반들의 자기통제 기능 상실 외에도 당시 사회경제적인 변동과도 관련하여 부세행정에서 관 주도의 향촌 통제책이 강화되고 있던 사정이 작용하고 있었다. 이때 관 주도의 통제는 기존 향회를 없애거나 감사·수령이 직접 민을 접촉하는 형태를 띤 것은 아니지만, 감사나 수령의 전권하에서 운영되는 총액제, 즉 납부자의 측면에서 보면 공동납의 형태로 운영되는 부세제도를 매개로 하고 있었다. 공동납적 부세제도 하에서 향회는 본연의 기능을 상실해 나갔고 거기에서 사족들은 설 자리를 찾기가 힘들어졌다. 공동납이란 군역세에서 리정법(里定法), 전세에서 비총법(比摠法), 그리고 환곡에서 리환(里還: 統還) 등이 그것이다.

부세운영에 있어 공동납의 한 획기가 된 제도(법)는 숙종 37년 12월 '양역변통절목'이 마련되면서 모습을 드러낸 리정법(里定法)이다. 리정법은 각종 신역을 부과함에 있어 당사자의 사망[物故]이나 도망 등에 의해 결원이 생겼을 때 시친이나 족속에게 책임을 물리는 대신 해당 리에서 대신 충원[代定]시키는 제도이다. 이때 결원 충원 방식은 존위(尊位) 이하 유사(有司)·색장(色掌)·두두인(頭頭人) 등이 취회상의(聚會商議)하여, 현재 지고 있는 역이 없으면서 뿌리를 내리고 사는 자[閑丁]를 골라 공론(公論)에 따라 명단을 작성하여 관가에 보고하도록 하는 방식이었다. 여기에서 문제 해결의 열쇠를 쥐고 있는 것은 여럿이 모여서 공론에 따라 정하는 주체라 할 각리의 존위와 각 임장(任掌) 등이라 하겠는데, 그 대표자인 존위의 역할이 주목된다.

'절목'에서는 실무자라 할 각리 임장을 잘 골라 임명한다는 원론을 내세운 뒤, 존위에 대해서는 특별한 주의를 아끼지 않고 있다. 즉 전에는 존위가 이름이 있고 양반이라 칭하는 자가 맡았었는데, 수령[本官]이 관청소임[官任]과 동일시하여 침책하므로 모두가 기피하게 되고, 결국 그 직이 미천한 부류들에게 돌아가 기강이 전무하게 되었다고 진단한다. 따라서 마땅히 상존위·부존위를 각각 따로 두어 해당 리에서 위세가 있는 표저양반(表著兩班)을 상존위로 모시고, 한정망보(閑丁望報)와 같은 실무적인 일은 부존위에게 맡기도록 하고 있다. 상존위에게는 다만 감독하고 신칙하는 일만 하도록 하는 것이 리정법 운영에 보탬이 된다고 보고, 이른바 양반에게는 '풍교(風敎)'만 맡겨 동리의 기강을 잡도록 기대하는 것이다. 이미 지방사회 통제를 위해 '오가통사목'을 강화하면서 양반 지배계급의 향임이나 면리임 기피 현상을 확인하고 문무음직을 지낸 자들을 찾아 리정(里正)과 면윤(面尹)에 차정하려 한 바 있는데,[16] 그것이 원활하게 시행되지 않자 실무적인 일은 부존위를 따로 두어 그에게 맡긴다는 현실적인 조정안을 내놓은 셈이다.

양역변통절목은 교화로 포장된 영역은 사족 양반에게, 기타 실무적인 차원에서의 부세문제 등은 중간 담당층에게 맡기는 것을 골자로 하면서, 한편으로는 부세행정을 철저하게 관 주도하에서 이끌어 가는 것을 목표로 하고 있다. 절목은 각종 탈역자, 면역자는 물론 교생 고강, 대현서원(大賢書院)·사액서원·미사액서원 등 각종 서원의 원생 수에 이르기까지 세세한 규정을 두고 있다. 그런데 이 같은 규정은 일일이 절목에 포함시킬 것이 아니라 수령으로 하여금 전적으로 관장하게 해서 실효를 거두도록 독려하는 것이 조가(朝家)의 대체(大體)에 합당한 것임을 인정하면서도, 명백하게 정식으로 분부해야 그에 의거해서 따를 기준이 설

---

16. 《비변사등록》 숙종 원년 9월 24일.

것이라는 이유에서 위와 같이 일일이 적기했던 것이다. 그리고 절목이 반포된 후 궐액을 채우지 못한 수령의 경우, 1-2명까지는 채울 때까지 해유(解由)를 불허하여 타 직으로의 전직을 보류하고, 3-5명을 못 채우면 파직, 6명 이상 채우지 못한 경우 체포하여 심문하고 삭직시킨다는 엄벌 규정을 두고 있다. 사적인 이해관계에 끌려 문서를 허위로 작성한 부존위 이하 실무자에 대한 벌칙이 뒤따름은 물론이다. 아울러 기한 내에 궐액을 채우지 못하거나 여전히 침징인족(侵徵隣族)의 폐가 보고되면 수령을 파직한다는 규정을 두었다. 그리고 이어서 이상 일체 관련 사항을 어사(御史)로 하여금 각별히 염찰하도록 하는 규정을 첨부하였다.

위와 같은 '리정법' 체제는 리 단위의 부세 납부를 중심으로 하는 지배구조만을 보여 주지만, 그것은 군현 단위에도 그대로 관철되는 것이었다. 이는 이른바 '향약'을 통한 18세기 양반의 향촌 지배방식조차 바꾸어 놓고 있었다. 리정법 실시 이후 향약이 어떻게 달라지는가 하는 점을 18세기 전반 조하위(曺夏瑋)가 중수(重修)한 향약의 사례를 통해 보기로 한다. 그는 기존 향약을 보완하면서 군현 단위에서 수령을 보좌하는 좌수별감과 각 면의 집강 및 각 리 존위의 자격 조건과 임무를 다음과 같이 명기하고 있다.

一. 공조(功曹: 鄕所)는 일읍의 두 번째 관아[貳衙]라 할 수 있으니 그 임무가 가볍지 않다. 매번 체임할 때가 되면 공조의 실무자는 우두머리에게 고하고 향의(鄕議)를 널리 물어 관사(수령)에 추천한다. 만일 이때 (향의를 무시하고) 뽑히기를 도모하는 자가 있으면 (향인들이) 모두 모여 논벌한다.

一. 각 면의 집강(執綱)은 옛 면약정(面約正)이다. 마땅히 유향소로 하여금 유(儒)·품(品) 가운데 합당한 자를 엄밀히 선택하여 집강으로 삼는다. 면 내부의 공사(公事)는 근자의 예에 따라 풍헌에게 맡긴다. 집강은 다만 풍교에 관한 일만 관장하는데, 사소한 것은 스스로 전담하여 처리하고 중대한 것은 관에 고하며, 이 외의 것에는 절대 간섭하지 않는다.

一. 각 리의 상존위(上尊位)는 옛 직월(直月)이다. 역시 유·품 가운데 합당한 자를 엄밀히 선택하여 상존위로 삼는데, 만일 양반이 없는 동(洞)의 경우에는 인근 리 상존위의 지시를 받는다. 그 풍교에 관한 일을 책임지는데, 소소한 것은

스스로 전담하고 큰 것은 (면의) 집강과 의논하여 결정한다.[17]

위 조하위가 기초한 '증정향약' 체제는 '리정법' 체제와 마찬가지로 면리 단위의 각종 공적인 사무[公事]는 면 풍헌이나 각 리 임장들에게 맡기고, 양반들은 풍교, 즉 풍속이나 교화에 관련된 일만 처리한다고 천명하고 있다. 각종 부세문제의 처리를 양반 스스로 포기한 것으로, 다시 말하면 책임지지 않는다는 것인데, 관의 독촉을 피하기 위한 것이라고는 하지만, 뒤에서 검토되듯이 같은 시기 남원에서 "옛것을 회복한다는 (향약시행의) 뜻을 내걸어 놓고 규제 대상에서 먼저 이 환곡과 부역(부세) 두 가지 내용을 포함시키지 않겠다고 한다면, 이는 목구멍을 막고 음식을 먹지 못하게 하며 가려고 하는데 다리를 자르는 것과 같은 것"[18]이라고 수령에게 충고하고 있던 것과 극명하게 대비되는 것이다. 남원에서는 사부(사족)가 중심이 되어 향안을 복구하고 향약을 실시하면서 부세 문제까지 책임지겠다고 나섰는데, 이로써 향청(鄕廳)과 질청[作廳]이 꺼리고 사대부 또한 시비에 끼어들까 염려하여 기피하는 분위기를 일신하고자 하였지만, 그 시도는 오래가지 못하였고, 대세는 관 주도의 통제책에 순치되는 방향으로 기울고 있었다.

위와 관련하여 숙종 39년(1713) 비변사에서 마련한 팔도구관당상(八道句管堂上)·유사당상(有司堂上) 제도는 조정에서 관 주도 향촌통제책의 기본구조를 뒷받침하는 것으로 주목된다. 팔도구관당상·유사당상제는 비변사에서 당상관으로 하여금 각 도에서 올라오는 공문 및 각종

---

17. 조하위, 《笑菴先生文集》 권2, 〈鄕約增定〉.

一. 功曹爲一邑亞官 其任不輕 每當遞時 曹司告于班首 廣詢鄕議薦報官司 若有圖點者 齊會論罰.

一. 各面執綱卽古之面約正也 宜令留鄕所 極擇儒品中可合者爲執綱 面內公事則依近例委之風憲 而執綱則 只管風教之事 小則自專 大則告官 外此切勿干涉.

一. 各里上尊位卽古之直月也 亦極擇儒品中加合者爲上尊位 而若無兩班之洞則兼領於隣里上尊位 而其責任風教之事 小則自專 大則議決于執綱.

18. 본장의 각주 38, 39 참조.

공사의 처리를 원활하게 처리하기 위해 고안된 것으로서, 각 도를 맡는 구관당상을 두고 유사당상 4인으로 하여금 구관당상을 도와 각각 2도씩을 담당하도록 한 것이다.[19] 《속대전》 이후의 〈외관격식(外官格式)〉조에 수령이 임지에 부임하기 전에 '시원임대신, 육조판서, 삼군문대장, 사헌부 및 사간원의 관원, 이조전랑'에게 문안하는 것 외에 비변사의 '본도구관당상'을 찾아보도록 하는 규정을 마련한 것(《典律通補》 권1, 吏典, 〈外官格式〉)은 구관당상과 지방관들과의 관계를 이해하는 데 시사하는 바가 크다. 팔도 구관당상을 둔 것은 지방관들을 중앙 비변사에서 통제하고자 한 것으로 볼 수 있으며, 이는 이 시기 향촌사회 문제가 중앙에서도 크게 문제시되고 있었다는 점을 보여 주는 것으로 중앙의 지방 통제책, 부세정책의 일대 전환을 뒷받침하는 상징적 제도로 받아들여진다.

공동납 운영과 대소민회의(大小民會議)

기존 향회를 대신해서 관이 공동납 체제를 운용함에 있어 주목되는 점은 면리 실무층들의 역할이 강화되는 점과 아울러 여기에서도 모든 일을 처리함에 있어 그 기준으로 공론이 강조되고 있다는 사실이다. 리정법은 앞에서 설명하였듯이 군액에 궐액이 생기면 해당 리에서 충당하고 해당 리에서 충당할 수 없으면 인근 리로 옮겨 결국 소속 면에서 충당하도록 하는 것인데, 기본은 각 리에서 공론에 따라 해결하도록 되어 있었다. "이들 도망하거나 사망한 부류는 본리로 하여금 대신 정하도록 하는 것을 별도로 정식으로 삼는다. (중략) 존위 이하 유사 색장 및 두두인 등이 취회상의(聚會商議)하여 공론(公論)에 따라 주어진 역(役)이 없는 자 가운데 근착하여 사는 자를 택하여 명단을 갖추어 관가에 보내면 예에 따라 초기(招記)를 받들어 충당한다."라는 것이 그것이다.

---

19. 《숙종실록》 숙종 39년 4월 기유 및 동년 8월 을유.

리정법을 운영하는 데 기준이 되는 공론이 어떤 것인지는 분명히 드러나지 않는데, 모여서 헤아려 의논하는 데 기준이 되는 공론의 내용을 추론하기 위해 이어지는 항목들을 조금 더 따라가 보자. 위와 같은 항목에서는 대정(代定)을 할 때 부민의 아들을 빼고[容私] 의탁할 곳 없는 거렁뱅이를 구차하게 집어넣거나, 혹 가명으로 거짓 충정(充定)한 뒤 리에서 번포(番布)를 납부하는 자는 엄격하게 적발해서 중하게 다스릴 것임을 경고하고 있다. 따라서 이 법이 순조롭게 행해져 정착[通行]된다면 각 리의 담당자[里中之任]가 한둘이 아니고, 상존위가 검칙하는 가운데 수많은 눈이 보고 있고[衆目所覩], '공론소재(公論所在)', 즉 공론이 있기 때문에 완결지어 명단을 갖추어 보고[完定望報]하면, 공연히 사사로움이 용납되지 않을 것으로 기대하고 있다. 뿐만 아니라 새로 역에 충당된 자[代定者]가 같은 리[同里]에서 나오니 누가 거짓으로 죽거나 도망한 자를 대신해서 자신이 그 역을 지겠다고 하겠으며, 본리에서 거짓으로 숨겨서 옆에 있는 리가 그 부담을 지게 된다면 서로 의심해서 고발할 것이 뻔할 터이므로 고발되는 대로 엄히 다스린다면 그사이에 용사(容私)를 하고자 해도 그것이 용납될 수 없을 것으로 기대하고 있다.

우리는 이상에서 공론은 사(私)를 용납하지 않는 공적인 의론이며, 그것을 가능케 하는 것은 엄격히 선발된 실무자로서 각 리 임장 및 리중에 영향력이 있는 두두인, 그리고 관리자로서 이름 있는 양반(대민)이 맡게 되는 상존위뿐 아니라 그 밖에 모든 양역을 지게 되어 있는 수많은 양민(良民: 小民)의 눈이 있기 때문이라는 점을 확인할 수 있다. 리정법이라고 하는 공동납은 결국 지역 간 상호 감시와 연대(결속)의 틀을 강요하는 것이면서 동시에 계급, 계층 간의 상호 견제와 유대(책임)를 요구하는 체제였던 셈이다. 이 같은 체제는 전국에 걸쳐 일시에 형성될 수는 없는 것이었지만, 탕평정국하에서 점차 정착되게 된다. 다음 18세기 중엽 경기도 고양군 사례는 그 같은 점을 보여 주는 대표적인 예의 하나이다.

1745년(영조 21) 경기도 고양군에서는 군정(軍丁)의 궐액(闕額)을 대충(代充)하는 방법으로 리대정법(里代定法) 적용을 결정하고 절목을 만들어 각 리의 '대·소민인'들한테 물어 모두 편하고 좋다고 했기 때문에 이후 궐액이 생기면 '상하노소가 모두 모여 공론(公論)에 따라 납부할 자를 추천하여 표시'하도록 하였다고 한다.[20] 이는 부세납부 문제를 처리함에 있어 향임, 향원만이 아니라 '대·소민인', 즉 반상(班常) — 양반과 상민 — 모두의 여론을 참작하기 시작한 것이다. 여기에서 공론은 부역제 운영에서 따라야 할 원칙으로서, 공동납을 계기로 새로운 공론영역이 만들어졌다기보다는 사익 때문에 부세운영이 문란케 되는 제반 '불법적' 요인들을 대·소민인들이 동의하는 공론의 이름으로 통제·조정하는 '관치행정'의 장이 펼쳐지게 된다고 보는 것이 타당할 것이다.

관 주도의 공동납 운영에서 원칙으로 공론이 내세워지고, 뒤에 설명할 바와 같이 수령의 부세자문기구로 된 향회가 공론(공의)에 의거해서 결역가(結役價) 등 세액을 배정한다고 하더라도 현실적으로는 수령과 그 지휘를 받는 각 면리임의 처신 여하에 따라 부세 운영의 성공 여부가 결정되는 것이었다. 그렇지만, 그 가운데서도 점차 시대가 지남에 따라 민의(民意)가 차지하는 비중이 커져 갔다. 다음 1789년, 1790년의 경상도 거제부의 사례를 보자.

건륭 54년 기유년(정조 13, 1789) 거제부 구조라에서는 산저(山底) 12개 동에서 표고를 진상해 오고 있었는데, 12개 동 가운데 하나인 항리(項里)에서 표고가 나지 않는다는 이유로 관의 허락을 받아 자신의 몫을 나머지 11개 동에 넘기고자[歸付] 하였다. 이에 12개 동에서는 산저 소속 민들이 '함회공의[山民咸會公議]'하여 모두가 사실을 확인하고 '공론'에 따라 향후 항리가 담당해 오던 표고진상분을 감해 주는 대신 나머지 동에서 본전 외에 60냥을 받기로 한다는 완문을 작성한 바 있

---

20. 《조선민정자료 — 목민편 —》, 〈攷事撮要〉 '高陽文牒'.

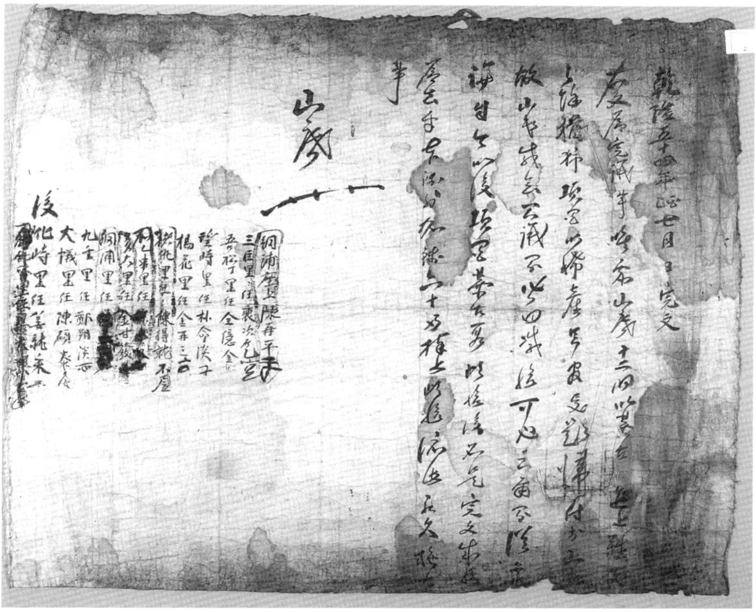

그림 2. 건륭 54년(기유) 7월 일 완문(完文). 1789년(기유) 거제부 구조라의 산저(山底) 12동(리) 동민들이 표고진상과 관련하여 자체 작성한 완문. 완문에는 12(11)개 리임 및 망포리 좌상(座上)이 서명하고 있는데, 저환리(猪犺里)의 리임 진득취(陳得就)만 '불거(不居)'라 하여 서명에서 빠진 것으로 되어 있다. 다음 해 1790년 해당 내용에 불만을 품고 이의를 제기한 망포(網浦) 다대(多大) 갈곶(加乙串) 저환리 등 4개 리가 효주(爻周)되고 있는 것이 주목된다. 저환리 리임을 제외란 망포리 갈곶리의 경우는 리임의 이름과 수결 모두를 지우고 있다. 항리(項里)가 관의 허락을 받아 표고진상 대상에서 영구히 빠질 것을 목적으로 만든 증빙서류로서, 산저 소속 나머지 동에 요청하여 작성된 것이다. 항리에서는 자기 동에서는 표고가 나지 않는다는 점을 들어 자신 몫을 나머지 11개 동에 넘기고, 대신 본전 40냥과 첨보전 60냥을 내겠다고 제안하였다. 이에 산민(山民)들이 '함회공의(咸會公議)'한 뒤 중론(衆論)에 따라 항리의 요구조건을 받아들여 탈급(頉給)해 주기로 한다는 내용이다.(한국학중앙연구원 한국고문서자료관 소장)

다.[21] 그림 2에서 보듯이 이 완문에는 산저 12개 동의 리임 등이 수결(手決)하고 있다. 이 합의에 기초해 같은 해 11월 항리에서는 자기 동

---

21. 〈乾隆五十四年 己酉 七月日 完文〉, 《고문서집성-거제 구조라리편-》 35, 한국정신문화연구원, 1998, 605쪽.

이 원래 해촌(海村)이라 표고납부를 담당할 길이 없다는 이유를 보태서 자신들 몫의 표고를 11개 동에 맡기고 대신 본전 40냥과 첨보전(添補錢) 60냥을 11개 동에 지불한다는 내용의 부세부담 조건 변경사항에 대해 관의 승인까지 받아 내고 있다. 다소 장황하지만 관에서 발급한 완문 전문을 옮겨 보면 다음과 같다.

〈완문〉

"완문을 성급하는 일이다. 항리 거민의 등장(等狀)을 보니 그들의 동(洞)이 '산저(山底)'에 속해 있지만 원래 해촌(海村)이고, 진상 및 공상용 표고를 담당할 길이 전혀 없어 본전40냥과 첨보전 60냥을 11개 동에 맡기고, 이후로는 표고 납부 대상에서 제외해준다는 완문을 11개 동민에게 받았다고 한다. 육지·바다를 막론하고 그 소산에 따라 마련하여 분정(分定)하는 것이 공사(公私) 평균(平均)의 방도인바, 과연 항리는 표고가 나지 (않는) 곳이고, 11개 동민이 완문을 만들고 서명까지 한 것이 이와 같이 명백할 뿐만 아니라, 본전 첨보전 도합 100냥을 이미 11개 동에 지급하였으니, 당초 항리가 담당하던 물건을 11개 동에 분배하여 담당시키는 것이 가하다 판단된다. 공의(公議)에 따라 완문을 만들어 탈급(頉給)하는 것이 사리에 온당한 까닭에, 향소(鄕所) 공형(公兄)에게 순문(詢問)하니 또한 가하다고 하므로, 동 항리 표고 납부건은 영원히 면제한다는 뜻으로 이와 같이 완문을 발급하니 함께 참작하여 시행할 일이다."[22]

위 문서에는 부사를 포함하여 좌수, 별감 2인, 호장, 이방, 승발(承發), 관청색(官廳色) 등 도합 8인이 수결하였다. 동(洞) 단위로 완문을 주고받으며, 이를 '공의'에 따른 것으로 설명하고 있는 점이 주목되고, 이를 관에서 실무자들의 견해를 물어 처리하고 있었던 점 역시 눈에 띈다. 여기에서 공의라는 것은 타당한 합리적 의견으로 이해되는데, 그 공의라는 것도 관의 허락이 전제되어야 인정될 수 있다는 점을 알 수 있다.

그런데 다음 해 정월 11개 동 가운데 4개 동(리)에서 문제를 제기하여 4개 동을 뺀 나머지 7개 동(리)에서 다시 완문을 작성하게 된다. 망

---

22. 위 책, 571쪽, 〈(己酉十一月 日) 完文〉.

포리(網浦里), 다대리(多大里), 갈곶리(加乙串里), 저환리(猪豜里) 등 4개 리(동)에서는 자신들이 처음 논의에 참가하지 않았다는 것과[초불참론(初不參論)], 항리만 빠지면 한 개 동에는 이득이 되지만 나머지 동들에게는 해가 되니 심히 부당하다는 이유를 제시하였다. 이에 나머지 7개 동에서는 다시 동민을 모두 초치하여 4개 동민의 칭원사(稱寃事)를 실제 다시 조사한 후, 문제 삼은 4개 동을 제외하고 나머지 7개 동에서 원래의 약속대로 항리 진상분을 자신들이 담당하기로 완문을 작성하였다. 이 완문에서 주목되는 점은 다음과 같다.

산저 10여 동민이 '일심발의 함회공의(一心發義 咸會公議)'한 후 (본가 40냥 위에) 첨가 60냥을 항리로부터 받고 진상과 공상분을 탈급해 준다고 한 것은 구폐(救弊)한다는 차원에서도 마땅한 일이거늘, 완문을 만들고 행한지 얼마 안 되어 4개 동에서 폐단을 호소하며 되돌리자고 하는 것은 '속습(俗習)'에 비추어도 말이 되지 않는 일이고, 이웃리 사이의 환난상구(患難相救)의 뜻에도 어긋나지만 4개 동(리)이 뜻을 달리하여 호소도 하니 이 역시 무시할 수 없다고 보았다. 따라서 '칠동민론(七洞民論)'은 시종 여일하므로, 4리(동)에서 빠지겠다고 하는 것을 허락하고 다시 완문을 만든다는 것이다. 이는 다수의 견해를 따르는 것일 뿐만 아니라[不徒從衆之爲可], 싫다고 하는 4개 동에 그들의 소원대로 항리 표고감대(蔈古減代) 분을 부담시키지 않는 것 또한 교구의 방법[矯捄之道]이라고 한 점 역시 주목된다.[23] 소수의 견해도 존중하면서 다수결의 원칙을 따른 것이다.

위와 같은 결정은 표고가 나지 않은 항리에 대해서도 신의를 지키고, 빠지겠다고 하는 4개 리에도, 그 심보는 고약하지만, 폐를 끼치지 말자는 것이다. 그리고 실제 이 완문에 의거하여 처음 기유년 7월의 완문 작성에 참여하여 리임들이 수결까지 하였던 11개 동 가운데 4개 동은

---

23. 위 책, 572쪽, 〈(庚戌正月二十五日) 完文〉.

효주하고 있다.[24] 주어진 조건하에서이지만 구조라 산저민들은 동민들의 '민론'에 기초하여 공의로써 문제를 해결하고 있었다. 이때 공의는 11개 동에서 4개 동은 반대하지만 나머지 7개 동은 찬성하고 있으니 기존의 약속을 지킨다는, 합리적이면서도 중론(衆論)을 따른다는 뜻으로 사용하고 있었다. 이 같은 기조는 이후 시기에도 그대로 이어지는 것으로 보아야 할 것이다.

다음 19세기에 들어와 1840년대 산음현의 사례를 살펴보자. 수령은 한 해의 결역가를 정함에 있어 전적으로 향중공의에 따랐음을 강조하고 매 결당 할당량을 제시하여 더 걷거나 내는 폐단이 없도록 각 면리임 등에게 지시하고 있었다.[25] 해당 리에 부과된 액수가 타리에 비해 과다하다고 판단되는 경우 해리 임장배(任掌輩)에게 전령을 내려 공론에 따라 작정해서 보고하라고 하는가 하면,[26] 창색(倉色) 서원(書員) 면임(面任) 주인(主人) 사령(使令) 등 관임들에게 지급하는 액수를 정식으로 정함에 있어 각 촌(동, 리)의 대·소민인들이 모여 동에 내려오는 사례[洞例]를 기준으로 하면서도 '민정(民情)'을 참고하여 정해서 보고하라는 지시를 내리고 있었다. 즉 공론은 대·소민인 모든 사람들이 인정하고 따를 수 있는 원칙이지만, 실제 결정되는 내용은 전래되어 온 관례를 따르되 변화된 현실을 반영하여 결정하라는 것으로서, 어떤 형태로든 민의를 반영해야 하는 단계로 진입하고 있음을 보여 주는 것이다.

이상과 같이 모든 부역 운영에서 공론이 강조된 것은 기존 사족이 중심이 된 향회(鄕會: 鄕中)에서도 향중공론에 의해 부역문제가 처리되어 왔던 만큼, 관이 주도할 경우 공론은 더욱 강조될 수밖에 없을 것이기 때문이었다. 문제는 그 공론을 모으는 방식인데, 위에서 보았듯이 총액

---

24. 본장 각주 21과 같음. 앞의 그림 2 참조.

25. 《지방사자료총서》 23, 429쪽, 〈山陰縣記事〉, 〈傳令執綱面任洞任戶首等處〉, "今年結役價 一從鄕中公議 每結應役條 開錄于後 依此之謂於結民等處 俾無加捧加給之弊."

26. 위 책, 373-374쪽.

제적 공동납 형태의 부세 운영에서 공론을 모으는 방식은 면리 단위로 '대·소민인'이 같이 모여 의론을 모으는 형식을 취하고 있었던 것이다.

국왕의 민의(民意) 수렴과 그 한계

기존 사족(양반) 관인을 견제하면서 직접 대·소민인의 의견을 청취하는데 열심이었던 이는 정조였다. 정조는, 선왕 영조가 늘어나는 상언·격쟁을 통제할 필요성에서 신문고를 다시 설치하였던 것과는 반대로, 대신들의 반대를 거부하고 민은의 대상을 제약하고 있던 기왕의 제한조치들을 풀고 직접 민간의 모든 종류의 의견을 청취하려 하였다. 정조는 "백성의 입을 막는 것은 오히려 냇물을 막는 것보다 심하다."라고 하여 언로의 개방을 강조하였는데, 이는 과거 대간들을 통한 언로 개방과는 차원이 다른 것이었다. 정조는 백성들에게 직접 다가가는 왕정을 추구하였다. 그는 궁성 밖 행차를 크게 늘렸는데, 특히 역대 왕릉 참배를 구실로 도성 밖으로 나와 많은 백성들을 직접 만나는 기회를 만들었다. 국왕의 행차는 선왕에 대한 단순한 참배만이 아니라 일반 백성들의 민원을 접수하는 기회가 되었다. 그 결과 민의 상언(上言)·격쟁(擊錚)이 폭주하여 정조 14년에 최고조에 달하였다.[27] 이러한 정책에 비판적인 관료들은 민인들이 국왕의 애민정치에 편승해 상언 격쟁을 양반과 수령에 저항하는 수단으로 활용하고 있음을 지적하기도 하였다.[28]

정조는 자신이 직접 만나지 못하는 백성들을 위해서는 암행어사를 수시로 파견하여 지방관을 감찰하고 백성들의 고통[民隱]을 파악하도록 하였다. 정조는 소통의 원활을 기하기 위해 왕이 내리는 윤음(綸音)도 백성들이 읽기 쉽도록 언해본(諺解本)을 첨부하여 반포했다. 정조는 흉년시 구휼윤음(救恤綸音)을 내리면서 말미에 언해본을 첨부하였는데 이는

27. 한상권, 《조선후기사회와 소원제도》 참조.
28. 《정조실록》 정조 12년 정월 을유, 헌납 김광병 진언.

이전 시기에는 찾아보기 힘든 새로운 변화 양상이었다. 국왕이 민의수렴(民意收斂)을 강화하는 새로운 움직임은 18세기 중엽부터 나타나기 시작하여 18세기 말엽에 이르러 한층 강화되었다.

국왕이 민의 수렴에 적극 나서자 이에 호응하는 지방관들 역시 여러 가지 방법으로 여론 수렴에 나서지 않을 수 없었다. 지방 수령들은 '일읍공론(一邑公論)'을 고려하여 상급 관리층을 선발하고, 하급 관리자들은 특별히 부민(富民) 가운데 근실한 자로 충당하도록 권유받고 있었다.[29] '범민(凡民)'과 달라서 '부민(富民)'이라야만 법을 두려워하여 자애(自愛)할 줄 알고 사리를 판단하여 부정행위를 덜하게 되며 상벌이 먹혀들기 때문이라는 이유에서이다. 국왕의 대리인으로서 수령들 역시 진작부터 민정 염찰의 중요성을 알고 있었고, 앞에서 언급한 바 있듯이, 스스로 일반 민들의 의견을 수렴하기 위하여 읍촌에 예부터 내려오던 '항통'을 설치하여 자신[官政]의 문제점을 파악하려고도 하였다.[30]

위와 같은 중앙 정국의 변화와 맞물려 지방사회에서도 사족이 주도하던 '일향공론'이 분열되고 종래 사족 중심의 향촌지배질서가 부정되면서 관(수령) 주도로 지방 지배체제가 새롭게 짜여져 나갔다. 뒤에 설명할 바와 같이 종래 사족이 주도했던 향회가 수령의 부세운영과 관련하여 부세 자문기구로 변질되고 있었던 것은 그 대표적인 현상이라고 할 것이었다. 수령들은 지방지배의 새로운 파트너로서 부민층에 눈을 돌리고 있었으며, 그들을 끌어들이기 위한 각종 방안을 짜내기도 하였다.[31]

---

29. 안정복, 《政要抄》, "邑事 倘得有識鄕所 則事多有賴 必取一邑公論而擇之 (중략) 取一面之公論擇風憲 必取其公廉勤幹者爲之 至若約正里長輩 別擇富民中勤幹者 凡富民稍能畏法而知自愛 辨事而鮮漁奪 爲之接遇異於凡民 賞以勸之 刑以徵之 (중략) 爲守令者 當依法典 各洞置勸農官一人 擇富貴勤幹者差之 除他徭役 使之專意務農."

30. Ⅲ장 각주 21과 같음.

31. 〈목민심서〉 권13, 〈권분[진황 제이조]〉, 《정본 여유당전서》 29, "장차 요호를 골라 3등으로 나누고 3등 가운데 또 각각 세세하게 나눈다. 수령은 '침기표'를 가지고 백성의 빈부를 살피고 또 공의를 모아 먼저 요호를 골라 3등으로 나눈다."

지방 수령은 스스로 공론의 이름으로 대·소민인들을 모아 문제를 해결하고자 하였다. 그렇지만 기존의 계급 계층 간 이해차를 해소시킬 수 있는 획기적인 방안이 마련되지 않는 상황에서 새로이 제기되는 대립과 갈등을 해소할 수는 없었다.

과연 민의의 수렴을 통해 이루려 했던 새로운 정치의 이상은 정조 사후 일거에 물거품이 되고 만다. 앞에서 언급했듯이 과거 탕평정치기에 회자되었던 '함묵성풍(含默成風)'이란 관용어가 널리 자리하게 되었으며 비판적인 언론을 찾아보기가 어렵게 되었다. 19세기 세도정치기에 들어가면 대신들이 국론을 장악한 가운데, "일국의 대동지언(大同之言)을 총괄하여 경대부(卿大夫)가 말하고, 경대부의 말을 들어 신(재상) 등이 먼저 말씀드리는 것이니, 신 등의 말이 곧 국언(國言)입니다."라는[32] 말이 재상의 입에서 자연스럽게 흘러나올 정도가 되었으니, 과연 조정에서는 과거의 공론정치의 모습은 더 이상 찾아보기가 힘들게 되었다. 물론 지방사회에서의 양반들의 집단적인 목소리가 사라진 것은 아니었다. 그렇지만 영남 만인소와 같이 특별한 목적을 가지고 수차에 걸쳐 전 도 단위로 이루어진 경우를 제외하고는[33] 유림(유생)들의 공론 표출 대상은 효자 열녀의 포장이나 문중 서원의 사액을 청하는 정도에서 크게 나아간 것이 못 되었다. 집단적 목소리들은 자주 충돌할 수밖에 없는 것이고, 모든 충돌은 중앙의 당전(黨戰)과 마찬가지로 향전(鄕戰)이라 하여 향전율(鄕戰律)로서 철저히 금기시되는 상황에서 향원들의 향론을 모아 수령의 읍정에 반영하던 향회도 본래의 기능을 유지하기란 쉬운 일이 아니었다.

---

32. 김재찬, 《海石日錄》 순조 11년 11월 13일.

33. 영남 만인소에 대해서는 이수건, 〈정조조의 영남만인소〉, 《교남사학》 창간호, 1985; 권오영, 〈1881년의 영남만인소〉, 《윤병석교수화갑기념한국근대사논총》, 1990; 정진영, 〈19세기후반 영남유림의 정치적 동향〉, 《지역과 역사》 4, 1997 참조.

3. 사족 자치기구에서 부세운영 자문기구로

향회의 성격 변화에 대해서는 19세기 '민란'의 기반과 관련하여 섬세한 연구가 제출된 바 있다.[34] 18세기 후반부터 기록에 빈번히 기록에 등장하는 향회는 기존 향청 향약 향음사례 등과 관련해서 논의되어 온 사족(향원, 향인)이 주도하는 교화 위주의 향회와는 다른 새로운 역사현상으로서, 이 향회는 주로 부세수취와 연결되고 또 배정된 세액을 할당하는 자리의 성격을 갖는바, 그 구성원도 자연히 과거와는 달라진 '새로운 민의 자치기구'로 변모했다는 것이다. 따라서 명칭만 같은 향회일 뿐 '관권과는 분리된 독자적인 영역'으로 보편화되어 갔다고 설명한다.[35] 그리고 이 향회가 19세기에 들어서면 기존 지배층을 중심으로 사회를 보수하려는 성격을 갖는 것이 없지 않았으나 그것이 '공론에 따르지 못하거나, 혹은 사회의 성장에 따라 달라지는 공론을 적절히 수용하지 못했을 때' 각종 폐단을 노정하면서 구성원이 달라지게 되고 기층사회의 새로운 요구를 관철시켜 나가는, 향촌사회 주민의 여론을 담아낼 수 있는 향회로 변모하면서 민란의 조직적 기반이 되고, 1862년에는 민란 그 자체로 인식되는 경우도 있었다는 것이다. 그렇지만 기존 16, 17세기의 향회가 교화 위주의 향회만은 아니었다는 점과, 18세기 들어와 부세문제를 다루게 되는 향회가 대·소민인의 중론을 반영하게 되는 것은 발전적인 현상이지만 그 역시 관권으로부터 결코 자유로운 것이 아니었고, 이제 설명할 바와 같이 향회의 내용이나 성격도 단일한 것이 아니었다는 점을 고려할 필요가 있다.

향회는 앞에서 자세히 설명한 바와 같이 원래 16세기 이래 조선의 지방사회에서 각 군현 단위로 작성된 향안에 입록된 사족들(향원)의 모임을 지칭하는 것으로서 사족 자치기구적 성격을 갖는 것이었다. 그

---

34. 안병욱, 〈19세기 향회와 민란〉, 서울대학교 박사학위논문, 2000.
35. 안병욱, 위 논문, 56-65쪽.

런데 그것은 흔히 얘기되듯 유교적 윤리의 확산을 위한 교화의 성격만을 갖는 것이 아니라 지방사회의 행정을 담당하는 이향층 선임, 부세문제의 조정 등과 같은 지방행정 전반에 관련된 것이었다. 그리고 그 실무 기구라 할 향소(향청)의 임원인 좌수·별감 등 향임들은 경재소 혁파 이후 수령에 의해 임면되게 되었지만, 새로 임명되는 향임들은 향중공론에 따른 향천을 거치게 되어 있어 단순히 관권에 예속된 존재만은 아니었다. 그렇다고 해서 이 '사족 자치기구'의 성격을 갖는 향회가 관권과 전혀 분리된 독자적 기구라 할 수도 없는 것이다. 마찬가지로 뒤에 설명할 바와 같이 18, 19세기의 향회는 다중적 성격을 띠고 존재하였기 때문에 보다 면밀한 검토를 요한다.

16, 17세기의 향회를 통해 사족들이 부세 운영에 깊이 개입하고 있었고, 이 부세운영 문제가 18세기 전반에 오면 사족의 수중을 떠나 이향층의 손에 넘어가고 있었다는 점은 다음 전라도 남원부 사례에서 잘 볼 수 있다. 남원 둔덕방[36]에 거주해 오던 최시옹(崔是翁)은[37] 숙종 38년(1712) 남원부사 이성한에게 보낸 편지에서,

> 광해조(光海朝)를 거친 이래 향풍(鄕風)이 크게 어그러져 몰염치하고 문자도 모르는 우매한 무리들이 향청을 틀어잡고 있었는데, 계해(癸亥: 인조반정) 이후에도 역시 복구하지 못하고 있었습니다. 전배(前輩)들이 이것을 병으로 여겨 향약지규(鄕約之規)를 설립하여 주자(朱子)가 증손한 여씨향약과 광산(光山: 光州) 선배들의 취지를 취하여 일읍의 향약을 정하고, 또 각리의 향약을 정해서 선악권징의 도를 보였습니다. 이 법이 행해진 지 이미 백여 년이 되었으니, 법이 오래되면 해이해지는 것은 괴이하다고 할 수 없습니다. (중략) 양청(鄕廳, 作廳)이

---

36. 삭령최씨의 세거지로 내려오던 둔덕방은 현 행정구역상 임실군에 속해 있다. 둔덕방에는 최씨가를 중심으로 운영되었던 '三溪洞契'가 있었다.

37. 최시옹은 중앙의 고관을 지내고 남원의 향선생을 지낸 崔啓翁의 동생으로 남원 둔덕방에서 태어나 둔덕방의 삼계동계〉의 운용을 체험하고 뒤에 소아방, 백암방에 옮겨 살면서 같은 성격의 동약을 시행하고자 했으며, 그 자신 향회의 副憲과 鄕憲을 지낸 인물이다. 이 시기 남원의 사정은 김현영의 〈조선후기 남원의 사회구조〉, 《역사와 현실》 2, 1989에 자세하다. 최시옹의 부사에 대한 편지는 최계옹이 鄕先生(향헌)으로 있고, 자신이 부헌으로 있을 때 작성된 것이다.

모두 향약지명(鄕約之名)이 자신들에게 해를 끼친다고 증오하여 그것을 반드시 제거하려 하고, (중략) 사대부 또한 그 중독을 염려하여 시비에 끼어들려고 하지 않으니 마침내 향소(鄕所)·서리(胥吏)가 연명작계(連名作契)하는 지경에까지 이르렀습니다.[38]

라고 지적하여, 향청의 향임이나 질청[作廳]의 이서층들이 사족이 중심이 된 향약을 꺼려하여 기피하고, 사족 역시 이향층의 공격에 노출될 것을 염려하여 읍사(邑事)에 간여하는 것을 주저하는 사태를 문제 삼고 있었다. 그리고 향약에서 다루어야 할 중요 사항에 대해서는,

봉공일절(奉公一節)은 향약 중 하나의 일인데, 조적(糶糴)과 부역(賦役)의 포흠·적체가 과연 사부(士夫)와 양민(良民)에게 책임이 있는 것이겠습니까. 향풍이 어그러진 것을 여기서도 알 수 있습니다. 위 두 가지 사안은 향약 중의 대절(大節)로서 일번인(一番人)이 심히 꺼려하는 바입니다. 그간에 (향약 운영이) 혹 사사로움에 끌린 바가 없지 않았겠지만, 어찌 남의 말을 무시하고 오직 사사로운 뜻으로만 행할 수가 있었겠습니까. 지금 만약 옛것을 회복한다는(향약시행) 뜻을 표방하면서 먼저 이 양절(兩節: 환곡과 부역 문제)을 제거하려 한다면, 이는 목구멍을 막고 음식을 먹으라고 하는 것이나 가려고 하는데 다리를 자르는 것과 같은 것입니다.[39]

라고 쓰고 있었다. 앞서 두 가지 향회의 유형 가운데 호남 광주형의 예로서 남원 향회의 사례를 소개한 바 있듯이, 남원에서는 17세기 전반(인조 17, 1639) 그 기능이 소실된 향안을 복구하면서 향회 규약인 〈약속조목〉을 만들었다. 그런데 위 편지에서 최시옹은 이 약속조목을 '향약지규', '일읍의 향약'이라고 칭하고 있으며, '봉공일절' 즉 부세납부 문제는 향약 가운데 하나이면서 필수적으로 포함되어야 하는 내용이라고 강조하고 있었던 것이다. 위 편지는 곧 사족중심의 향촌 지배체제가 이향(吏鄕)층에 의해 부정되고, 관에서 인정하는 향약이라고 하는 데에

---

38. 최시옹, 《東岡遺稿》 권2, 〈與李地主 聖漢〉.
39. 위와 같음.

있어서도 환곡이나 부역의 문제를 배제한다면 향약 본연의 의미가 살 수 없음을 지적한 것이었다.

위 남원의 사례는 바로 이 시기에 〈양역변통절목(良役變通節目)〉에 따라 리정법(里定法)이 반포되었던 것과 관련되는 것으로도 보이는데, 앞에서 자세히 설명한 바와 같이 이 〈절목〉은 흔히 교화로 표명되는 측면에서는 사부(사족)를 끌어들이면서 기타 행정적인 차원에서의 부세문제 등은 중간 담당층에게 맡기고 있는바, 그와 같은 관 주도의 향촌통제책이 갖는 의미가 바로 수령이 중심이 되어서 실시하였던 향약에서도 확인되는 것이었다. 18세기 중엽 이후 관권의 개입과 사족의 자기분열에 따른 향안조직 붕괴가 서로 맞물리면서 이제 향회는 사족의 수중을 떠나 지방 수령의 부세 자문기구로 변질되게 된다.

향회의 성격이 바뀌게 되는 것을 18세기 조세정책과 그 제도가 자주 바뀌게 되는 과정에서 관변에서의 향촌 여론 참작 필요성의 증대와 자치영역의 확대에서 찾기도 한다.[40] 그런데 앞에서 검토하였듯이 향회가 수령의 부세자문기구적 성격으로 그 기능이 변화하게 된 데에는 숙종대 이래로 부세제도가 총액제적 방식으로 변화되어 나간 것이 중요한 요인이 되었던 것으로 보인다. 향회가 할당된 세액이나 납부 방법을 조정하는 자리가 될 경우 기존의 사족 중심의 향회와 그 구성원이나 처리방식이 같을 수가 없게 되는 것이다. 기존 부세 운영에 있어서는 사족 양반의 이해가 깊이 개입되고 있었는데, 이제 총액제(할당제)로 운용되게 됨에 따라 그 해결을 관에서 일방적으로 정하지 않고 각 면리에서 대.소민인들의 합의에 따라 납부 방법을 결정하게 되어서는 군현 단위에서 향회의 성격 역시 달라져 나갔다. 향회가 사족의 수중에서 지방 수령의 통제하에 들어가게 된 사정을 잘 보여 주는 하나의 예로 영조 26년(1750) 균역법(均役法) 실시 직후 호남이정사로 호남지방에 내려가 조

---

40. 안병욱, 앞 논문, 57-65쪽.

사활동을 벌이고 올라온 이성중(李成中)의 다음 보고서의 내용을 들 수 있다. 향회 성격 변화를 단적으로 보여 주는 것이다.

> 결호역(結戶役)을 이정(釐正)한 후에도 향회를 통한 가렴의 폐는 엄금해야 할 것입니다. 외방 결호역의 증가는 매번 향회를 통해서 이루어지는데, 이른바 향회라고 하는 것은 애당초 일향 사민(士民)의 공론에 따른 것이 아니고 좌수 별감이라고 하는 자들이 수령의 턱 아래 놀면서 그들의 형이나 아우를 시켜 통문을 돌리고 불러 모으는 것에 불과합니다. 그 향회에서는 혹 관의 비용이 부족하다는 핑계로, 또는 민역(民役)을 마감해야 한다는 명목으로 제멋대로 가렴하고 손이 가는 대로 법을 만드니 일의 원통함이 이보다 심한 것이 없습니다. (중략) 이후 만일 향회를 칭하여 민역을 걷어 내는 경우, 호에서 걷든 결에서 걷든 어느 경우를 막론하고 수창인(首倡人)은 형으로 다스려 멀리 귀양 보내고, 그것을 덮어 주고 보고하지 않는 수령은 비중에 따라 죄를 물음이 마땅할 것입니다.[41]

위 보고서는 18세기 중엽의 향회가 수령의 비호하에 좌수 별감 등 향임(향품)의 주도로 열리고 있고, 향회의 논의 사항이라는 것도 관의 비용을 충당한다거나 각종 부역을 충당한다는 명목으로 과외의 비법적인 세금을 추렴하는 것이었다. 그리고 이 같은 향회는 수령의 시녀가 된 좌수별감들이 형식상으로는 기존 향회의 방식을 빌려 통문을 돌려 모이는 것이기는 하지만 일향(온 고을) 사민들의 공론을 반영하는 것은 아니라는 것이다. 그러니 원래 일향의 사민의 공론에 따라 모이고 그 공론을 실현하는 장으로 기능하던 향회는 형식은 혹 남아 있을지 모르지만 그 실은 상실되어 공론이 들어설 자리는 협소해져 갔던 것이다.

지방사회에서 공론정치의 동요는 위에서 살핀 바와 같이 관권(관 주도의 통제책)의 작용으로 더욱 복잡한 양상으로 전개되었다. 이제 19세기에 들어오면 향중공론에 의해 유지되던 향안조직이나 그에 기초해 있던 향회가 이전과 같은 기능을 유지하는 것은 불가능하게 된다. 다음

---

41. 이성중, 《質庵遺稿》 권1, 〈湖南釐正使書啓〉, 영조 30(1754).

영천(永川)에서의 수령의 조치는 19세기 전반의 향회가 비교적 늦은 시기까지 기능하고 있던 영남에서조차 그 이전과는 전혀 다른 형태로 변하였던 점을 알게 해 준다.

> 금번의 이 향회는 학궁지사(學宮之事)인가 사림지사(士林之事)인가. (중략) 무릇 몇 수 년 사이에 읍속(邑俗)이 점차 투박해지고 사습(士習)이 더욱 어그러져, 한 가지 일만 있으면 모이고 한 가지 영(令)만 내리면 모여 사류를 위협하고 민심을 소란케 한다. (중략) 그 소창자(所倡者)·소회자(所會者)는 향품(鄕品)은 말할 것도 없고 진실로 쟁임(爭任)의 마음을 가진 자가 아니면 필경 호수배(戶首輩)로서 왕세(王稅)를 끝내 거납(拒納)하려는 자이니 어찌 한심스럽다고 하지 않겠는가. 향교장의(鄕校掌議) 류(柳)는 우선 철명(撤名)하고 일향 중에서 근정(謹靜)한 자로서 대신한다. 그 밖에 부회(赴會)한 자는 모두 귀가하여, 각기 그 업에 충실하고 큰 죄에 걸리지 않도록 하라.[42]

당시 수령은 인징(隣徵)·동징(洞徵)의 문제를 해결하기 위해, 일읍(一邑) '노성지인(老成之人)'의 의견을 듣고자 향회를 소집했다.[43] 특히 군포(軍布)의 상납이 당면한 문제였던 것 같다. 물론 이 향회는 수령의 뜻만으로 이루어진 것은 아니었을 것이다. 그러나 정작 향회에서 중점적으로 논의된 것은 전세(田稅) 납부와 관련된 것이었다. 향회가 있기 전, 색리(色吏) 이두영(李斗永)이 양반 호수(戶首)에게 전세거납(田稅拒納)을 독촉하는 과정에서 커다란 분란이 있었던 것 같다.[44] 이 사건을 묵과하지 못하고 당시 향교장의(鄕校掌議)로 있던 류모(柳某)가 크게 문제 삼아 논란이 일자, 수령은 일단 수하에 있던 색리 이두영을 옥에 가두고 위에서 본 것과 같은 말로써 문제를 처리하려 한 것이다. 향회가 끝난 뒤, 수령이 내린 다음의 첩문(帖文) 내용은 그 같은 사정을 한층 분명하게 알려 준다.

---

42. 《牒移》(규古. 5125-34), 〈惺齋文牒〉, 〈永川鄕會中下帖〉, 헌종 3(1837).
43. 위 책, 〈永川鄕會事下帖〉.
44. 위 책, 〈又(永川鄕會中下帖)〉.

금일 향회에 모인 자는 과연 어떤 사람들이며, 의논한 바는 과연 무엇인가. 모인 사람들이 부녀자도 아니고 의론이 향당의 미세한 일이 아님에도 불구하고 종일 회의하였으나 끝내 아무것도 해결되지 않았다. 이는 무슨 향례(鄕禮)이며 또 어떤 민습(民習)인가. (중략) 관에서는 백 명의 군관(軍官)을 내어 사정(査正: 군포 결축분의 충당)을 도왔고, 천금(千金)의 늠봉(廩捧)을 염출해서 (부족분을) 메꾸었으니, 여기서 내 도리는 다한 셈이다. (중략) 추로지향(鄒魯之鄕)이란 점을 생각치 않고, 의(義)를 잊고 재(財)를 중히 여김이 이같이 심할 수가 있는가. 필경에는 품목(稟目)을 올려 말하길, 혹자는 호감(戶勘), 혹자는 결감(結勘)이 가하다고 하고, 또 혹자는 호·결이 모두 불가하다고 한다. 이것이 가위 보사(報辭)인가 농담인가. 심지어 혹자는 착함(着啣)을 하기도 하고 아니하기도 하니, 일의 성실치 못함이 극에 달했다. 관에서는 다시는 그러한 수모를 당하고 싶지 않다.[45]

위 영남의 영천향회에 관한 기록에서 우리는 향회의 참가자들이 향품(鄕品)·호수(戶首)·재임(齋任) 등 그 성격이 다양하며, 그들의 관심사도 우리가 앞서 보았던 이전 시기 향회의 그것과는 판이함을 알 수 있다. 이는 향안에 기반 한 향원들의 향회는 아니며, 수령의 부세자문기구로 변질된 향회가 바로 그것이었다. 수령들은 이 향회를 통해 읍정을 처리하고 있었다. 암행어사에 의해 자신의 부세 행정에 문제가 있다는 것이 지적될 경우에 향회에서 결정한 일이지 자신과는 무관한 일이라고 핑계를 대는 것도 쉽게 찾아볼 수 있는 현상이었다. 그런데 이 향회가 관의 시녀로 전락해서는 부패의 온상이 되기도 하는 것이고, 그 안에서 문제 해결을 시도하는 노력이 불가능해질 경우 향회 밖에서 별도의 조직이 마련되기도 하였다. 민란기에는 특수한 경우가 되겠지만 그 향회를 접수하여 반관적 향회로 전화시킨 경우도 있고,[46] 삼정이정청에서조차 군역문제의 해결을 향회에서 의정(議定)하라는 지시를 내리게 되었으니,[47] 이제 향회는 19세기 공론정치의 새로운 장으로 드러나

---

45. 위 책, 〈鄕會後下帖〉.

46. 1862년 삼남 민란의 시발을 이룬 경상도 단성민란은 주동자 김인섭이 전 향원들의 묵인하에 읍권을 장악하고 이향층의 임면에 전권을 행사한 바 있다.

47. 《일성록》 철종 14년(1863) 1월 18일, 〈命淸安縣監 洪畯 議處〉, "義禁府啓言淸安縣監

게 된다고 하겠다.

洪晙原情以爲 (중략) 昨夏 因釐整廳行會 名疤洞布間 使之鄕會議定矣 小民以洞布與依前結納爲言 大民願以軍丁則一付小民 舊納不足條自當爲言 互相爭詰 小民至有燒毁大民之家 此雖大小民之私相惹鬧 而身爲字牧之任不能調停 泛稱遲晩 請刑推得情."

V. 19세기 향회, 민회와 공론정치의 새로운 전개

1. 19세기사 이해의 방향

한국사에서 19세기는 일반적으로 세도정치시대라고 부르지만, '민란의 시대'라고 불릴 만큼 민의 저항이 폭증하고 있었다. 이 시기에는 기존의 공론을 중시하던 정치문화가 위축되고 정권이 일부 외척세력에 집중되며, 그 결과 당시 제기되고 있던 각종 사회문제에 대한 해결책들은 무시되고 다양한 의견이 받아들여지지 못하여, 결국에는 아래로부터 불만이 축적되어 '민란'이 점철되게 된다고 설명된다.[1] 최근에는 19세기 민중운동 과정에서 새로운 모습의 공론(민중공론, 소민주도 공론)이 기존 사림공론이나 향중공론의 대안공론으로 형성되는 것으로 주장되기도 하고,[2] 그와 달리 19세기에 들어가면 양역만이 아니라 모든 국역(부세) 수취를 '향중공론'에 의해 처리하도록 하는 경향을 주목하기도 한다.[3]

---

1. 이상희는 1862년의 민란이나 1894년 농민전쟁을 '정치과정에서 반영 · 흡수되지 못한 민의'가 '사회의 밑바닥에 침전되고 누적되었다가' 일정한 계기에 표면화된 것으로 설명한 바 있다. 이상희, 《조선사회의 커뮤니케이션 현상 연구》, 1993, 94쪽 참조.
2. 배항섭, 앞 논문, 〈19세기 후반 민중운동과 공론〉.
3. 송양섭, 〈19세기 부세운영과 '향중공론'의 대두〉, 《역사비평》 116, 2016 가을.

그런데 이러한 공론, 공의는 16, 17세기 이래 부세운영 과정에서 일관되게 강조되어 온 것이기도 하고, 대・소민인이 오랜 대립과 조정 속에서 그 내용을 채워 온 것이기 때문에 어느 일방에 의해 전유될 수 있는 것만은 아니었다. 오히려 국가 사회를 운영하는 데 있어 탄력과 균형을 잃어버린 관료사회의 경직성에 대한 대.소민인의 각성이 이루어지고 있었다는 점, 그리고 그 위에서 조성된 관민관계의 위기를 타개할 새로운 공론 형성 여부 등을 주목해야 할 것이다. 19세기 농민저항의 정치가 강상(綱常)이나 관민분의(官民分義)를 넘어서는 법담론을 제기한 것은 큰 진전이다.[4] 농민들이 왕민(王民)의 대우를 요구하고, 나아가 왕법(王法)을 장리(長吏), 곧 관료들에게도 적용할 것을 요구한 것은 왕화(王化)의 대상, 국왕의 적자(赤子)로서의 민(民)이 역사 주체로서 자아를 확립해 나가고 있음을 보여 주는 것이었다. 그렇지만, 그 같은 인식이 기존의 공론 지형에 어떠한 변화를 가져왔는가는 더 따져 보아야 할 것이다.

우리는 조선의 19세기 역사를 바라보는 데 이분법적인 논리나 양 극단적인 이해에 익숙해져 온 것은 아닌지 반문해 볼 필요가 있다. 전통과 근대, 수구와 개화, 정체와 발전, 양반망국론과 유교근대화론, 지속과 단절 등 저간의 논쟁사를 반영하는 화두들이 그러한 판단을 하게 한다. 양자를 연결시키는 설명, 예컨대 근대화 과정에서 전통사회의 유산이 강하게 영향을 미친다고 하는 설명 틀이 없는 것은 아니다. 이는 한국의 근대를 설명함에 일정한 타당성을 갖는 것이기는 하지만, 이 역시 결과론적 설명방식으로서 19세기사가 어떠한 힘에 의해서 어디로 향하고 있었는가에 대한 역사적인 접근과는 상당한 거리가 있는 것이라고 하겠다. 이제 한국사회에서 한국의 근대를 선험적인 어떤 것으로 상정하고, 그 근대의 기점을 어디로 잡을 것인가 하는 질문으로부터 한국의 근대는 무엇인가, 19세기 한국인들은 무엇을 문제 삼고 어디를 지향하고 있었던가, 한국의 근대는

4. 김선경, 〈19세기 농민저항의 정치 — 1862년 농민항쟁, 관민 관계 위기와 법담론 —〉, 《역사연구》 16, 2006.

어떻게 형성되었는가 등과 같은 질문으로 바꾸어 보는 것은 어떨까?

어느 시기도 마찬가지겠지만 19세기는 역동적인 시대였다. 사회경제적 변동에 따른 기존 지배층의 분열과 과거 지배 권력에서 소외되었던 '민'의 성장이 이루어지면서 여러 사회문제를 해결하기 위해 각 사회세력들이 자신들의 목소리를 내기 시작하였다. 구지배층의 입장에서 보면 일종의 혼란기로 보이겠지만 새로운 사회를 만들어 가고자 하는 층에게 있어서는 하나의 기회의 시기이기도 하였다. '조선'의 '민중'은 '걸대한' 중국의 민중과는 달리 대규모의 반란을 통해 왕조를 교체하는 데까지 이르는 경우는 거의 없었다. 이는 좁은 영역 안에서 지배층의 지배력이 촘촘히 미치고 있었기 때문이기도 하겠지만, 군주와 사대부가 상호 길항관계를 맺고 민을 보호·지배하는 지배층의 존재형태가 중국의 그것과는 차이가 있었던 데서 비롯된 것이기도 하다.

조선후기에는 상업적 부가 도시, 특히 서울로 집중되면서 경향분기(京鄕分岐)가 이루어져 서울과 시골의 문화 차이가 현격히 벌어지고 있었다.[5] 박준원의 아들이자 순조의 외숙인 박종희(朴宗喜)가 친구로부터의 '향거이해(鄕居利害)'에 대한 질문에 답하면서, 서울에 살던 사람이 시골 가서 산다는 것은 과환(科宦) 여부나 빈부에 관계없이 불가능하기 때문에 '시골에 내려가도 다시 돌아올 수밖에 없다는 중천지설(重遷之說)이 확론(確論)이다.'라고 단언하였던 일화는,[6] 경화사족이 느끼고 있

5. 유봉학, 〈18·19세기 경·향학계의 분기와 경화사족〉, 《국사관논총》 22, 1991.
6. 박종희, 《晩村稿》, 〈與友人問答鄕居利害〉, [내 친구 한 사람이 묻기를, "京華士子로서 科宦에 들지 못하고 貧窮이 몸에 사무치면 돌아가 농사나 짓는 것이 어떻겠는가?" 하였다. (내가) 가로되, "어려운 점이 세 가지가 있다. 하나는 무겁게 농사기구를 들고 어리석은 사람들과 섞여 살다가 점차 어수룩한 풍속에 빠져 자손들이 다시는 예법을 알 수 없게 되고 모두 모욕을 당하게 되니, 이로써 저 자신부터 체신을 잃고 자손들을 교화 불능상태에 몰아넣게 되는 것이다. 둘째는, 부모처자와 본인이 급한 질병에 걸리면 의원이나 약이 없어 손을 놓고 죽기만을 기다릴 수밖에 없다는 것이요, 셋째는 한 해 두 해 흉년이 들어 들에는 거둘 곡식이 없고 인근에 도와줄 사람이 없어 궁벽하게 가난함을 애도하다가 필경에는 流離失所하여 길거리의 걸인이 되고 만다는 것이다. (이러니) 가히 (시골에) 거할 수 있겠는가?" 하였

던 지방에 대한 편견을 생생하게 전한다. 그렇지만 대대로 향거(鄕居)하던 지방 사족이나, 십만여 가까이 몰리는 서울 과거시험장 한 번 밟아 보려다 낭패만 보고 내려오는 시골 서생의 처지에서 보면 어떠할까.

19세기 향반들의 위세가 많이 꺾였다고는 하나 아직 그 여맥이 끊어진 것은 아니었다. 이들은 기회만 되면 자신들이 지탱해 온 향중공론의 관철을 요구하였고, 그들 가운데 일부는 하층민들과의 대립이 갈수록 도를 더해 간다는 점을 인식하면서도 '유교적' 이상을 포기할 수 없었다. 조선후기 사회는 도(都)·농(農), 상(上)·하(下) 상호 간의 상호작용에 의해 변모되고 있었고, 그 변화의 계기나 속도는 지역에 따라 커다란 차이가 나고 있었다. 그간 한국사 연구는 가능한 한국사를 발전적으로 보고 한국사의 개성적인 면모를 드러내는 데 초점을 맞추었던 것이 사실이다. 식민사관의 정체성론과 타율성론을 크게 의식한 때문이었다. 그러나 그렇다고 해서 조선후기 사회가 이루어 온 성과가 어느 한 각도에서 일도양단될 수 있는, 그렇게 만만한 것이 아니라는 점을 인식

다. 친구가 다시 말하길, "그렇다면 과환이 혁혁하여 재산이 풍족한 상태에서 나이 들어 물러난 사람은 가히 거할 만한가?" 하였다. (나는) 가로되, "이 또한 어려운 일이되, 그 해가 됨은 가난한 사람보다 더 심하다. 田庄을 다수 마련하여 거한다 하더라도 인근에 계속해서 혼인할 만한 집안이 없고, 만나는 친족들이 풀뿌리같이 얽히고설켜 두서가 없게 되어 신세가 고단하게 된다. 하루 이틀 밖에 나가면 적막한 들판에 들리는 것은 뽕나무 심고 농사짓는 얘기요, 들어오면 아침저녁으로 쓸쓸한 촌락에 어리석은 촌부들과 어깨를 맞대고 먹고 놀 뿐이니 듣고 보는 것이 궁색하고 지식이 어두워져 점차 한미한 지경에 이르니 필경 군역에까지 차정되어 몸과 이름을 지킬 수도 없고 자손을 버리는 지경에까지 이르게 된다. (또) 부모처자와 본인 자신이 급한 병에나 걸려 의원을 찾고 약을 구하려 해도 멀리 50리 100리까지 나가야 하니 고치는 것이 늦어지게 된다. 더욱이 흉년이 들어 백성이 곤궁하게 되면 나에게는 남는 곡식이 있는데 저들은 항아리에 곡식이 없을 경우, 가까이는 四面 隣里에서 밤낮으로 구걸하고 멀리는 누더기를 입은 사람들이 줄지어 꼬리를 물고 운집하며, 심지어 노략질하고 방화하여 죽거나 패망하여 잔약하게 되니 다시는 일어날 수 없게 된다. 이 때문에 가난한 사람은 2년을 살 수 없고, 부자는 2대를 넘기지 못한다고 하는 것이다. 작으면 작은 대로 낭패요 크면 큰 대로 낭패를 보게 될 것이니 가난하건 부자건 다시 돌아온 사람이 있다는 말을 듣지 못했다. 속담에 망아지와 송아지는 시골로 내려 보내고 사람의 자식은 京師(서울)로 올려 보내란 말이 있으니, 이 말이야말로 이치에 합당하다. 시골에 내려가도 다시 돌아올 수밖에 없다는 重遷之說이 確論이다."라고 하였다.]

할 필요가 있다.

임진, 병자의 난을 겪은 후 조선은 자신의 모습을 새롭게 보지 않을 수 없었고, 그 반성 위에서 자신의 정체성을 확인하고 자국문화에 대한 자부심을 회복할 수 있었다. 국왕 영조가, "우리나라는 중국(中國)과 달라서 비록 한(漢)·당(唐)의 위세를 가지고도 땅을 빼앗거나 나라를 바꿀 수 없었고, 조선 안에서 스스로 서로 교대해 오늘에 이르렀으니, 3백 년 종사의 맡김이 내 한 몸에 달려 있다."라고 자부한 것이나, 정조가 당시 청나라로부터 들어오는 문물을 분별없이 따르는 사대부사회의 풍조에 못마땅해 하면서, "이미 우리 동국(東國)에서 태어났으면 마땅히 동국의 본색을 지켜야 한다."라는 점을 강조하였던 것은 그 반증이다. 영·정조시대 탕평정국하에서 사대부의 위상이 변화를 강요받게 되고, 민의 지위도 일정하게 상승한 것이 사실이다. 그러나 거기까지였다.

조선후기, 어디까지나 보호의 대상이었던 민(民)의 동향에 대한 지배층 일반의 인식이 역사적 현실과 크게 괴리되기 시작하였다. 정조는 조선에서 농민봉기가 없었던 것은 사대부의 힘 때문이라고 강조하였다. 정조가, "우리 조정이 사대부(士大夫)로 나라를 세운 것은 세도(世道)를 유지하며 사람의 뜻을 막아 지키려는 것이었다. (중략) 수백 년 이래로 농사짓는 백성들이 야위고 괴로워서 병장기를 들고 울부짖으며 시끄럽게 떠드는 변란이 한 번도 없었던 것은 사대부의 힘이다."라고 강조하였다.[7] 그러나 정조 사후 10년이 못 가 황해도 곡산에서 '민란'이 일어나고,[8] 같

---

7. 정조, 《홍재전서》 권176, 〈일득록〉 '훈어', "我朝 士大夫로 나라를 세운 것은 世道를 유지하며 사람의 뜻을 막아(법 받도록 하여) 지키려는 것이고, 喬木世臣이 나라와 함께 기쁨과 근심을 같이하는 것 또한 집안사람으로 치면 부자의 의리와 같은 것일 뿐만이 아니니, 수백 년 이래로 농사짓는 백성들이 야위고 괴로워하여 병장기를 들고 봉기하는(울부짖으며 시끄럽게 떠드는) 변란이 없었던 것은 사대부에 힘입은 것이다.(我朝以士大夫立國 所以維持世道防範人志 喬木世臣之與國休戚 又不啻家人父子之義 累百年來 未嘗有鋤耰棘矜 提兵叫讙之變者 士大夫之力也) 검교직제학 신이만수가 정사년에 씀."
8. 한상권, 〈1811년 황해도 곡산지방의 농민항쟁〉, 《역사와 현실》 5, 1991.

은 시기에 '홍경래난'이 준비되고 폭발하였다. 정조는 백성들의 걱정거리와 국가의 재정문제[民憂國計]를 무엇보다 앞서 걱정하였지만 정작 민의 새로운 동향을 읽어 낼 수는 없었던 것이다.

위와 같은 정조의 인식은 그가 키운 대신의 입에서도 이어진다. 19세기 전반, 순조 9년(1809) 국정의 최정상에서 젊은 국왕을 보좌하던 김재찬(金載瓚)이, 민생이 백척간두에 서 있다면서, "중국의 걸대지민(桀大之民) 같았으면 금일과 같은 위급한 때 반드시 어떤 사변을 면치 못했을 것"이고 당시의 '민국필망지환(民國必亡之患)'이 (불법)수령 때문이라고 한바, 그 두 해 전에는 장법(贓法)의 엄격함을 들어, "옛날 한나라에서는 허리를 꺾었고 황조(皇朝: 明)에서는 40관 이상 도적질한 자를 참수하는 법을 두었으며, 우리나라 조정[國朝]에서는 자손을 청현직(淸顯職)에 오르지 못하게 하였다"는 점을 예로 들면서,[9] 오랜 탐풍(貪風)을 그치게 하기 위해서는 제대로 된 어사(御史)를 파견하여 발각된 자에게는 '오세물허청현(五世勿許淸顯)', 즉 5대에 걸쳐 청현직에 올리지 말자는 방안을 낸 바 있다.[10] 지금 보면 그렇게 느슨할 수 없는 이 같은 대처방식을 어떻게 이해해야 할 것인가.

위와 같은 '최고위층'의 의견만으로 19세기를 이해함은 곤란하지만, 또한 그 같은 인식을 무시해서는 19세기를 역사적으로 두껍게 읽어 낼 수 없을 것이다. 한편 아래로부터는, 1862년 군현 단위의 항쟁을 거친 후 30년 뒤, 동학농민군이 스스로 세운 군율(軍律)에서, "효제충신(孝悌忠臣)이 사는 마을의 경우 10리 안에는 주둔하지 않는다."[11]라고 하였는데, 이러한 점을 들어 동학농민혁명의 사상적 기반이 유교였다고 말하

---

9. 탐관오리의 자손을 청현직에 올리지 않는다는 내용에 대해서는 다음 기록 참조. "1862년(임술) 7월 10일 의금부에서는 탐학을 저지르다 민란을 자초한 김시연에 대해, 엄히 처분하지 않는다면 하삼도 민(南民)들을 위로할 수 없을 것이라며, 면직시켜 서인으로 만들고 제주에 위리안치시키며 그 아들은 법전에 의거하여 청현직에 올리지 말 것을 전조(이조)에 분부할 것을 주문하였다."(《임술록》 95쪽)

10. 김재찬, 《해석일록》 순조 7년 정묘 10월 12일.

11. 《東匪討錄》(《韓國學報》 3, 1976 수록).

는 것은 표피만을 흘낏 보았을 뿐 동학농민군들의 지향을 두껍게 읽어 낸 것이라고 하기에는 역시 곤란하다고 하겠다. 19세기사를 총체적으로 새롭게 설명할 수 있는 방안을 강구해야 할 필요가 여기에 있다.

2. 향회의 다중성과 공론 실현방식의 대립

민란과 공론

그 분열과 위축에도 불구하고 조선후기 사회 안에서 올라오는 다양한 공론들은 보다 많은 설명을 요한다. 사회계층, 계급이 분화 발전하는 가운데 공공선으로 생각하는 여론이라는 것도 어느 하나로 제시하는 것도 불가능한 것이지만, 언급했듯이 공론이 분열된다는 것도 부정적으로만 볼 것은 아니다. 사회가 발전하고 계층 간 이해가 달라져 가는 것은 자연스러운 일이고, 따라서 그 과정에서 시비의 기준도 달라져야 했다. 18세기 후반, 특히 19세기에 접어들면서는 누구든 자신들의 주장을 다양한 형태로 제출하고 있었다. 이 시기에는 지방에 토착해서 살고 있는 일반 농민들 가운데서도 개인적인 차원에서는 물론 집단적 차원에서 연명하여 등장(等狀)의 형태로 수령들한테 다양한 의견을 제출하고 있었다.[12]

규장각한국학연구원이 간행한 《고문서》에 수록된 5,000여 건의 소지류를 대상으로 분석한 연구에 의하면 조선후기에는 문중(족인), 향촌 민인, 유생들을 중심으로 각 지방사회의 면리와 군현 단위에서 연명정소가 활발하게 이루어지고 있었으며, 특히 면리 단위에서는 거의 절반에 가까운 내용이 부세문제와 관련해서 제기되고 있었고, 그 가운데는 연명정소의 주체를 '대·소민'이라 명기한 것도 20%를 상회하고 있었다.[13] 모든 집단정소가 '공론'을 표방하였던 것은 아니었겠으나 앞서 리정법 등 공

---

12. 김인걸, 〈'民狀'을 통해 본 19세기 전반 향촌사회 문제〉, 《한국사론》 23, 1990.
13. 김경숙, 〈等狀을 통해 본 조선후기 연명정소와 공론 형성〉, 《규장각》 36, 2010.

동납 운영의 원칙으로 공론이 강조되었던 사정을 고려한다면 특히 부세 문제에 관한 집단적 논의에서 공론이 운위되었을 것임은 충분히 예상할 수 있는 것이었다. 문제는 그 공론 실현의 주체와 내용, 표현 방식이다.

향회의 다중성

19세기 향회는 주로 부세 문제와 관련하여 다루어져 왔는데, 민란의 조직 기반이 된 향회의 경우 기존 수령의 부세 자문기구로서의 향회와 구별하여 요호부민층(饒戶富民層)을 중심으로 새로운 시대를 열어 간 향회로서 특별한 지위를 부여하기도 하고,[14] 기존의 향회 가운데 관의 거수기 역할을 하는 '작은 향회'와 아직도 그 기능을 유지할 수 있었던 '큰 향회'로 구분하여 후자에서 반관적(反官的) 저항의 움직임이 나온다고 보기도 하며,[15] 아예 저항조직을 '민회'로 차별화할 것을 제안하기도 한다.[16]

민회라는 새로운 명칭을 부여하자는 주장은 '대·소민인'이 같이 모여 거사를 진행하는 가운데서도 일반 민은 과거와 같이 동원되는 수동적 지위로서의 중민(衆民)에 머물지 않고 독자의 목소리를 내기 시작하였기 때문에 그에 합당한 명칭을 부여할 필요가 있다는 것이다. 1862년 민란 초기단계에는 사족[兩班土豪]이나 요호부민층이 주도하지만, 이들은 보다 적극적으로 소민의 입장을 대변하는 일부를 제외하고는 대부분 법의 테두리 내에서 문제가 타결되기를 기대한 것과 대비되는 것으로 설명한다. 그런데 19세기 향회 관련 자료들을 보다 구체적으로 검토하면 당시 향회의 성격은 단일한 것이 아니었고, 따라서 향회를 보는 눈이나 거기에서 표방된 공론이라는 것을 설명하는 방식에도 주의가 필요

---

14. 안병욱, 〈조선후기 자치와 저항조직으로서의 향회〉, 《성심여대논문집》 18, 1986; 앞 논문 〈19세기 향회와 민란〉.
15. 고석규, 앞 책 참조.
16. 송찬섭, 〈1862년 진주농민항쟁의 조직과 활동〉, 《한국사론》 21, 1989; 〈농민항쟁과 민회〉, 《역사비평》 37, 1997.

하다는 점을 알 수 있다.[17]

우선 19세기 향회를 대략적으로 유형화해 보면 크게 3가지로 나누어 볼 수 있을 것 같다. 기존 수령 부세 자문기구로서의 향회[A]와, 그것과는 별개의 모임으로서의 향회[B], 그리고 위 양자와 일정한 거리를 두고 형성되어 있는 '향인(鄕人)'들의 모임으로서 향회[C]가 그것인데, 19세기에는 이들 유형이 병존하고 있었다. 이 가운데 주류를 이루고 있었던 것은 물론 A유형의 수령 부세자문기구로서의 향회이다. 그런데 이것 역시 각 지방에 따라 구성원의 차이나 시기가 반영되어 두세 가지로 구별되는 것으로 보인다. A유형 가운데 하나는, 이것이 주류를 이루는 것이라고 하겠는데, 흔히 수령의 부세운영에 이용(악용)되는 이향층이 중심이 된 관의 시녀로서의 향회(A-1)이고, 다른 하나는 그 가운데 주도층의 태도 변화로 인해 민란에 이용되는 반관적 향회(A-2)가 그것이며, 흔한 예는 아니지만 관에서도 인정하는 '대소민향회'(A-3)이다.

민란기에는 B의 유형이 큰 역할을 하였다. 민란을 수습하는 과정에서 향회가 빈번히 거론되자, 국왕 자신이 "그 소위 향회라고들 말하는 것은 과연 어떤 풍조에서 나온 것인가(其所謂鄕會云者 此果何許風習乎)"라고 개탄할 정도였다. 그런데 여기에서도 '향회'나 '대소민향회' 등 향회라는 명칭을 분명히 쓰는 경우가 있지만, 장소나 모임의 형식을 나타내는 읍회(邑會)나 도회(都會) 등과 같이 표현되는 경우가 대부분이다.

뒤에 설명할 바와 같이 민란기에 경상도 성주에서는 대·소민인들이 읍저에 들어와 몇 달 간을 소란을 피운 것을 두고 수령이 안핵사한테, '삼월 이후 소위 향회라는 것이 없는 날이 없어서 오륙백 인이 항상 읍저에 와서 소란을 피웠다(一自三月以後 所謂鄕會 無日無之 五六百人 常常來鬧於邑底)'라고 보고한 바 있다. 그런데 여기서 향회는 기존 향인들이 중심이 된 것이라기보다는, 읍저에서 이루어지는 대소민향회에

---

17. 배항섭, 앞 논문, 〈19세기 민중운동과 공론〉.

서 나온 주장들이 주로 부세문제를 다루었던 기존 향회의 것과 별반 다르지 않았기 때문에 같은 명칭의 향회라고 하였던 것이다. 그러므로 A유형은 항존하고 있는 것이어서 민란기에는 A와 B유형이 병존하게 되는 것이라 하겠는데, 최초의 민란으로 거론되는 단성민란의 경우는 향인들이 기존 부세자문기구로서의 향회(A-1)를 접수하였기 때문에 B유형과는 구별되는 A-2유형에 속한다고 할 수 있다. 함양의 경우도 이와 크게 다르지 않았다.[18] 이들 각 유형과 공론과의 상관성을 보면 새로운 공론의 장 형성 문제만이 아니라, 그 외에도 공론의 독점과 전유 현상, 그리고 공론의 장에서 펼쳐지는 대・소민 사이의 갈등과 대립만이 아니라 새로운 대・소민관계의 형성도 주목해야 한다는 점을 알게 된다.

1862년 임술민란에서 가장 먼저 일어나 '민란'의 기폭제가 되었던 것은 단성현의 '민란'이다.[19] 지리산 기슭에 자리 잡은 작은 고을 단성에서 그 주론자는 김령(?-1864), 김인섭(1827-1903) 부자였는데, 김인섭(金麟燮)은 전직 중앙관료로서 조정의 언론기관의 하나인 사간원 정언 벼슬까지 하다가 1858년 32세의 젊은 나이에도 불구하고 관직을 버리고 고향에 돌아온 인물이었다. 그는 1860년 이래 크게 문제기 되기 시작한 환곡 문제를 해결하기 위해 우선 합법적인 방법을 다 동원하였다. 1861년 수차에 걸쳐 감사에게 단자를 올려 이서층들의 향민 수탈상을 자세히 알리고, 같은 해 11월에는 향원(鄕員) 이름으로 연명하여 (수령에게) 등장(等狀)을 올렸다. 그리고는 다음 해 1862년 새해 벽두 1월 4일 사족 대표들과 회의하여 감사에게 등장[議送]을 올리기로 결정, 1월 9일에는 '대・소민인' 500여 명을 모아 회의하고 사전에 결정된 대로

18. 《임술록》 45쪽, 〈우병영장계 6월 25일〉, 함양.
함양 '민란'에서는 救瘼矯弊는 핑계이고 頑鄕之爭任이 주 요인이라고 보았다("欲執邑權 而座首以下 掌吏皀隷 無不自鄕黜陟").

19. 망원한국사연구실, 《1862년 농민항쟁》, 동녘, 1988, 116-130. 단성민란에 관한 설명은 이 책과 김준형, 《조선후기 단성 사족층 연구》, 아세아문화사, 2000의 내용을 크게 참조하였다.

대구 감영에 정소하였다. 그리고 감영의 호의적인 반응에 고무되어 1월 25일부터는 40여 명의 향원이 중심이 되어 본격적으로 객사에 모여 지속적으로 향회를 열었다.

김인섭이 남긴 《단계일기》에는 '향원', '향인'들의 움직임이 자세히 기록되어 있는데, 그 가운데, 〈임술일기(壬戌日記)〉에 보이는 1, 2월 사이의 중요한 기록만을 보면 다음과 같다.

정월 4일, 일향이 청심정에서 대회를 가졌다.(一鄕大會淸心亭)

정월 9일, 일향의 대·소민인 500여 명이 탐관오리를 성토하고 감영에 정소하기로 하였다.(一鄕大小民人五百餘名 聲討贓吏 赴訴營門)

정월 12일, (김)우규 가에 모여서 향사당에 답신하는 통문을 보내고 또 각 리에 통문을 날렸다.(會禹奎家 答通鄕射堂 又飛文各里)

정월 22일, 향인들이 비진에서 모임을 가졌다.(鄕人會飛津)

정월 23일, 모임에 참석한 향인들이 구름같이 많았다.(鄕人赴會者雲集)

2월 4일, 향민이 대회를 열고 객사에 곡하였다. 2경 즈음 난이 일어났다. 우리 부자가 같이 흉봉을 맞았다. 대·소민인 가운데 생사를 알 수 없는 자가 20여 인이 되었다. 적괴는 밤을 틈타 도망하였다.(鄕民大會 哭客舍 二更亂作 余父子俱被凶鋒 大小民人未分生死者 二十餘人 賊魁乘夜逃去)

2월 29일, 향원들이 청심정에서 대회하여 좌수와 이방 및 호장을 향천으로 뽑았다.(鄕員大會淸心亭 薦出座首吏戶)[20]

위 기록들에서 향인(鄕人)·향원(鄕員)과 향민(鄕民)·일향대소민인(一鄕大小民人) 등의 용어를 엄밀히 구분하여 사용하고 있었던 점, 향사당(향청)에 편지를 보내고 있었던 사실 등을 확인할 수 있다. 이는 아직도 단성 사족들에 의해 움직이는 향회가 건재함을 보여 준다.

경상우도 암행어사 이인명은 복명하면서 올린 별단에서 단성 사태를 설명하면서, 김인섭이 중민(衆民)을 지휘하면 면면호호(面面戶戶)가 모두 거스를 수가 없었고 참가자들을 점검하여 절반이 불참한 것을 확인하고 불참자 모두에게 궐전 5냥씩을 부과하여 걷은 것이 도합 2,000여 냥

20. 김준형, 위 책, 275-280쪽 참조.

이었다고 하였다. 대상 인원이 800명 정도였던 것이다. 19세기 초 단성에는 8개 면에 2,500호, 인구 1만 명 정도가 살고 있었는데, 불참자의 숫자가 400명이었다는 것이니, 단성의 전 가호가 참석 대상이었던 것은 아닌 셈이다. 참석 대상 800명은 바로 향원으로 보아야 할 것이었다. 정월 9일 감영에 의송을 올릴 때 대・소민인 500여 명이 같이 참여하였고, 2월 4일 '향민'들이 모여 객사에 곡하고 이경(二更)에 난이 일어났다고 기술하였으니 이 난에 참여한 것은 향원만이 아니었다. 그러나 그 중심에는 향인, 향원들의 향회가 있었으니 기존 향회가 '민란'으로 전화한 것이라 하겠다.

새로운 향회가 읍권을 장악하자 수령은 감영으로 도망할 수밖에 없었다. 밤을 틈타 도망한 수령을 김인섭은 '적괴(賊魁)'라 불렀으니 관민 관계의 파탄을 반증하는 것이다. 조선의 지방관은 지주(地主), 곧 고을의 주인이자 민주(民主), 즉 백성의 주인이 아니었던가?[21] 향원들은 바로 청심정에 대회(大會)하여 좌수(座首)와 이(吏)・호(戶), 즉 이방과 호장 등 이향층의 수임(首任)들을 새로 추천하여 임명하였다. 이들은 읍정을 장악하고 문제를 해결해 나갔는데, 향회는 사건이 일어난 지 3달이 지난 5월 8일 선무사 이삼현이 단성에 들어왔을 때까지 계속되었다고 한다.

선무사가 단성에 들어와 신임 수령과 향리들을 두둔하고, 더 이상 향회를 열지 말라고 주문하자 이를 받아들이고 주모자들이 옥에 갇히면서 향인들은 크게 위축되었다. 신임 수령은 이들에 의해 임명된 이서들을 전원 축출하고 구 향리를 다시 불러들였으니 '일향대회', '향원대회'는 더 이상 기대할 수 없게 된 것이다. 단성에서 시종 읍론(邑論)을 주장(主張)한 김인섭은 자신이 한 개인의 원한을 풀고자 우연히 나선 것이

---

21. Ⅳ장 각주 38에서 보듯이 남원인 최시옹이 남원부사한테 올린 편지의 제목이 〈與李地主 聖漢〉이었고, 그전에 퇴계 이황이 예안 유생들에게 수령에 대해서는 '民主之禮', 즉 백성과 주인 사이의 예를 다하라고 하였던 점을 순암 안정복은 그의 〈거향잡의〉에서 특기하였다. 안정복, 《순암선생문집》 권15, 〈居鄕雜儀〉 참조.

아니며, 자신들의 주장은 "모든 사람이 똑같이 생각하는 공언[萬口共公之言也]"임을 천명하였다.[22] 사간원 정언을 역임했던 그가 '천하만구일사지공론(天下萬口一辭之公論)'을 생각하지 않고 그런 말을 하였다고 볼 수는 없을 것이다.

1862년 임술년 정월 단성에서 시작된 민란은 3남(경상, 전라, 충청)지방을 중심으로 확산되어 70여 개 군현에서 봉기가 일어났음이 확인되는데, 거의 전국적인 민란으로 확대되었다.[23] 그 가운데 가장 대표적인 것은 잘 알려져 있는 진주민란이다. 여기에서는 B유형의 향회가 역할하였다. 당시 삼남 민란의 도화선이 되었던 것으로 알려진 진주민란의 경우, 그 주도자 류계춘을 가리켜 "향회(鄕會)·리회(里會)는 그의 능사이다."라고 했다. 부세문제를 처리하는 기본 단위조직이 향회·리회였기 때문에 그렇게 이름붙인 것인데, 이때 향회는 기존 수령의 부세자문기구였던 향인 양반들이 주도하는 향회와는 거리가 먼 별개의 것이었다. 진주에서는 관권에 의해 소집된 향회와 읍민들의 자발적 향회가 별도로 열리고 있었는데, 후자는 모임의 형식이나 장소 이름을 붙여서 '수곡도회(水谷都會)', '수곡읍회', '수청가회의' 등으로 불렸다. 초기 농민군에 우호적이었던 이명윤(李命允)의 경우 관의 도결 결정 시 목사가 서신으로 향회 참석을 부탁하였지만 병을 핑계로 끝내 거부하여 이서들로부터 원한을 샀던 반면 농민들로부터는 좋은 평을 받았는데,[24] "향사에 간여하지 않고 향회에 참석하지 않는 것, 이것이 낙향한 후 3대째 지켜 오는 집안의 규범이다(不干鄕事 不參鄕會 此矣上典 落南後 三世家規也)"라고 하였을 때의 향회는 관(이향층) 주도의 향회 그것이었다.

수곡도회를 준비한 세력들은 사전에 회문(回文), 통문(通文)을 돌리고, 이에 반대하거나 소극적인 사람들에게는 응징과 벌금으로 대처하였

22. 《임술록》 39쪽, 〈丹城前正言金麟燮單子〉.
23. 망원한국사연구실, 《1862년 농민항쟁》, 동녘, 1988.
24. 위 책, 145쪽.

다. 이것 역시 과거 향회의 방식을 원용한 것이었다. 도회에서는 문제 해결의 방식으로 합법적 공간에서 가능한 의송을 택할 것인가, 철시나 관청 진입 등 행동으로 나설 것인가를 두고 의견이 갈라지기도 했고, 합법적 공간에서의 정소가 실효성이 없다고 판단한 세력은 별도의 장소에서 별도의 모임을 진행시켰다. 이때 주도자인 류계춘 등은 후자를 택했는데, 여기에서 난민들이 근거하고 있는 공론은 기존 수령의 부세자문기구에서 부세납부의 명분으로 내세웠던 그것과는 차원이 다른 것이었다. 진주에서는 초군들을 중심으로 다음 안핵사 박규수의 진단에서 보는 바와 같이 '중민'의 공론이 또 다른 차원에서 분출하고 있었다. 박규수가 주모자 중의 한 사람으로 지목한 이계열의 죄상을 보고한 내용 가운데서 확인되는 내용은 아래와 같다.

> 이계열(李啓烈)은 류계춘(柳繼春)의 말에 따르면 교리(校理: 이명윤)의 6촌이며 초군(樵軍) 좌상(座上)이라는 자이다. (류)계춘에게 초군회문(樵軍回文)을 지어 달라고 부탁하였는데, 그가 진술한 것이나 (류)계춘이 진술한 것이 동일하다. (중략) 그 말만 들으면 이 사건의 핵심인물이 이 자인 것 같지만, 그 사람 됨됨이가 똥지게 지고 소나 몰 농사꾼이요, 그 하는 말을 들어도 무지몰각한 무지렁이에 불과하다. (중략) 한자[眞書]·한글[諺文]도 전혀 알아보지 못하여 (류)계춘이 만든 문건에 대해 당초 이것이 가사(歌辭)인지 회문(回文)인지도 모를 정도였다. (중략) 계춘과 같은 교활한 자가 더불어 공모한 자가 없고 이같이 우매한 자한테 명을 받았다고 하는 것은 상식에 비추어도 이치에 닿지 않는다. (이계열은) 어지러이 떠도는 소리[紛紜悖說]를 공론이라고 지어 내어[認作公論] 계춘한테 전해서 초군가(樵軍歌)를 만들어 낸 것에 불과한 것이다. 수곡시 집회에도 참가하고 난민이 읍에 들어갈 때도 참가하였으니, 모의를 주도했다고 하는 것은 그에게 과한 듯하고, 그렇지만 추종자라는 죄목은 면치 못할 것이다.[25]

위에서 우리가 확인할 수 있는 사실은 류계춘이 이계열의 전언을 듣고 '초군 공론'을 반영하여 초군가를 만들었지만, 박규수는 그 공론을 말도 안 되는 '분운패설'로 치부하였으니, 위 박규수의 진단에 따르면 농투산

---

25. 《임술록》 24-25쪽, 박규수, 〈晋州按覈使査啓跋辭〉.

이나 초군들은 공론을 생각할 수도 거론할 수도 없는 셈이 된다. 공론의 계급성과 그 전유를 동시에 보여 주는 것이 아닐 수 없다. 국가에서는 대·소민인을 모두 군주의 적자(赤子)로서, '해내형제(海內兄弟)'요 '동포천민(同胞天民)'으로 같이 취급하고 있는 듯하지만, 그 안에서는 대민과 소민, 사(士)와 민(民), 반호(班戶)와 상호(常戶) 등의 용어를 사용하여서 대민과 소민을 엄격히 구분하고 있었다. 여기에서 사와 민은 담당해야 할 일에 있어서도 각각 '시례성가(詩禮成家)'하고 '효제역전(孝悌力田)'해야 하는 차별이 있었음을 물론이다. 안핵사 박규수가 관문을 내면서, 관문이 도착하면 1-2장, 혹 3-4장 등서하여 각 읍의 반호(班戶) 가운데 지망(地望)이 있는 자와, 민호 가운에 사리를 아는 자에게 나누어 주고, 그 처리 내용과 전달받은 해당 양반이 누구인지 성책(成冊)하여 보고하라고 지시한 것도 같은 맥락이었다. 1862년 진주민란의 전 과정은 각 주체들의 인식의 격차를 볼 수 있게 해 주고 그 넘지 못할 벽까지 실감할 수 있게 해 주지만, 그 밑에는 도도하게 흐르는 공론과 그 실현을 둘러싼 주체들의 도전과 경쟁, 그리고 그 전유가 자리하고 있었던 것이다.

위와 같이 19세기에는 기존 수령 주도의 부세자문기구로서의 향회와 그에 반발하는 별도의 집회로서의 향회가 병존하고 있었다. 그런데 그 밖에 위 진주 이명윤의 예에서 볼 수 있듯이 향사에는 깊이 개입하지 않거나 개입할 수 없게 되면서도 당시 향론이나 읍론과 일정한 거리를 두면서 향인 양반들 자신의 목소리를 보존해 나온 '향회'(C유형)의 존재를 고려해 볼 필요가 있을 듯하다. 뒤에 소개되겠지만, 동학군의 움직임에 적대하고 갑오 개화파 정권의 단발령에 반발하며 뒤이어 의병운동을 이끌었던 향인들의 모임으로서 향회가 그것이다. 문중이나 마을, 또는 서원 등 각종 조직을 기반으로 하여 형성되고 있던 향론들 역시 지방사회 공론의 향배에 영향을 미치고 있었다.

한편 이향층이 이끄는 관 주도의 향회라고 하여도 일반 대·소민의 이해관계와 전혀 별개로 움직일 수만은 없는 것인 만큼 임술민란 이전의 향회를 조금 더 들여다볼 필요가 있을 것 같다. 1834년, 임술민란이 일어나기 28년 전 영남 선산에서는 대·소민이 공회(公會)하여 읍폐 시정을 요구하고, 변형된 형태이기는 하지만 기존 재래의 향회를 복구시키려는 움직임이 있었는데, 다음 그 사례를 검토해 보자.

1834년 선산부(善山府) 향회와 일향공회(一鄕公會)[26]

순조 말년, 1834년 경상도 선산부에서는 동래부 왜관으로 보내는 전세분을 돈으로 바꾸어 납부하는 문제[下納作錢]와 관련하여 이서층의 대대적인 부정이 이루어지는데, 향청의 좌수 별감도 이를 단속하지 못하고 있었다. 이에 부내 대·소민인이 큰 피해를 당하게 되자 이곳 양반들의 대표기관이라 할 수 있는 연계소(蓮桂所)가 주관하여 공회를 열고 부사와 관찰사에게까지 허가를 받아 옛 향규를 복원하고 좌수 별감 등 향임은 물론 이서층 가운데 주요 직책과 아울러 면임인 풍헌까지 새로 선출할 수 있는 기반을 마련하였다. 아래 '완의'와 '방폐절목' 및 '추절목'에서 확인되듯이 처음에는 연계소가 공회를 주도하였으나 역시 이곳 유림의 대표기관이라 할 수 있는 향교가 공회를 보증하여 인적·물적 토대를 강화하였다. 이들 자료에서 주목되는 점은 다음과 같다.

첫째, '방폐절목'을 첨부한 〈완의〉에는 공사원(公事員) 2인과 일기유사(日記有司) 2인, 그리고 선산부사가 서명하였는데, 연계소에서 추천하게 되어 있는 공사원(서인과 남인에서 각 1인)이 대표로 참석한 것은 당시 이곳 사정과 관련이 있는 것으로 보인다. 향헌이나 부헌을 두는 전통을 가지고 있던 양호(兩湖) 지역과 달리 영남에서는 향청의 좌수 별감이 제 기능을 하지 못하는 상황을 고려하여 임시직인 공사원을 따로 두고 다만 자주 교체하지 않는다는 단서를 달아 두었던 것이다.

---

26. 이하 1834년의 선산부 사례에 대해서는 오세창 등 편, 《嶺南鄕約資料集成》(1986), 〈一善鄕約節目〉 중 〈防弊節目〉(1834)에 의거하여 설명함.

둘째, 향임의 대표인 좌수는 향천(鄕薦)하고, 부대표라 할 별감은 향청에서 천망하도록 규정하고 있다. 처음 좌수 향천은 연계소가 담당하는 것으로 되어 있었으나 뒤에 향교에서 개입하여 연계소 성원만이 아니라 향교의 (전)현직 임원에게 알려 합석해서 난상토론을 거쳐 공동 추천하도록 하였다. 어느 한 쪽에서 먼저 천망하는 것을 공(公)이 아니라 사(私)로 규정하고 있는 것이 흥미롭다. 좌수 천망 시 향원(鄕員)을 대접하는 것은 향교의 실무자[校隷]가 맡고, 연계소 임원 대접은 별도의 실무자[庫子]가 담당하는 것으로 구별한 것도 주목된다. 여기서 향원은 과거 일향을 아우르고 있었던 것보다는 상당히 축소된 것이라 하겠다. '추절목'에서는 좌수 천망 시 실무를 관청의 예방색리(禮房色吏)에게 맡겨 그가 향교와 연계소에 통보하도록 정비하였다.

셋째, 공회가 이서층 인사에 깊이 개입하고 있다는 점을 들 수 있다. 공형(호장, 이방, 수형리)이 적임자가 아닐 경우 수령에게 개차(改差)를 요구하고 받아들여지지 않을 경우 감사에게까지 의송을 내서 교체하도록 한 것, 폐지하였던 연계소색리 제도를 설치하고 이 직임을 거친 자를 이서층의 대표 격인 공형 후보로 추천하는 규정을 둔 것, 마찬가지로 이방의 반대로 폐지하였던 향교색리를 부활시켜 이 직을 거쳐야 관청 창색(倉色)으로 차출될 수 있도록 한 것 등이 그것이다. '추절목'에서는 향청의 잘못된 인사는 스스로 탄핵하여 바로잡되, 공형의 경우 향교와 연계소 두 기관에서 공동 발의하여야만 유효하다고 한 점도 주목된다.

넷째, 각 면의 집강인 풍헌(면임)을 소민(小民)들이 투표로 천망하면 좌수가 임명한다는 것이다.[27] 앞에서 본 바와 같이 숙종대 리정법 체제에서 면 집강은 사족 양반에 맡겨 풍교만을 담당토록 하고 실무는 실무자에게 맡기는 것을 제언하였는데, 1834년 선산부에서는 면의 풍헌을

---

27. 1846년 경상도 榮川에서는 좌수가 '風憲望報'를 올려 관으로부터 差紙를 성급받았으나(《民狀草槩冊》 영천), 풍헌을 어떠한 방식으로 천거하였는지는 확인되지 않는다.

집강이라 하여 소민에게, 더구나 소민들의 투표로 결정하도록 한 것은 특기할 만한 것이다. '추절목'에서는 이 사실을 다시 확인하고 만일 풍헌이 문제를 야기하면 본 면에 거주하는 양반이 통문을 내어 일향이 모이고, 모아진 의견을 향청에 통고함으로써 다시 뽑도록 한다는 조항을 첨부하였다. 이서층은 물론 면리임까지 사족의 수중에 두겠다는 것이다. 번거로움을 무릅쓰고 관련 자료를 아래 번역하여 게재한다.

《영문답인완의(營門踏印完議) - 감영에서 공증한 완의 -》

완의를 하는 일이다. 일향의 대소민(大小民)이 피부를 도려내는 수탈을 겪고 모멸스런 욕까지 당했으며, 애통하게도 많은 이들이 유망하여 구덩이에 떨어졌으니, 다행히 살아남아 겨우 거처를 마련하게 된 우리들은 전과 같은 일이 다시는 일어나지 않도록 함과 아울러 후폐를 걱정하는 방도를 마련하지 않을 수 없다. 공회(公會)를 소집한 것은 이 때문이다. 이번에 변괴를 생각건대 그 이유는 오직 향소(鄕所)가 민정(民情)에 아부하여 관(官)과 거리를 두고, 수리(首吏)가 간특하고 완고하여 국곡(國穀: 전세)이 모두 개인 주머니로 들어간 때문이다. 진실로 다음에 또 생길지 모르는 폐단을 막는 것은 오직 공형(公兄)과 향소에 제대로 된 사람을 쓰는가 여부에 달려 있다. 좌수를 향천(鄕薦)에 의해 뽑는 것은 수백 년 동안 이어 온 고규(古規)이고 금년에까지도 따르고 있어서, 본청에 "비향천불입(非鄕薦不入)"이란 5자를 쓴 판액이 걸려 있지만, 간혹 간촉에 의해 소임을 맡으려는 자가 매번 문제를 일으키니, 이후로는 게판된 고규(古規)를 각별히 준수하여 일향(一鄕)에서 추천하지도 않은 자가 소임을 맡게 될 경우 일향이 함께 배척하여 제거할 것이다. 그리고 공형은 관청의 수리(首吏)이다. 마땅히 관에서 차출해야 할 것이나 만일 분수를 범하고 법을 어기는 완강한 이서(吏胥)와 생민을 뜯어먹는 간특한 이서로서 함부로 탐하는 자들은 일향이 공회를 열고 단자(單子)를 올려 쫓아낼 것을 관에 청원하며, 또한 관에서도 가히 감당할 만한 사람을 택해 임명하여 영구히 폐단이 없도록 하여야 할 것이다. 이와 같이 완의를 하였으니, 이서들이 이적(吏籍)에 들기를 원하면 자연히 감히 나쁜 일을 하지 못할 것이며, 향중에서 원만하게 타결되었으니 자연 공회를 여는 일도 없을 것이다. 이는 가히 명분을 바르게 하는 하나의 단서가 될 것이고 후폐를 막는 한 가지 방법이니, 이로써 영구히 준행할 것을 완의한다.

갑오년 10월 일 순상 서공 희순의 제교에 의거하여 공청에 판액을 걸어 영구히 준행한다.

〈방폐절목(防弊節目)〉

一. 좌수는 연계소(蓮桂所)에서 천망하여 뽑도록 한다. 향천이 아니면 뽑히지 못하도록 할 것이니, 옛 규약에 따라 준행한다.

一. 별감은 향청에서 천망하여 뽑도록 한다. 합당한 인물이 아니면서 함부로 탐하는 자는 모두 모여 논박(탄핵)한다.

一. 공형이 된 자 가운데 적임자가 아니면 일향이 공회하여 죄를 일일이 따져 스스로 물러나게 한다. 만일 자퇴하지 않으면 관에 단자를 올려 배척하여 고치도록 하고, 관에서 따르지 않으면 두 번 세 번 정단을 올리고, 그래도 안 되면 감영에 호소하여 개차하도록 한다.

一. 연계소 색리는 향리 가운데 엄선하는 것이 예부터의 규약이나 본소(本所)가 일이 없어 근년에 그 규약을 폐지하였다. 지금부터는 전규를 다시 살려 장래 공형을 감당할 만한 이서를 엄선하여 뽑아 거행하게 한 뒤, 공형을 천망할 때 허통하도록 하며, 30세가 안 된 자는 망보에 들어가는 것을 허락하지 않는다.

一. '하납작전(下納作錢)'은 온 고을의 뼈를 깎는 폐단으로서, 아전배의 허다한 부정이나 생민이 황당하게 곤액을 치르는 이유가 모두 여기에 있으며, 금년 변괴도 그 병의 뿌리는 여기에 있다. 지금 이미 바로잡아 혁파했으니 차후에라도 다시 작전하는 일이 있으면 대·소민이 같은 목소리로 바로잡을 것을 꾀한다.

一. 향교 색리직을 거행한 후에 예에 따라 명년의 창색(倉色)으로 차출하는 것이 원래 규례였으나, 수년래로 이방(吏房)의 반대로 폐지한 바 있다. 지금부터 전규를 다시 살려 반드시 향리 가운데 골라 차출하도록 한다.

一. 연계소에서 천거하여 차출하는 공사원 2인[西, 南 각 1인]은 전적으로 모임을 주관하도록 하고, 반드시 공평하고 사리를 아는 자로 천망하여 뽑으며, 자주 교체하지 않도록 한다.

一. 풍헌(風憲)이란 직임은 한 면 전체의 집강(執綱)이다. (그런데) 재능도 없는 무리가 매번 간촉하여 차출되므로 해가 생민에 미친다. 앞으로 다시 뽑을 때에는 해당 면의 소민(小民)들이 모두 모여 권점을 한 뒤, 아관(亞官: 座首)에 보고하여 차출하도록 한다.[28]

一. 위 제 조항은 비록 명분을 바로하고 폐단을 방지하는 만의 하나 정도 되는 것에 불과하지만, 사부(士夫)된 자가 진정 자신을 잘 다스리지 못하여 스스로 체모를 어그러뜨리면 어찌 뒤에 반대로 폐단을 낳는 결과가 될 수도 있음을 모르겠는가. 모름지기 각자 잘 헤아려 죄를 짓지 않도록 한다면 간향활리(奸鄕猾吏)라 한들 또한 스스로 두려워하여 삼감이 있을 것이다. 바라건대 이로써 각자 힘쓸 것.

이상

---

28. 본장 각주 26과 같은 책, 〈防弊節目〉(1834), "一 風憲之任乃是一面之執綱者也 不佞之徒每每干囑差出 而害及生民 日後則 改差之時 該面小民齊會圈點 報亞官差出爲齊."

갑오년(1834) 11월 (11)일 연계소(蓮桂所)[29] 공회시(公會時)
공사원 최운범
이 엽
일기유사 박래식
전병규
행부사(行府使)(手決)

一. 좌수를 천망하여 차출하는 것은 향교(규?)의 고규로서 완의에 잘 드러나 있다. 연재(蓮齋: 蓮桂所)의 새로운 약속이 절목에 실려 있으니, 아 편중돼서는 안 될 것이다. 차후에 좌수 자리에 궐석이 생기면 교중에서 교리로 하여금 모여서 천망한다는 내용으로 날짜를 잡아서 연계(蓮桂), 교임(校任) 각댁(各宅)에 고목(告目: 서목을 올리도록)하고, 합석하여 가부를 난상토의하여 사람을 택할 것을 기약하며, 사적으로 먼저 천망하는 것은 안 된다.
一. 좌수를 모여서 천망할 때에 향원을 대접하는 것은 교예(校隷)로 하여금 거행하도록 하고, 연계소 성원의 경우에는 고자(庫子)로 하여금 거행하도록 한다. 공사(公事) 때에 점심 지공은 전리(典吏)로 하여금 거행토록 한다.
一. 풍헌(風憲) 천망은 소민(小民)에게 맡겼고 택출(擇出)은 향청(鄕廳)에서 담당하도록 하였으니, 이서들은 감히 간섭할 수 없다. 만일 뇌물을 바치고 분수를 넘어 작폐하려 하는 자가 있으면 본 면에 거주하는 양반이 통문을 발하여 모두 모여 향청에 통고하고 바꾸어 뽑도록[改差] 한다.
一. 향청에 잘못된 인사가 있으면 탄핵하여 바로잡고, 공형의 경우 (마찬가지로) 배척하여 쫓아내는 일은 향교 및 연계소에서 발론하지 않으면 받아들여 시행하지 않는다.
一. 좌수를 향천(鄕薦)할 때는 예리(禮吏)로 하여금 향교와 연계소에 통고하도록 하여 천출(薦出)할 수 있게 한다.
동년(同年) 월(月) 일(日) 추절목(追節目)[30]

다시 강조하지만, 위 내용은 1834년 당시 경상도 선산부에서 감사 서희순(徐喜淳)의 재가를 받아 대민(大民: 양반) 중심의 읍폐(邑幣) 개선안을 마련하면서, 좌수를 향천하고 이서층을 사족기구에 복역시킨 뒤 주요 보직에 임명토록 하는 등 과거 향회의 기능을 복원해 보고자 한

29. 蓮桂所는 중앙관리를 지냈거나 생진시에 합격한 자들의 조직으로서 유력 양반들의 모임으로 추정된다. 지방 사족 명단으로서 향안에 기반을 둔 향회가 운영되기 힘든 상황에서 향교와 함께 일향의 향론을 주도한 기관이라 할 수 있다.
30. 본장 각주 26과 같은 책.

것이었다. 이 가운데서 특히 주목되는 것은 향청의 수임인 좌수를 향중(鄕中)에서 천망(薦望)하면 관에서 임명하듯이, 면 소임인 풍헌을 소민(小民)들이 모여 투표로 뽑은 후 향청에 보고하여 좌수가 임명하도록 한다는 것이다. 이는 기존 지배질서의 위기를 대민(大民), 곧 양반들이 자신들을 중심으로 회복시키고자 한 보수적인 대응책이면서도, 다른 한 편에서는 소민들의 요구를 제한된 범위에서나마 수용하였던, 어느 면에서 본다면 진보적인 대응이라고도 할 수 있는 것이었다.

소민들의 투표에 의한 면임(풍헌) 선출이 대민은 물론 수령과 감사에 의해서 인정되었다는 점은 소민들의 '자율성'이 그만큼 신장되어 있었다는 점을 반영한 것이라고 하겠다. 여기에서 고려해야 할 것은 좌수 별감 등 향임을 향중의 천망에 의해 임명하는 것을 당연시하는 점에서 볼 수 있듯이 아직은 향중공론이 작동하고 있다는 점이고, 면 단위의 제한된 공간에서이지만 소민들이 자신의 대표를 투표로써 선발하고 그것이 향중에서 공인받음으로써 향중공론에 하위 파트너로 참여하게 되었다는 점일 것이다. 대·소민인이 동참하는 공론의 장으로서 향회(A-3)는 이와 같은 기반 위에서 가능한 것이 아닌가 한다.

위 선산부의 사례는 국가적 차원에서 민·국이 모두 백척간두에 서 있던 것과 마찬가지로 지방 차원에서 민·읍이[31] 어려움에 처한 것을 해결하기 위하여 대·소민의 이해를 대변한다고 자부해 온 사족 양반이 나서지 않을 수 없었던 사정을 잘 보여 주고 있다. 1834년 선산에서는 부세문제를 놓고 이향층과 대·소민 사이에 벌어진 갈등이 선산 사족의

---

31. 김재찬, 《해석일록》, 갑술, 순조 14년 2월 30일, "道臣이 조목조목 아뢴 양읍(황해도 곡산, 황주)의 民事를 묘당에서 품처하라는 청이 있었습니다. 대개 각 읍이 말하는 근거는 含沒과 流亡인데 小民이 감당하기 어려운 것도 함몰이고 유망이며, 奸鄕猾吏가 이권으로 삼아 숨기는 것도 또한 함몰·유망에 있으니 國計 民事가 마침내는 수습 불가능한 지경에 이르고 있습니다. (중략) 民總이 날로 감축하고 없어지는 포흠이 날로 쌓여 장차 民·邑 둘 다 상보하지 못하게 되니, 이는 비단 곡산 황주 양읍만이 그런 것이 아니고 다만 양읍이 더욱 심한 경우라 하겠습니다."

활약에 힘입어 일단 수습되었지만, 30년이 못 되어 1862년 '민란'으로 비화되었는바, 동래부에 내려보내는 전세의 '하납작전(下納作錢)' 문제가 여전히 해결되지 못하고 주요 사안으로 다시 문제가 되었던 것이다.

공론 실현 방식의 대립

수령이 향회의 이름을 빌려 군현에 떨어지는 부세를 마감하든(A-1), 그 향회가 이향층에 이용되어 대·소민인들을 쥐어 짜내는 일에만 골몰한다고 하여 이향층을 물갈이하고 새로운 모습으로 일신시키든(A-2), 기성의 향회를 믿을 수 없다고 새로운 논의의 장을 마련하든(B), 관민이 화합하고 상하가 재결합하든, 공론이 땅에 떨어졌다고 개탄하면서 향사·읍사에 간여하는 것을 포기하든, 어떠한 경우라도 현세에서 공론이 실현되기를 바라지 않는 사람은 없었다고 할 것이다. 19세기에 들어와 사람들이 다른 생각[異志]을 품고, '사란이구(思亂已久)', 즉 난리를 생각한 지가 이미 오래되었다는 얘기가 인구에 회자된 지 오래되어, 당시 그런 사람들이 품고 있던 생각도 공론 실현을 추구해 온 유자(儒者)들의 그것과 크게 다른 것은 아니었을 것이다. 이생에서 실현되기를 바라는 이상적인 사회를 이끌 공론, 세상을 변화시키고 변화된 세상에도 적용될 수 있는 만세불민(萬歲不泯)의 공론을 구현하는 것이다. 문제는 모두가 다 공론 구현을 표방하면서도 동일한 현상을 놓고도 진단이 다른, 이해관계의 대립을 풀 수 있는 새로운 틀, 제도를 구상할 수 있었는가 하는 점이다.

1862년 '민란'을 바라보는 시각에서 다음 두 견해가 극단적으로 대비된다.

> 난민이 봉기할 초기에 반드시 통문을 돌려 모이게 되는데, 어리석은 일반 농민이 어찌 모두 문자를 알겠는가. 문서를 작성하고 전달한 자가 반드시 있을 것이다.

지벌(地閥)이 있거나 범민(凡民)과 달라 일향에 호령하고 영향력을 행사할 수 있는 자가 아니면 어찌 능히 봉기를 격동시켜 수천 명이 저와 같이 떨쳐 일어나겠는가. 이로써 미루어보건대 모두 사민(士民) 부로(父老)들의 책임이다.[32]

길거리에서 주고받으며 말하길, '수령이나 감사는 힘도 없고 고식적이어서 그들에게 탄원해 보아야 효과가 없다. 만일 분노를 풀고자 한다면 읍회(邑會)만 한 일이 없다'고들 합니다. 하찮고 이름도 없는 자가 한 마디 외쳐도 만 명이 호응하고, 수많은 군중이 모여들어 변란을 일으키며 불량한 일을 드러내 놓고 논의합니다. 혹 양반에게 이런 난을 일으킨 죄를 돌리는데, 사실은 상민(常民)들이 겉으로 폐단 제거라는 명목을 빌려 안으로 평소 양반(兩班)을 증오해 온 바 원한을 갚으려는 계책입니다.[33]

위 두 인용문 가운데 전자는 안핵사로 내려갔던 박규수(朴珪壽)의 견해이고, 후자는 중앙에서 사태를 수습하는 역할을 맡고 있던 이원조(李源祚)의 상소 내용이다. 1862년 임술민란 당시 안핵사로 내려갔던 박규수는 왕화를 입고 있는 일반 백성, 평민으로서는 감히 저지를 수 있는 일이 아니라는 점을 들어 그 책임을 '사민부로(士民父老)'들에게 돌렸다. 자신의 지시문을 반호(班戶) 가운데 지망이 있는 자와 민호 가운데 사리를 아는 자들에게 각각 나누어 보여 주라고 한 것에 따르면 양반과 상민을 모두 고려 대상으로 한 것이라고 할 수도 있다. 그렇지만 위 이원조의 발언과 대비해 볼 때 박규수의 위와 같은 인식과 판단은 양반에게 더 큰 책임을 묻는 것이었다. 즉, 해당 지방관은 물론 지배층 일반의 잘못이라는 것이다.

위 박규수의 견해는 난의 원인을 양반들의 책임으로 돌리는 것이면서도, 아직까지는 그들의 권위를 인정하고 스스로 해결할 수 있는 가능성을 포기하지 않는 것을 의미한다고 할 수도 있다. 그런데 반대로 이원조는 난의 성격을 상민들이 평소 증오해 온 양반들에 대한 원한을 갚기 위한 것으로 규정한다.[34] 이원조의 평가는 중앙정부가 경상도 민란의 주도

---

32. 《임술록》 4-5쪽, 〈到晉州行關各邑〉.
33. 《승정원일기》 철종 13년 8월 9일, 이원조 상소.

층으로서 '부로(父老: 士族)'를 지목한 데 대한 비판의 성격이 강한 것이지만, 사태의 정곡을 찌른 면이 없지 않다. '대소민인(大小民人)'이 모이는 읍회(邑會: 民會, 鄕會)는 '양반 사족사회'의 기존 향회 전통에서 보면 크게 벗어나 있었던 것이다. 그런데 지배계급 스스로 민을 양반계급의 적대세력으로 간주한다면 전통적인 사(士)·민(民) 관계는 유지될 수가 없는 것이라고 하지 않을 수 없다. 새로운 공론의 장을 둘러싼 대립에서 기존 공론장의 사활은 대·소민의 추향 여부에 달렸다고 하겠다.

3. 19세기의 향회

부세자문기구로서의 향회

19세기 향회의 전형은 기본적으로 부세납부 자문기구의 성격을 갖는 것이었다. 18세기 이래 조세정책과 부세제도가 자주 바뀌고 정규 세 이외의 각종 부과세나 공동납 처리과정에서 담세자의 이탈로 인한 부족분 등이 늘게 되면서 여론을 참작할 필요성이 증대되었기 때문에 향회를 크게 활용하였다.[35] 다만 이때의 향회는 기존 사족 중심의 향회와 달리 수령의 강한 영향력하에 있는 것이고, 그 결정이 관의 명령에 의해 면리(동)에까지 일사불란하게 전달되어야 했다. 1840년대 초 경상도 산청의 경우 향청에서 토지에 부과하는 부세액을 정하면서 '향중공의'로 정했으니 각 면, 동임과 호수들에게 알려 부세행정에 만전을 기하라는 전령을 내려 보낸 것도[36] 그 같은 점을 반영한 것이다.

---

34. 이원조는 임술민란 당시 고향인 성주에 내려와 있으면서 선무사로 내려온 이삼현이 소집한 모임에도 참석한 바 있었는데(《임술록》, 〈종산집초〉, 임술 3월 13일), 그도 민란 초기 사족이 참여하였던 것은 간악향리들의 횡포에 일읍이 도륙이 되는 것을 막기 위한 것이었다고 변호한 바 있다. 이원조, 《凝窩先生續集》 권9, 〈答舊明府書 李牧使寅卨〉; 이윤갑, 〈경상도 성주의 1862년 농민항쟁과 사회변동〉, 《대구사학》 155, 2014 참조.

35. 안병욱, 앞 논문, 〈19세기 향회와 민란〉, 57-59쪽.

18세기까지만 하더라도 부세문제는 이향층의 주도하에 이루어져 사족들의 손을 떠나기 시작하였다고는 하지만, 향인들(유향층)이 완전히 소외된 것은 아니었다. 조선후기 지방관의 잦은 교체로 수령의 부임 및 이임 시 마필을 운용하는 책임을 지는 입마인(立馬人)들의 문제가 생겼을 때, 18세기 전반 전라도 남원과(1730) 충청도 임천에서(1739, 40년) 각각 '향중'과 '유향합석회의(儒鄕合席會議)'를 통해서 문제를 해결했던 사례는[37] 지방 향인(향중)의 역할을 잘 보여 준다. 특히 후자의 경우, "만일 향임이나 이서들이 조금이라도 (재원에) 손을 대거나 (재원을) 잘 운영하지 못하여 부실해질 단서가 보이면 전 고을의 유향과 대·소민인이 통문을 돌려 모두 모이게 한 다음 주관한 좌수를 극벌에 처하고 향안에서 삭제한다."라고 하여 관청의 실무보좌진인 이향층의 대표인 좌수를 향중의 통제에 두고 있는 점이 주목된다.

위 임천의 《입마대동계》는 설립 초기에 '유향(儒鄕)'이 모두 모여 의견의 합치를 보아 절목을 만들고, 이후에 만일 '대단합의지사(大段合議之事)'가 있으면 수시로 회집(會集)한다는 조항을 두고 있어 향청을 통제하던 향회가 여전히 순기능을 하고 있음을 보여 준다. '공론'은 존중하되 크게 합의를 보아야 할 문제가 있다면 역시 논의를 해야 하는데, 역으로 이 합의를 뒷받침하는 것이 공론이기도 한 것이다. 그런데 일단 공론이 표방되는 순간 이견(異見)을 조정할 수 있는 방법(법과 제도)을 마련하기 전에는 그 이견을 수렴할 수 있는 여지가 극히 좁아진다는 문제점이 남는다. 실제 향회의 구성원이나 구성의 방법은 지방 관행 또는 수령의 간여 정도에 따라 달랐고, 시간이 지나면서 폐단이 노정되는 가운데 참여 대상이 협소해지고 경직되어 기존의 기능을 수행하기 어렵게

---

36. Ⅳ장 각주 25와 같음. "금년 結役價는 모두 '鄕中公議'에 따라 매 결당 부담 내역을 뒤에 첨부하니, 이에 따라 結民(납부 대상자)에게 알려서 더 걷거나 내는 폐단이 생기지 않도록 하라."

37. 〈立馬廳節目〉, 《南原縣公事》 4책; 《立馬大同稧》, 임천(1739-1740). 안병욱, 앞 논문, 〈19세기 향회와 민란〉, 59-62쪽 참조.

되어 나갔다. 19세기 들어와서 순조 1년 보민고의 경비부족을 해결하기 위하여 경상도 거제부에서 '무열고(懋悅庫)'를 따로 만들고 있을 때, 그에 참가한 인원으로 좌수·별감(2인)·보민도감·상정도감·보민색(3인)·공형 및 각 면 감관 8인과 함께 '향원(鄕員)' 7인이 보이고 있는 것이 주목된다.[38] 이들의 모임이 좁은 의미에서의 향회라고 할 수 있을 것이었다.

부세자문기구로서의 향회가 갖는 문제점에 대해서는 다산 정약용(丁若鏞)이 적절하게 지적한 바 있다. 다산은 〈목민심서〉에서 수령들이 걸핏하면 향회를 열어 꼭두각시로 만들면서 자신의 정사를 합리화하는 것의 문제점을 다음과 같이 지적하고 있다.

> 민고하기(民庫下記))를 향유(鄕儒)들을 불러 검사하도록 하는 것은 예가 아니다.: 매양 연말에 이르면 민고의 추가지출분(加下錢)이 혹 1,000냥 가까이 된다. 이에 향유(鄕儒)들을 불러 향회(鄕會)를 열게 하고, 하기(下記)를 가져다 세밀히 조사해서 지나치거나 거짓된 것을 살피도록 하고는 돼지 잡고 생선 굶여서 모인 사람들을 대접한다. 그러면 장부를 뒤적이다가 이윽고 모두들 말하기를, "거짓이 없다."라고 한다. 이때에 의논이 정해져서 민고에서 초과 지출된 돈을 민결(民結)에 배정해서 징수하는 것이다. 군자는 "이것은 예가 아니다."라고 말한다.
>
> 민고하기란 수령이 서명한 것이다. 이미 서명을 하고 이미 도장을 찍었으니 수령이 마감한 것이다. 그런데도 수령이 백성들에게, "내가 도둑질을 했는지 내가 청렴한지를 너희들이 판결을 하여라. 나의 장부가 여기 있으니 너희들이 감사해 보아라."라고 하는 것이 천하에 있을 수 있는 일인가. 체모를 손상시키는 것이 이보다 더할 수 있겠는가.
>
> 더구나 향유(鄕儒)란 어떤 것들인가. 그중 낫다고 하는 자들은 시부(詩賦)나 읊어 항우 패공의 글귀 따위로 백발이 되고, 하류는 모심기·보리타작이나 하는 자들이라 전세(田稅)·창곡(倉穀)의 장부에는 모두 까막눈이다. 하물며 민고의 장부는 귀신의 요술이 붙어서 변화불측한 것이거늘, 그들이 어떻게 허위를 적발해 낸단 말인가. 설사 의심스러움이 연기나 안개처럼 가슴속에서 일어난다 하더라도 승냥이와 호랑이가 머리를 맞대고 있으니 담(膽)이 이미 떨어질 것이요, 돼지고기와 생선이 입으로 들어갔으니 간이 이미 녹아 버렸을 것인데 검다거니 희

---

38. 《懋悅庫節目》(규. 18952), 거제, 1801-1807.

다거니 한 마디 할 사람이나 있겠는가. 대체로 향회란 모두 이러한 것이니 수령이 만약 백성을 사랑한다면 향회를 열게 해서는 아니 될 것이다.[39]

좌수별감이나 이·호방들이 중심이 된 실무적 차원의 향회로 떨어지기 직전의 상태를 보여 주는 것이지만, 당시 향유들이 처한 상황이 매우 열악했기 때문에 다산은 위와 같이 신랄한 비판을 한 것이고, 여기에서 향유는 일반 민들과 함께 문자 그대로 '민'에 불과한 것이 된다. 그 위에 다산이 향회를 부정하는 것은 향유들의 어줍지 않은 실력 때문이기도 하지만, 그보다는 임금의 명을 받고 파견된 수령이 무지렁이 향유들에게 머리를 숙인다는 것은 체모에 어긋나는 것이라는 점 때문이다. 수령 자신이 책임지고 당당하게 일을 처리해야 한다는 것을 전제한 말이지만, 향회의 권위는 찾을래야 찾을 수 없는 '관민' 관계만이 남은 군현 단위 향촌 실정을 실감케 한다. 이 같은 눈으로 본다면 향회가 관권의 시녀로 전락한 것이 그리 이상한 것도 아닌 셈이다. 그러나 아래 설명되듯이 모든 향회가 수령의 하수인에 머물렀던 것은 아니었다.

우선 모이는 대상의 범위가 넓어지게 되면서 부세부과 문제를 놓고는 이견이 생기게 마련이었고, 이 같은 이견이 쉽게 해결될 수 없는 경우가 늘기 시작하였다. 특히 19세기에 들어서면 수령의 일방적인 세금 부과에 저항하는 경우가 빈번해지기 시작하였다. 이 경우 향회는 민의를 배경으로 저항의 매체로 전화되어 관의 통제를 벗어나기 시작하였다. 1837년의 영천 향회, 1845년의 충주 향회, 1846년의 음성 향회 등은 수령, 관권과의 마찰을 빚은 대표적인 사례들이었다.[40] 이들 향회의 의견 수렴방식을 보면 처음에는 통문을 돌려 모임을 소집하고, 다음에는 모은 의견을 대변할 소두(疏頭)를 뽑아 정소문(呈訴文)을 만들어 수령에게 전달하든가[所志], 수령이 받아들이지 않든가 수령과 마찰이 있을

---

39. 정약용, 《목민심서》 권6, 〈平賦〉.
40. 안병욱, 앞 논문, 〈19세기 향회와 민란〉, 120-128쪽.

경우 상급기관인 감사나 암행어사에게 의송(議送)을 올리는 방식을 취하고 있었다. 다음 경상도 경산현의 예도 일반 향회와 큰 차이가 없는 듯하였다.

> 지난해 추동(秋冬) 이래 민읍(民邑) 등[백성이나 담당 관리들]이 7년간이나 계속되어 온 이무(移貿)로 인해 재정이 고갈되어 어쩔 수 없이 변통해야 한다고 주장해 왔다. 처음에는 통문(通文)을 돌리고, 다음에는 향회(鄕會)를 열고, 또 그다음에는 읍(邑: 수령)에 정소(呈訴)하고, 결국 마지막에는 (관찰사한테) 의송(議送)까지 올렸다. 그런 까닭에 현령(縣令)인 나는 그것이 모든 사람들이 동의하는 대동지론(大同之論)으로 생각하고 이와 같이 중민(衆民)을 불러 모아 그 소원을 묻고 그 말대로 (상부에) 보고하고 허락까지 받았던 것이다.[41]

즉, 향회를 소집하기 위한 통문을 돌리고, 향회에서 의견을 모아 수령에게 정소하며[所志], 나중에는 상급기관이 관찰사한테까지 정소한다는[議送] 것이다. 인용문에서 보듯 현령 자신은 처음에는 그것이 모든 사람들이 동의하는 것으로 파악하여 의견을 들어주었다. 그런데 그가 추후 다시 파악해 보니 향회의 결정이 몇몇 토호(土豪)와 활리(猾吏)들이 세금을 덜 내거나 이익을 잃지 않기 위해 여론을 빙자하여 처리한 것이었다고 한다.[42] 수령이 향회를 비난하고 있는 내용이기는 하나, 위 경산현의 사례는 당시 부세문제를 놓고 정식 절차에 따라 향회를 열어 읍민[衆民]들의 여론을 모아 나가는 과정을 알게 해 주는 것이다.

그렇지만 위에서 보았듯이 향회 자체의 성격상 그것은 이중적인 모습을 띠지 않을 수 없는 것이어서, 다만 언제 어떻게 그 구조적 모순이 폭발하는가 하는 것이 문제였다. 그리고 당시 각 지역 향회가 향회구성원들의 신분·계급적 성격 여하에 의해 일정한 차이를 갖고 있었던 것은 부정할 수 없지만, 당시 모순구조의 성격상 관의 통치를 실현하는 기본조직의 하나였던 향회가 전 민인의 이해를 대변할 수는 없는 것이

---

41. 《玉山文牒》(규古. 5125-58), 경산, 1851년(철종 2).
42. 위와 같음.

었다는 한계를 안고 있다는 점이 보다 주목되어야 할 것이다. 그것은 과거 매향에 방해가 된다는 이유로 향안을 파치하고, 관권을 저해한다고 향론과 향풍을 무시했던 수령들의 처리를 상기하면 자명해진다.

민란 조직 기반으로서의 향회

지방사회에서는 19세기에 들어와서도 종래 향권 참여층이 중심이 된 향회가 수령의 부세운영 자문기구로서 민의 수렴기제로 활용되고 있었다. 그렇지만 그에 참여하는 세력이 구래의 사족에서 크게 바뀌어 나가고 그 가운데 요호부민들의 영향력이 강화됨에 의해, 그리고 여기에서 취급되는 내용이 바로 자신들이 부담해야 할 각종 조세의 수취방법이라든가 그 액수를 정하는 문제가 되었을 때 그것은 반드시 수령의 요구를 충족시켜 주는 것이 될 수만은 없었다.

부세 자문기관으로서의 향회가 반관적(反官的) 성격을 띠면서 민란의 조직기반이 된 대표적 사례로서 앞서 단성의 경우를 자세히 살펴보았지만, 같은 경상도 함양의 경우 역시 마찬가지였다. 함양에서는 인근 단성 진주 등의 사태에 대한 소식을 듣고 혁폐를 내세우면서 '발문취당(發文聚黨)'하여 관(수령)과 감영에 정소하고 관장을 위협하여 좌수 이하 장교 이서 및 조예들까지 향중에서 출척하였다. 군수 오경선은 읍권을 장악하고자 하는 완고한 향임배들의 '쟁임(爭任)'에서 비롯된 것이라고 보고했지만,[43] 기본 성격은 단성의 그것과 같은 것이었다. 군수는 비교적 큰 문제가 없기 때문에 혹 사소한 폐단이라도 있다면 한 번 자신에게 소지를 올리면 될 터인데 그러지 않고 발문취당하였다고 문제를 삼았지만, 기존 향회를 가지고는 읍폐 개혁이 난망한 것이기 때문에 향중에서 나선 것이라 하겠다. 밀양에서도 환곡 폐단 문제로 향인 400-500명이 3, 4개

43. 〈우병영장계 6월 25일〉, 《임술록》, 43쪽.

월이나 취회하다가 결국 읍정(邑庭)에 모여 이서들을 결박하고 집을 불사르는 등 진주보다 심하였다. 결과 70여 명이었던 인리(人吏)가 혹 수감되거나 도망가서 현존하는 숫자가 수삼 인에 불과하였다고 한다.[44]

최근의 연구에서 많이 밝혀진 바와 같이 실제 지역에 따라서는 부세부담의 문제를 둘러싸고 수령과 '향회' 사이에 지속적인 대립이 이루어지는 가운데, 기존 향회조직을 저항의 조직, 반관투쟁의 장으로 변모시킨 경우가 특히 경상도 지역을 중심으로 나타나고 있었다. 그런데 대부분 지역에서는 기존 수령의 시녀가 되어 버린 그 같은 향회와는 별도의 모임을 갖고 관권에 저항하고 나섰다. 3남 민란의 대명사가 된 진주민란이 그러하지만, 명칭도 굳이 향회를 쓰지 않고 읍회 도회 등 다양하였다. 그리고 그 참여층들의 성격에 따라 '민회' 등으로 불리기도 하였다.[45]

수령의 부세 자문기관으로서 관의 시녀화된 향회를 직접 접수하였던 위 단성, 함양, 밀양 등지의 향회와 달리 별도의 향회를 개최하고 '민요'를 이끌었던 예의 하나는 성주이다. 1862년의 '성주 농민항쟁'에 대해서는 자세한 연구가 있어 크게 참조되는데, '대소민향회', '읍회'에 대한 성주목사의 인식을 음미해 보기로 한다. 선무사 이삼현이 복명하기 위해 돌아가는 길에 성주를 다시 지나게 되었는데, 그를 맞으러 나간 목사는 민정의 동태에 대한 선무사의 질문에 대해, 선무사가 떠난 후에 80, 90명의 민인이 관정에 들어와 자원해서 죄를 받겠다고 하여, 이미 뉘우쳤으면 죄주지 않겠다고 효유하니 각자 돌아갔다고 하면서, 지난 3월 이후 '소위 향회'라고 하는 것이 없는 날이 없었고, 500-600인이 항상 읍저에 와 소란을 피웠으나 근래에는 자못 조용해지고 이제 읍저에는 한 사람도 없다고 하여 선무사는 다행으로 여겼다고 한다.[46] 성주목

44. 〈密陽公兄私通〉, 〈순영장계〉, 《임술록》, 45쪽.
45. 망원한국사연구실, 앞 책, 17쪽 및 69-75쪽 참조. 민란기의 민회에 대해서는 본장 4절 참조.
46. 〈종산집초〉 (임술) 4월 22일, 《임술록》, 223쪽.

사가 '소위 향회'라고 하였으니 과거 자신의 지휘하에 있던 향회와는 다른 것이라 설명하였던 것이다. 성주목사가 향회라고 하였던 것은 이 모임의 주도층이 향인들이고 다루는 대상이 관 주도 향회가 다루는 부세 문제와 동일한 데서 그렇게 불렀던 것으로 보인다.

1862년 전국 70여 개의 군현에서 발생하였던 '임술민란'에 대한 종합적인 연구라 할 수 있는 《1862년 농민항쟁연구》에서 대략적으로 확인할 수 있는 것으로서, 수령 관할하의 기존 향회와 다른 반관적 향회 사례는 경상도의 경우, 구체적 내용이 확인되는 총 19개 군현에서 8개 군현 정도이다. 소민(민)이 주도한 5개 사례와 앞서 언급한 기존 향회를 접수한 3개 사례를 제외하면 미상인 경우는 3개 군현이다. 전라도의 경우에도 일반 소민이나 초군(樵軍)이 주도한 경우보다는 향인이 참여하여 대·소민인이 기존 향회와는 별개의 기반 위에서 '민란'을 주도하고 있다. 제한된 기록 때문이지만 충청도의 경우는 대부분의 지역에서 초군이 항쟁을 주도한 것으로 나타난다. 한 가지 더 주목되는 것은 초군 주도의 항쟁을 제외하면 별도의 향회(읍회)를 통해 문제를 제기하는 경우 대부분의 지역에서 기존 면리 조직을 최대한 활용하고 있다는 점이다. 수령의 지방통치의 기간조직이었고 공론에 입각하여 운영되고 있던 면리조직·향회조직이 민의 항쟁 조직으로 전화하고 있었다는 사실은 바로 관변 공론의 허구성을 반영하는 것이었다.

향인들의 모임으로서의 향회

위에서는 1862년 단성이나 함양 등의 반관적 향회를 주도하였던 향인들을 살펴보았지만, 1862년 농민항쟁이 끝나고 향인들의 향내사 간여가 극히 제한된 속에서 이제 읍권이나 향청소속 향임들의 천망권은 유명무실해지고 관권으로의 예속이 한층 심화된다. 민란기에는 향임을 지낸 자들을 '희사지도(喜事之徒)', 즉 고을에서 문제만 일으키는 자로 간주하고 있었다. 이렇게 향임들이 일을 꾸미는 자들로 낙인찍히는 세태하에서 향인들이 설 자리는 거의 찾기가 어렵게 되었던 것이다. 그러한 가운데서도, 그렇지만, 향인들의 집단적 모임으로서의 향회가 사라진 것은 아니었다.

다음 영남 초기 의병(을미의병) 관련 자료 가운데 몇 가지 향회 사례를 보자.[47] 1895년 '국모시해' 사건과 이후 들어선 개화파 정권하에서 이루어진 단발령 등에 반발하여 그해 말부터 전국적으로 창의(倡義)가 조직되는데 안동을 중심으로 한 경북지역에서 창의한 이들은 향원(향인)의 후신이고 자신들의 모임 구성원을 '향내(鄕內)'라 하였으며, 그 가운데는 향원(鄕員)이라 부른 곳도 없지 않았다.

* 《향회시일기》 및 《일록》[48]

(을미 12월) 초2일: 하회에서 통문을 내어 풍산 시점에서 모이기로 정하였다. (중략) '대회향인(大會鄕人)'하여 창의하고 돈속(敦俗)하는 일 때문이다.

초4일. "향회 참석하기 위해 출발하였다. 녹문 조부[祖主], 무이 조부, 현평 아재, 회경 족친과 나 5인이다.

초5일 녹문 대부를 모시고 풍회면 시도소에[49] 갔다. 저녁 무렵 북면 제인이 내방하여 (그들을) 풍북(豊北)으로 시도(時到)코자 도소(都所)로 보냈다. 들으니 안동부내에는 이서배들이 관찰사를 해하려고 병장기를 빼앗고, 또 큰 소리 치기를, "향인들이 만일 의병을 일으키지 않고 회의를 마친다면 부내만 유독 화를 당할 것이다."라고 하였다고 한다.

13일 바람이 크게 불고 추위가 극심함. 이른 아침 집으로 돌아오니 우리 마을의 군정들을 도통(都統) 어른이 거느리고 가면서 말하기를, "개고개[狗峙]는 잘 지켜서 막지 않으면 안 된다."하므로 잘 말씀드리고 돌려보냈다. (중략) 오계로부터 들으니 영천에서도 역시 이 일로 일전에 향회가 있었는데, 대장은 김우창, 부장은 김중호씨 족조께서 맡기로 하였다고 한다.

(병신 1월) 21일 "성청(星廳)에서 향회를 열었다. 각 문중과 서원에서 금전을

---

47. 향인들의 향회관련 사례는 안동독립운동기념관 편, 《국역 경북지역 의병자료》, 선인, 2012에 의거하여 서술하였다.

48. 《향회시일기》 및 《일록》은 김정섭(1862-1934)이 남긴 기록으로서, 전자는 1895년 12월 1일부터 8일까지의 기록이고 후자는 12월 초부터 1897년 7월까지의 기록이다. 위 책 수록.

49. 時到所는 참석자를 점검하는 직책인 '時到'가 집무하는 곳을 이름.

나누어 배정했는데 도합 2만여 금이었다. 작산이 200냥, 의암이 100냥, 주촌문중이 100냥이었다."

위 기록들은 을미사변 이후 국모의 원수를 갚는다는 뜻으로 일으킨 초기 의병기 안동 향인들의 움직임을 보여 주는 것이다. 의진(義陳)의 구성, 병력동원, 자금확보, 타 의진과의 연락 등에 관한 자세한 모습을 담고 있다. 이들은 의진을 꾸리기 위한 자신들의 모임을 향회라 하였는데, 안동 외 각 군현 단위로 꾸려지고 있던 의진의 사정 역시 마찬가지였다. 같은 시기 권제녕이 남긴 〈의중일기〉에는 1896년 1월 17일자 기록에 의진에서 일읍에 전령을 내려 각각 포군과 창군을 모집하여 유진소에 대령하라고 한 사실과, 또 본부에서 향회를 개최하라는 지시가 내려졌음을 기록하고 있다.[50]

특히 주목되는 것은 봉화의진이 남긴 《일기(日記)》의 1896년 2월 30일자 기록이다. 여기에는 의진의 대장과 중군이 사퇴하겠다는 단자를 올린 것[呈單]에에 대해서, 6개 면의 향원[六面鄕員]들이 읍저에 모여 그 단자를 환수해야 한다는 논의 관련 기록이 나온다.[51] 논의 결과 중군은 3번이나 단자를 올렸기 때문에 부득이하게 바꾸지만, 대장의 경우는 '중론(衆論)'이 더 이상 사퇴 단자를 올리지 못하도록 하여[停單] 계속해서 대장직에 종사하도록 했다는 것이다. 동학이 치성하고 있던 상황에서 예천 (보수)집강소를 제외한 대부분의 지역이 혼란에 빠진 상태에서 자신들의 모아진 의견을 '중론'이라 표현한 것이 인상적이다.

같은 을미의병 당시 예안의병장을 맡았던 이만도의 《향산일기》에는, 갑오년 '동적(東賊)'에 대한 대응문제를 놓고 예안 향인들 사이에 거주지별로 크게 의견이 갈려 결국 공동으로 방어하지 못한 데 대한 아쉬움을 토로한 기록이 보이는데,[52] 이후에도 감영의 지시에 따른 향약·오

---

50. 앞 책, 《국역 경북지역 의병자료》 147쪽. 《의중일기》는 권제녕(1850-1903), 《귀산유고》 권5 수록.

51. 위 책, 173쪽. 《의중일기》 병신년 2월 30일.

가작통 실시문제라든가 좌수에 대한 향천(鄕薦: 自鄕薦望) 문제 등을 놓고 관권과 일정하게 거리를 두고 있던 예안 향인들의 모습이 간혹 보이고 있어 인상적이다.

이상의 논의에서 확인할 수 있듯이 16, 17세기 사족, 양반 중심의 향회가 18세기 후반 이래 부세자문기구로 변하고, 그에 참여하는 층이 대·소민인으로 확대되고 있었다. 그리고 대·소민의 구성이나 그 각각의 지향의 차이에 따라 행동을 달리해 나갔다는 점도 확인할 수 있다. 문제는 언제 어떤 계기로 대·소민들 사이에 지향을 달리하는 분화가 일어나며, 그 의식적 기반은 무엇인가 하는 점이다.

앞의 1834년 선산 사례로부터 1862년 임술년의 전국 상황과 그에 대한 인식 등에 미루어 볼 때, 민중은 아직 행동하는 주체로서 스스로 계기를 마련하지는 못하고 있었지만, 이미 지배층으로부터 동리(면) 단위에서는 스스로의 존재감을 확인하고 있었으며, 일부 양반계급으로부터도 공감대를 이끌어 내고 있었다고 볼 수 있겠다. 그리고 그 결과는 1860년대 경주 '향반(鄕班)' 최제우와 그의 '인내천(人乃天)' 구호에 동의하는 많은 지식인과 중민(衆民)으로 하여금 1894년의 민중(民衆)으로 거듭나도록 하였으니, 민중의식은 위와 같은 일련의 과정 위에서 형성되어 온 것으로 볼 수 있겠다.

그런데 실제로는 위와 같은 대·소민인들의 향회를 통한 모든 활동은 역사의 표면에서 잠적하고 사회가 보다 경직되어 나가면서 향회는 과거와 같은 향인(鄕人), 향촌 양반들의 모임으로 돌아간 듯 보인다. 동학을 창시한 최제우가 《용담유사》에서 경주 향인들의 자신에 대한 박대를 문제 삼은 것, 을미사변, 단발령 등에 의해 촉발된 초기 의병의 거사 기록이 《향회시일기(鄕會時日記)》[53]로 명명된 것 등은 양반 유생, 즉 향인들이 여전히 향회의 주인이었음을 잘 보여 주는 것이었다. 이 일기를

---

52. 이만도, 《향산일기》, 649-650쪽.
53. 본장 각주 48과 같음.

시작한 1895년 12월 1일은 안동부 관찰사 김석중이 관원들과 함께 단발을 한 날인데, 이 소식에 안동의 각 처에서 통문이 나왔고, 창의를 위한 향회가 열렸고, 향회를 열어 전기 의병을 조직하기까지의 과정을 기록한 것이다.[54] 아직도 민중이 역사의 주체로 등장하기까지 더 시간이 필요했던 것인가.

4. 19세기 민회의 전화

민란기의 민회

앞에서 지방사회의 공론의 장으로서 활용되어 왔던 향회를 검토할 수 있었는데, 그 대부분은 대민들이 주도하고 합법적인 공간 안에서 주로 부세문제를 해결하고자 하는 것이었다. 이는 그 해결이 대·소민의 이해와 관련된 것이기도 하고 숙종조 리정법 하 공동납적 부세운영체제 성립 이래 대·소민인의 공론에 따라 군현, 면리 안에서 부세문제를 해결해야 했기 때문에 그 처리를 위한 대·소민 회의가 하나의 관행으로 자리 잡게 된 데 따른 것으로 볼 수도 있을 것 같다. 물론 기존 향회 가운데는 앞서 단성의 김인섭 사례에서 보듯이 관의 시녀화된 상태를 되돌리고 향인(향원)들이 재결집하여 읍권을 장악하고 이향층을 임의로 교체하는 반관적 향회로 변모시키기도 하였지만, 그 파괴적인 영향력에도 불구하고[55] 과거 전래되어 온 향회를 되살려 낼 수는 없었다. 따라서 수령의 부세자문기구로서의 향회가 제 기능을 다하지 못할 경우 기존

---

54. 안동독립운동기념관 편, 앞 책, 12-13쪽 참조.
55. 장흥민변을 보고한 전라감사의 계본에 대한 비변사의 회계에서, '감정을 품고 관을 위협하여 吏·鄕任을 자의적으로 내쫓거나 임명하는 것[黜陟]이 영남 난민의 관행적인 패습'이라 하였던 것은 단성, 함양 등 영남의 반관적 향회의 영향력이 중앙에서까지 문제시되었음을 보여 준다. 〈7월 19일 전라감사계본에 대한 비변사 계〉, 《임술록》, 71쪽 참조.

향회 밖에서 별도의 모임을 만들어 나갈 수밖에 없게 되는데, 여기에는 같은 이름의 향회로 불리는 것이 있는가 하면, 그 주도층의 성격이나 각 지역 민의 존재형태, 관측에서 민을 바라보는 시각의 변화 등과 관련하여 '민회'라는 명칭도 등장한다.

민란기 향회에 관한 연구가 상당한 진척을 보인 데 반해 민회에 관해서는 아직 충분한 논의가 이루어지지는 못하고 있다. 기존 향회가 양반토호나 요호부민층의 이해를 대변하였던 것을 문제 삼아 농민층의 이해를 대변하는 읍회나 도회를 '민회'로 규정하자는 주장이 있는가 하면,[56] 농민항쟁의 단계적 상승 속에서 농민전쟁의 기반이 되는 '농민적 향회'를 민회로 설명하는 견해도[57] 있다. 한편 민란기의 민회라는 명칭과 그 구성원의 성격에 보다 천착하여 소민이 주도한 모임을 향회와 구별하기도 한다. 즉, 향회가 관에 장악되어 공론을 대변하지 못하거나 부민.대민들의 이해를 우선시하여 항쟁을 주도하지 못할 때 민회가 향회와는 별도로 일시적으로 만들어지는데, 이는 면리 단위에서 소민들로 구성된다고 설명한다.[58] 그러나 현재의 연구상황은 읍회나 도회를 민회로 보자는 주장을 무논리적으로 받아들이는가 하면, 양반이 주도하는 대소민취회를 해당 읍의 이방(吏房)이나 참가자 일부가 민회로 불렀다 하여 민회로 간주하는 등 혼란을 보이기도 한다. 아직 '민회'가 하나의 상설조직으로 정착하기 이전의 사정을 반영한 것이라 하겠는데, 이하 그동안 다루어졌던 사례이지만 조금 더 상세히 살펴보기로 한다.

1862년 경상도 상주의 민회와 민론(民論)

임술년(철종 13, 1862) 관 주도의 향회 밖에서 소민이 주도하여 사태를

---

56. 송찬섭, 〈1862년 농민항쟁의 조직과 활동〉, 《한국사론》 21, 1989.
57. 고석규, 앞 책 참조.
58. 김용민, 〈1860년대 농민항쟁의 조직기반과 민회〉, 《사총》 43, 1994.

진행시킨 대표적 지역의 하나는 상주이다.[59] 상주에서는 새 해를 목전에 둔 겨울[昨冬] 대민들이 누차 향회를 열었지만 민간에 먹고 마시는 비용[酒食之費]만 안기고 아무런 성과 없이 끝났다. 임술년 봄이 되자 인근 고을에서 백성들이 들고 일어났다는 무성한 소문 속에서 대책이 요구되고 있었다. 그 가운데 선무사로 파견된 이삼현은 함창을 거쳐 바로 상주에 들어와 하루 묵고, 다음날 4월 27일 객사에 대.소민인을 불러 모았다. 중앙 관직을 지낸 조관으로서는 참판 김영기, 승지 김석, 유후조 및 나머지 음관 6-7인이 있었고 다수의 생진(生進) 이하 대민들이 모였으며, 소민들 만여 명이 군중을 이루었다[千萬爲群]. 여기에서는 가장 문제가 되었던 환곡 포흠분 처리에서 대민과 소민 사이에 첨예한 대립이 있었다.

대민들은 각 개별 호에서 담당하는 호환(戶還)을 하자고 하였고, 소민들은 이서들이 축낸 것을 백성에 전가할 수는 없는 것이며 굳이 균분을 한다면 결(結: 토지)에 부과하자는[結還]는 주장이었다. 선무사는 소민들의 의견은 법에 어긋나는 것이니 안 된다고 하며 추후 조사해서 이서들한테 받아 낼 것은 받아 내고 그 후에 다시 논의하자고 미봉하였다. 자리를 뜨려는 참에 대.소민이 웅성거리는 사이 뒤쪽에서 돌이 날아들어 선무사 이삼현이 머리에 쓴 관을 스쳤다. 이삼현은 이를 문제 삼을 정황이 아니라고 보고, "서까래 사이로 흙덩이가 떨어지는 예가 왕왕 있다."라고 하면서 위기를 모면하였다. 삼정 가운데 전세는 민원에 따라 결당 10냥으로 결정하였고, 군포 문제는 동포(洞布)로 정하였지만 나중에 확인된 바 결세를 1결당 8냥으로 정했다고 하는 다른 지역에 비해 만족할 수준은 아니었다.[60]

상주에서 '민회'를 주도한 것은 다년간 면임을 지내면서 읍촌(邑村)에 영향력을 가지고 있던 풍헌 김일복이었다. 후에 좌괴(坐魁)로 지목

---

59. 임술년 상주민란에 관해서는 망원한국사연구실, 《1862년 농민항쟁》, 동녘, 1988 참조.

60. 위와 같은 책, 221-224쪽.

된 그는 5월 12일 관에서 잡아들이라는 명이 있자 스스로 이청(吏廳)에 들어갔다. 공형(公兄)이 하는 말이 "삼정(三政)은 민원에 따라 교구할 터이니 네가 즉시 민회소(民會所)에 가서 흩어져 돌아갈 것을 효유하여 물러가게 하라." 하였다. 즉시 회소(會所)에 가서 전유(傳諭)하니 제민(諸民)이 불청(不聽)하고, 조관을 지낸 양반에게 장두를 맡기자고들 하여 수차 찾아보았으나 모두 회피하므로 찾아갔던 모든 집에 방화하고 읍에 들어왔다고 하였다. 여기서 '민회소'는 백성이 모인 장소로서 그 회소가 읍이면 '읍회'가 되는 것이다.

상주에서는 그 전에 이미 폐정을 규정(糾正)하고자 민들 사이에 여러 논의가 이루어지는 가운데 자신들 같은 처지에 있는 자가 천만번 정소해 보았자 아무 실효가 없을 것이라고 보고 경내의 내로라하는 양반에게 장두를 맡아 달라고 부탁할 것을 완의(完議)한 바 있었다. 왜냐하면 지난해 겨울부터 대민들이 누차 향회를 열어 논의를 해 보았지만 끝내 아무 해결책을 내놓지 못하였기 때문이다. 조관양반(朝官兩班)을 장두로 삼아 정소하면 생진대민(生進大民)보다는 관가(官家)와 의정(議定)하는 데 유리할 것이라고 판단하였던 것이다.

사태를 보고한 5월 15일자 공형 문장(文狀)에는 "본주(本州)의 소민(小民) 등이 삼정구폐 문제를 가지고 작당하여 읍에 들어왔다."라고 하였듯이 이번 상주 읍회의 주도층은 소민이었다. 7월 2일 복명한 선무사 이삼현도 상주 사건이 대민에 대한 소민들의 쌓인 원한이 폭발한 것이라고 보고하였는데, 그 결과 대민 가운데 욕을 본 자가 많지만 실제 무엇이 발단이 되었는지는 알 수 없다고 하였다. 경상감사는 장계에서 주동자 김일복이 겉으로는 관령(官令)을 받든다고 하면서 실제로는 '진퇴민론(進退民論)', 즉 민론을 좌지우지하는 자이고, 김일복 자신이 방화에는 간여하지 않았다고 하지만 뒤에 앉아 조정하는 좌괴(坐魁)임이 분명하다고 하였다.[61]

1862년 5월 14일 대규모로 읍에서 개최된 소민들이 주도한 민회(읍회)에 참석한 인원은 상주 31개 면 가운데 일부인 6개 면의 면민들이었다. 김일복이 '향론(鄕論)'이 아니라 '민론(民論)'을 좌지우지하였다는 점 등을 고려해 본다면 이때 상주 민회는 상주 전 고을을 대표하거나 아우르는 조직으로까지 진전된 것은 아니다. 그렇지만 이 상주 민회의 민론은 고을을 대표한다고 하는 향론에 버금가는 지위를 향하고 있었다고 할 수도 있을 것이다. 다른 면에서 본다면 기존 향회가 부세자문기구적 성격의 것이라면, 반면 민회는 저항조직의 대의기구적 성격을 갖추어 나갔던 것으로 이해할 수도 있겠다.

성주 '민회'

경상도 성주에서도 임술년(1862) 이서층의 작폐 문제로 대·소민인이 참여한 '민요'가 발생하였다. 향리 반수(班首)인 이방(吏房)을 지내다가 같은 동료의 술수로 집이 불타는 등 곤욕을 치른 서택현이란 인물은 자신의 무고를 변명하는 기록에서 성주 민요(민변)의 이면을 보여 준다. 그는 성주 민요가 진주의 영향을 받아 일어난 것이고, 동년 2월 공관(空官)을 틈타 읍폐규정(邑弊糾正)을 내세우면서 각 면(面)에 발통(發通), 3월 일 대마주막(大馬酒幕) 근처의 사장(沙場)에서 모일 것을 약속한 주체를 '본읍외촌우민배(本邑外村愚民輩)'라 하였다. 그리고 그들이 이서층의 불법사실을 조목조목 열거한 〈읍폐십이조(邑弊十二條)〉를 구관 사또에 올린 '고목(告目)'의 〈후록〉 첨부문서 목록에서는 '민회시 읍폐십이조'라 하였다.[62] 대·소민인들을 어리석은 백성들(우민배)이라

61. 《일성록》 철종 13년 임술 6월 24일, 〈慶尙監司李敦榮 以尙州亂民鄭羅九等行査馳啓〉.

62. 《星州民擾時前吏房徐宅鉉辨誣錄》(연세대학교 중앙도서관 소장), "同治元年 壬戌二月 日 本邑外村愚民輩 (중략) 謂以邑弊規正 發通各面 三月 日 約會于大馬酒幕 後錄內 一. 民會時邑弊十二條 謄書."
1862년 성주 농민항쟁에 관해서는 이윤갑, 〈경상도 성주의 1862년 농민항쟁과 사회변동〉, 《대구사학》 155, 2014 참조.

고 하고 그들의 모임을 '민회'라 칭한 것이다. 민요의 주도층 자신들은 대마주막 모임을 일관되게 '대마주막 읍회'라 하였다.

전 이방 서택현이 대·소민인을 우민배라 한 것은 수령이나 윗 관청에 잘 보이려 하는 목적에서 나온 것이라고 하더라도, 그들 모임을 일반적으로 향회라 부르던 것과 비교해 민회라 칭한 것은 음미해 볼 필요가 있을 듯하다. 그와 그의 동료들은 감영에 의송을 올리는 데 앞장선 세 장두(狀頭) 등 난을 이끌었던 양반들을 의식하고 있었고, 향당이나 구향 등 향인들의 동향에도 무지한 것이 아니었다. 서택현 자신을 궁지로 몬 이발이란 자에 대해 진술할 때, 이발의 품성은 문제이지만 그의 두 아들은 '사족조행지사(士族操行之士)'이며 이들을 그 아비 대신 질청[作廳] 대로 앞에서 닦달하는 것은 또다시 '대변료단(大變鬧端)'이 될 수 있다는 의견에 동의하였다. 그렇지만 읍폐의 구체적 내용을 파악해 온 대가곡(大家谷) 상임(上任) 이여실을 '촌민(村民) 이여실(李汝實)'이라 부르고, 자신들의 비리를 그렇게 상세히 제시할 수 있었던 것은 내부에 밀고자가 있었기 때문이라고 하면서, "우리들 가운데 읍폐를 기록하여 준 사람이 없다면 '민'이 어떻게 그것을 알 수 있겠는가"[63]라고 하여 대·소민인 구분 없이 '민'이라고 호칭하였다. 대·소민인이 대민, 소민 구분 없이 민, 난민으로 정초된 것이다. 이들 향리들은 서택현의 문제를 미봉하면서도 '사리(事理)'와 '공의(公議)'를 내세웠다.[64]

신임 목사는 읍변(邑變)의 전후 사정을 보고하면서 "3월 26일 본주 대·소민인 기만 명이 읍내 모래사장에서 취회하고 작당하여 부중에 난입하였습니다(三月二六日 本州 大小民人 幾萬名 聚會於邑底沙場 作黨亂入府中)."라고 하였다. 선무사 이삼현은 성주에 들어와 자신이 선유

---

63. 위 책, "亂民退去後 諸吏稍稍還集 吏房柳榮河及裵述虎從兄弟 言布於諸吏 曰 吾儕中若無邑弊錄給之人 則民何知之乎."
64. 위 책, "蓋此諸般事 無非破惑之端 事理也旣如此 公議也又如此 非但伸雪自歸於虛妄."

(宣諭)한 후에도 '인민(人民) 육칠백'이 관정에 둔취하여 환폐, 결폐, 군폐, 강미, 통미, 공작목 등과 같은 일로 밤새도록 시끄럽게 떠들었다고 하였다.[65]

선무사가 돌아가는 길에 다시 성주에 들렸을 때 목사가 찾아와 근일 민정을 물으니, 성주목사는 선무사 이삼현에게 선무사가 떠난 날 80-90명의 민이 관정에 들어와 스스로 죄를 받겠다고 하여 이미 뉘우쳤으면 굳이 죄를 묻지 않겠다고 했더니 각자 돌아갔다고 하면서, "3월 이후 소위 향회라는 것이 없는 날이 없어 '오륙백 인'이 항상 읍저에 와서 소란스러웠는데 근자에는 조용해져서 다시는 읍내에 '일민(一民)'도 없다." 라고 하였다. '읍회'가 '민회'로도 인식되고 이른바 향회로도 인식되었던 것이다.

앞서 민란기 성주 향회에 대해서 소개했지만, 성주 민란의 조직 기반이 된 '소위향회'는 기존 수령 부세자문기구로서의 향회와는 다른, 향회 밖에서 통문을 통해 각 면에서 모인 대・소민인들의 모임이었다. 수령은 향인들을 의식해 인민(人民) 오륙백 인을 지속적으로 주목했고, 마지막엔 '일민(一民)'도 없다고 하여 선무사를 안심시켰다. 성주에서는 앞의 상주의 예에서와 같이 대・소민이 직접 대립하는 사태는 없었다. 그런데 진주 안핵사로 나갔던 박규수와는 달리 조정에서 민란의 원인을 검토할 때 소민과 대민들 사이의 첨예한 대립을 강조한 바 있던 이원조가 성주 사람이라 마침 선유 장소에 이삼현과 마주하는 제일 앞자리에 앉았다. 그는 사후 성주 사태를 주도한 자들을 향청이나 향교에서 자리다툼이나 하는 잡류라 하였지만, 1차 항쟁은 대민들이 이끌었고, 감영의 관문 한 장으로 성과 없이 끝나자, 4월 재차 봉기하였다.[66] 이곳 성주에서의 대・소민이 참가한 소위 향회를 향리층의 대표(반수)라 할 수 있는 전 이방은 '민회'라 칭하였고, 그 주도층을 포함하여 '난민'들을 '외촌

65. 《임술록》, 217쪽.

66. 성주의 1, 2차 봉기의 차이에 대해서는 이윤갑, 앞의 논문 참조.

우민배'라고 하였다. 이향층과 대민들 사이의 알력을 여실히 보여 준 것이었다. 여기에서 전임 이방의 진술에서는 대.소민인이 그저 시골의 우민배로, 그리고 그들의 모임도 '민회'로 간주되었던 사정을 다시 음미해 볼 필요를 느낀다.

1869년 경상도 고성현 춘원면 '민변(民變)'과 민회

임술민란이 발생한 지 7년이 지난 고종 6년(1869) 고성현 춘원면에서 이향층에 의한 '호적작간(戶籍作奸)'이 빌미가 된 '민란'이 발생하였다. 그 결과 춘원면은 '어변군졸(禦邊軍卒)'이 거처하는 곳인데 고성현 관내에서 갈등이 생겼으니 그 같은 사태를 초래한 전현직 수령을 파직 후 조사 처리하고 춘원면을 통영에 획부하여 통영이 직접 관리하라는 지시가 내려진다.[67] 통제사의 보고에 기초한 것이다. 이 조치는 이후 더 강화되어 아예 고성현을 부로 승격시켜 부치(府置)를 통영 내로 옮기고 부사가 통제사의 종사관을 겸하게 하였다. 대원군의 지시로 만들어진 1872년 '보물지도'의 통영 지도에는 이 같은 조치의 결과가 정확하게 구현되어 있다.

춘원면은 행정구역상 고성현 소속이지만 통영의 관할하에 있던 특수구역이었다. 통영으로 들어가는 원문(轅門)을 지나야 갈 수 있는, 고성 읍치로부터 70리나 떨어진 최남단 바닷가에 면한 곳인데, 상대적으로 인구는 밀집하여 5,000호나 되었다. 면의 소임으로서 직접 본관의 지휘를 받는 면임(집강, 약정 각 1인) 외에 면임과는 별개로 면내의 민사(民事)를 총괄하는 민소(民所) 판행(判行: 上任) 및 공원(公員: 下任) 각 1인이 있었고, 산하 69개 동(리)에는 존위·부존위 등 동 소임이 있었다. 호적작간 문제를 확인하기 위한 장소인 부관소(部官所: 部所)가 통

---

67. 《고종실록》 6권, 고종 6년 8월 27일 병인, "議政府啓: '(중략) 春元面旣是禦邊軍卒所居之地 則使該邑主管 不無葛藤之慮 永爲劃付統營 專管何如' 允之."

그림 3. 통영지도(統營地圖). 1872년(고종 9) 대원군의 지시에 의해 만들어진 '보물지도'(지방지도) 가운데 하나이다. 해방(海防) 강화를 위해 전국에 확대 설치한 진(鎭), 삼정이정책의 일환으로 마련된 사환미제도 운영을 위해 각 면에 설치한 사창(社倉) 등이 특히 눈에 뜨인다. 군문인 통영에는 동서남북에 설치된 '표루(表樓)'와 고성현과 통영 사이의 재정운영상 갈등을 해결하기 위해 고성현을 부로 승격시켜 통영에 부속시킨 결과가 그대로 반영되어 있다. 춘원면민들의 민회가 열렸던 어변정(만하정), 서표루 등이 선명히 보인다.(서울대학교 규장각한국학연구원 소장)

영 성 안에 위치해 있다. 통영의 부관소는 동임(洞任)이 '환분성책'을 찾아오는 곳이기도 한 만큼[68] 춘원면 각 동의 민정에 깊이 관여하고 있

68. 倉洞 존위 한량 반준이(1심, 초추).

었던 것으로 보인다.

관련자들의 죄상에 대해 등급을 매겨서 다시 보고하라는 의정부의 지시에 따라 경상감사는 취조관을 2인에서 4인으로 늘려 다시 조사한 후 그 결과에 기초하여 춘원면 사태를 3단계로 나누어 설명하였다.[69] 첫째, '호적문란'이 화근이 되어 민정이 불만을 가지게 된 단계이다. 그렇지만 그것은 배경일 뿐 관에 고하여 잘못된 부분을 수정하면 될 일로 보았다. 둘째, '호적이정'을 위해 민소 판행과 공원이 통문을 발하여 춘원면 69개 동의 동임들이 취회함으로써(통영에 정소하여 호적감색으로 하여금 장적을 들고 대령하도록 하라는 뎨김을 받아 내어) 필경 난으로 가는 계단을 놓은 단계이다. 셋째, 마지막에는 호적 감색이 장적을 가지고 왔을 때, 춘원 일면의 주민들이 화기(和氣)를 잃고 그동안 쌓였던 감정을 풀고자 '정장발통(呈狀發通)'하고는 '약일취당(約日聚黨)'함으로써 결국 호적 도감과 그 아들 및 색리 등 3인을 때려죽이고 시체를 불태우는 지경에까지 이른 단계이다. 고성 춘원면 민란에서의 민회에 대해서는 이미 간단한 소개가 있지만,[70] 붙잡혀 들어온 참가자의 진술과 조사관의 처리 내용을 토대로 해서 위 감사의 3단계 진행상황을 따라서 재정리해 보고, 춘원면 '민회'의 성격과 거기에서의 의견 수렴이 갖는 의

1869년 여름의 경상도 고성군 춘원면 호적감색 치사사건(민변, 민란)에 대해서는 두 차례 큰 조사가 있었다. 첫 번째는 창원부사와 사천현감이 사관이 되어 조사한 9월 13일부터 20일까지의 조사(초추, 갱추, 삼추 및 면질 이상 1심)이고, 두 번째는 위 조사 결과에 대한 처리가 피의자의 죄질을 구분하지도 않고 범범하게 처리한 점이 문제가 되어 의정부로부터 재조사 지시가 내려간 다음, 감사 주관으로 위 조사관 2인 외에 참사관 2인을 추가하여 이루어진 동년 11월 4일부터 8일까지 3차례에 걸친 조사와 동월 24일의 추가조사 및 면질(이상 2심)이다. 이 추가 보고서는 12월 초순에 의정부에 올려졌다. 이하 심문 내용을 인용할 때는 1심(초추) 등으로 표시한다. 이하 춘원면 '민변'에 관한 서술은 국사편찬위원회 편, 《각사등록》 11에 의거한다.

69. 의정부의 재조사 지시에 따라 크게 두 번의 조사를 마친 경상감사는 춘원면 사태를 다음 3가지로 정리하였다. 1. 戶籍釐整이 앞에서 화를 배태하였고, 2. 춘원면 각 동임들의 聚會가 禍(厲)를 불러 온 도화선[階]이 되었으며, 3. 통영 내의 주민들이 和氣를 잃고 호적 감색에게 묵은 감정을 풀려고 呈狀發通하고 約日聚黨한 것이 화의 온상이 되었다는 것이다. 〈경상감영계록〉, 《각사등록》 11, 278-279쪽.

70. 김용민, 앞의 논문 〈1860년대 농민항쟁의 조직기반과 민회〉, 《사총》 43, 67-69쪽.

미를 음미해 보기로 한다.

1단계: 고성 이향층의 호적작간으로 사태의 발단이 마련된 단계이다. 호적문제는 고성현에서 춘원면 유학호(幼學戶)를 대상으로 공전(公錢)을 수취하는 과정에서 발생하였다. 고종 6년 7월 21일경 고성현으로부터 춘원면 집강에게 전령(傳令)과 함께 공전을 거두는 '별유사(別有司)'로 차정한다는 차지(差紙)가 전달되었다. 공전수쇄 별유사로 차정된 집강은 전령에 따라 유학전(幼學錢) 수쇄를 위해 그 실수(實數)를 추심하여 성책하려는데, 같은 달 23일 독촉하는 전령이 다시 내려왔다. 이에 전령과 함께 첨부된 유학전 납부대상자 명단인 출질기(出秩記)를 면 실무자인 약정으로 하여금 등서하여 각 동에 돌리도록 하였는데, 이 출질기가 문제였다. 출질기에 적힌 유학전 납부 대상에는 이름이 바뀐 자가 있는가 하면, 이미 사망한 자도 있었고, 사천(私賤)을 유학(幼學)으로 바꾸어 놓은 경우 등 문제가 한둘이 아니었다.[71] 각 동 동임과 해당 주민들이 항의하자 집강은 전령에 따를 뿐, 관의 독촉이 심하여 어쩔 수 없다고 하였다. 중민(衆民)의 울분이 비등하였다.

사실 출질기에 착란이 생긴 것은 지난 식년에 호적을 재작성하는 과정에서 춘원면에서 부담하는 색리들에 대한 인정비[情債]가 과도하다는 이유로 통영에서 그 액수를 감할 것을 지시하자 호적 색리들이 춘원면 호적을 불태웠기 때문이었다. 면 집강 김종률은 순영(巡營)에서의 2심에서, 1심에서는 언급하지 않았던 사정을 실토하였다. 매 식년을 당해 호적단자를 수정할 때에는 각 면에서 1,300냥씩을 정비[人情]조로 본읍 색리에게 지급해 왔는데, 2년 전 정묘식 호적작성 때에는 그 액수가 지나치게 많다고 판단한 통영사또의 분부대로 300냥을 제하고 1,000냥만 지급했더니, 후에 들으니 춘원면 호적이 불에 타 버렸고, 통영에서도 해당 색리

---

71. 춘원면 집강 김종률(1심, 갱추); 7월 23일 公錢(幼學錢) 收捧次 본관으로부터 전령이 와서 즉시 영을 반포하니 出秩記 가운데 換姓, 換名, 身死者도 있어 民情이 분울했다고 하였다.

를 간단히 다스리고 넘어갔다고 하였다.[72] 읍에 보관해야 할 호적이 없어진 상태에서 유학전 수취를 위해 호적을 다시 작성하고 출질기를 만들었으니 그것이 제 모습을 갖출 수가 없었던 것은 당연한 일이었다.

별유사로서 유학전 징수의 책임을 맡았던 면 집강 김종률(金鍾律, 56세)은 각 동 존위와 해당자들의 항의를 받자 단자를 수정해 오면 관에 보고하여 처리해 주겠다고 미봉책을 내보았지만 큰 설득력을 가질 수 없었다.

2단계: 8월 4일 사태의 심각성을 민소(民所) 공원(公員) 이상길(李祥吉, 43세)로부터 전해 들은 민소 판행(判行) 홍섭(洪涉, 67세)은 즉시 69개 동 존위들을 대상으로 다음 날(8월 5일) 어변정에[73] 모이라는 통문을 써 주었다. 홍섭은 1심에서 소위 면공원(面公員)이[74] 자기한테 와서, 본읍에서 공전수쇄전령이 와서 공전을 수쇄하려 하자 각 동의 많은 사람들[多民]이 장적에 착오가 있다고 문제를 제기하고 '교구적폐(矯求籍弊)'를 의논하기 위해 각 동에 발통하자고 요청하여 따랐다고 하였다.[75] 판행 홍섭은 이 통문(1차통문)은 자신이 직접 써 준 것이지만 뒤

---

72. 춘원면 집강 김종률(2심, 초추).

73. 禦邊亭은 통영 안에 있는 挽河亭을 가리킨다. 동문과 남문(청남루) 사이에 위치한 것으로 통영성 밖 춘원면에서 가까운 정자이다. 변경을 방어한다는 의미의 이름이 붙은 정자로서 팔작지붕에 다수의 인원을 수용할 수 있는 통영에서 세병관 다음으로 가장 규모가 있는 장소이다. 11월 4일 순영에서의 재심에서 춘원면 약정 정동길은 8월 5일 만하정에서 가진 동임들의 첫 번째 집회에 집강과 함께 동참했다고 하였다(정동길 1심, 갱추).

74. 민소 공원 이상길을 지칭하는 데 있어 判行 홍섭은 '所謂面公員'이라고 하였는데, 8월 5일 감영에 올린 소장에 제사를 받아 온 이상길을 언급할 때는 '面所公員'이라 하였다. 홍섭은 8월 5일 어변정 민회에서 통영에 올리는 狀本을 써 주고 정작 본인은 정소하는 자리를 피하였는데, 뒤에 '면소공원 이상길'이 소매에서 제사를 받은 소장을 꺼내 보이자 제사가 잘 되었다고 하였다. 한편 西堂洞 존위 홍범구는 공원 이상길을 부를 때 '소위 官有司'라 하였다. 이 같은 사실로 유추해 보면 판행이나 공원은 모두 준 관원으로서, 고성 본관의 지시를 받는 面任인 執綱이나 約正에 대비되는 통영 소속 '面所任'으로 볼 수 있을 것 같다.
西橋洞 존위 정극신은 8월 12일 部官所에 帳籍을 확인하러 오라는 통기가 民所로부터 있었다고 진술하고 있는데(1심, 초추) 면임의 처소인 面所와 구별되는 처소로서의 민소가 따로 있었는가, 아니면 민소의 판행과 공원이 면소를 공유하고 있었는지 그 여부를 가리기는 힘들다.

75. 1차 통문의 내용에 대해서는 화자마다 약간의 차이를 보인다. 西堂 존위 유학 홍

에 언급될 2차 통문은 자신과는 상관없는 것이라고 극구 변명한 바 있다. 통문에는 판행과 공원이 (관례대로) 향규(鄕規)에 따라 착표하였다고 한다.[76] 취조관은 홍섭에게 장적 가운데 문제가 있다면 관에 정소해서 이정하면 될 일을 어찌 각 리에 통문을 돌려[發通各里] 많은 사람들을 모이게 했는가[聚會多民] 따져 물었다.

8월 5일 춘원면 소속 69개 동에 통문을 돌려 취회다민(聚會多民)한 것은 공원 이상길이었다. 통문에 따라 통영의 남문인 청남루를 통과해 서쪽 만하정(어변정)에 각 동의 동임을 중심으로 많은 사람이 모여들었다. '어변정 민회'에[77] 모인 사람들 가운데 민소 판행(공원), 면 집강(약정)과 나이든 동 존위들이 상좌에 앉고 나머지 동임들이 열을 지어 앉았는데, '백천다민(百千多民)'이 모였다는 표현으로 보면 참석자가 동임을 포함하여 100명 가까이 되는 다수였던 것으로 보인다. 어변정에서의 모임에 대한 표현은 '어변정 민회'라고 분명히 언급한 이도 있었지만 대부분은 '취회우어변정(聚會于禦邊亭)', '다민제회우어변정(多民齊會于禦邊亭)', '춘원면육십구동 일제래회우어변정(春元面六十九洞 一齊來會于禦邊亭)' 등과 같이 표현하고 있다.[78]

범구(53)는 소위 官有司(민소 공원)가 자신에게 통문을 보이며 지난 식년(丁卯式, 1867) 장적에 많은 오류가 있어 사유를 갖추어 통영에 정소차 '議會各洞'하려 하니 참석하라고 하여 '衆會之場'에 가서 참석하였다고 하였다.

76. 민소 공원 이상길(2심, 갱추); 두 차례의 통문에 착표한 것은 "此是鄕規也"라 하였다.

77. 1심에서 어변정민회를 명시적으로 언급한 자는 泉洞 존위 유학 서석준 등 3인이고, 東橋洞 존위 박홍여는 '發通聚民 於禦邊亭 故往于民會'라 하였다.

78. 어변정 모임의 지칭에 대해서도 화자마다 일정한 차이가 있다. 위 각주 77과 같이 어변정민회를 명시적으로 언급한 자가 있는 반면, 대다수는 聚會多民(면 집강 유학 김종률), 多民齊會(민소 판행 홍섭), 春元面六十九洞 一齊來會于禦邊亭(약정 업무 정동길) 衆會之場(西堂 존위 홍범구) 會民於禦邊亭, 往參禦邊亭會(倉洞 존위 한량 반준이) 齊會於禦邊亭(西橋 존위 정극신) 등으로 표현하였다. 아직 '민회'가 하나의 정례적인 회의체로 자리 잡지 않은 상황을 반영한 것이라고 하겠다. 뒤에 언급하겠지만 감사의 2차 심문에서는 '민회'란 표현을 전혀 쓰지 않고 '亂民作變時 都會於禦邊亭'이라고 하여 동 존위들의 처음 모임부터 민란으로 취급하였다.

이날 마침 통영 사또가 어변정(만하정) 앞에 위치한 군창(軍倉)에 행차한다는 소식이 전해지자 이참에 '호적이정사(戶籍釐整事)'를 정소하자고 공의(公議)가 모아져, 판행이 소장(訴狀)에 들어갈 내용을 불러 적게 하고, 동 소임들로 하여금 소장(의송)을 올리도록 하여 통제사의 데김을 받아 냈다. 데김의 내용은 고성현의 호적 감관과 색리가 직접 장적을 가지고 통영으로 대령하라는 것이었다. 이 영문(營門; 통영사또)의 처분은 바로 고성 본읍에 전달되었다. 마침 본관은 순영에 행차하고 없어 공원 이상길이 형방청[刑廳]에 맡기고 왔다고 한다.

8월 12일 고성현 호적감색이 정묘식(丁卯式: 1867년)장적을 가지고 내도(來到)하였다. 통제사의 처분이 내려진 지 7일 만에 온 것이다. 면장적은 통영사또의 분부에 따라 부관(부소)이 받아 두었다. 민소 공원은 장적이 왔으니 다음날 각 리에서는 일제히 부관소에 와서 장적을 검토하라고 즉시 통기하였다.[79]

3단계: 8월 13일부터 장적을 대조하는 일이 시작되었다. 통영 사또는 산성중군, 수집사, 좌우청행수 및 수리들로 하여금 호적 대조에 참관하라고 분부하였다.[80] 69개 동 존위들은 호적중초를 가지고 와서 대조하거나 그 외 해당자들이 몰려들었다. 부관소에는 동.서 부관도 열 지어 앉아 감독하였다.[81] 과연 장적에는 '민언(民言: 사람들의 말)'과 같이 문

79. 민소 공원 이상길(1심, 갱추); 심문관이 "13일 발통은 판행을 거치지 않고 네 스스로 편의대로 한 것이라고 판행(홍섭)이 분명히 밝혔는데 너는 모두 판행의 탓으로 돌리는 이유는 무엇인가"라고 물은 것에 대하여 공원 이상길은, "十二日更通 雖模倣前通 判行亦無不知 非公員可辦是乎旀"라고 답하였다. 서교동 존위 정극신은 12일 민소로부터 또 통기가 있어 각리에서는 일제히 부관소로 오라고 하였다고 하였다. 감사가 주관한 2차 심문에서도(홍섭 1심 갱추) 13일에도 '판행통문'이 있었다고 하였다. 판행과 공원의 이름으로 나온 통문에 따라 주민들이 13일 부관소에 모였던 사정을 반영한 것이다. 공원의 입장에서는 12일 호적이 와서 부관소에 보관되어 있으니 명일(13일) 부관소에 모여 호적을 고준하라는 뜻으로 12일 발송한 통문을 13일 모이라는 '판행통문'으로 부른 것이다.

80. 민소 판행 홍섭(2심, 초추).

81. 西橋 유학 정극신(2심, 초추).

제가 많았다.

8월 14일 호적을 보러 찾아오는 사람이 늘어나면서 문제도 늘어났다. 호적도감과 안면이 있다는 핑계로 동교 유학 이남준(45세)은 호적 가운데 탈락부분이 있는 것을 보고는, "도감이 우리 아버지나 할아버지에게 무얼 해 준 것이 있다고 타인의 호적을 이같이 '할육거피(割肉去皮)'하오?"라고 얘기했다가, 7촌숙으로부터 나이 든 이에게 너무 지나친 것이라고 욕 얻어먹고 끌려 나갔다. 이어 서당리의 호적중초를 들고 왔던 서당동 존위 홍범구(53세)는 상좌에 방종하게 앉아 있는 호적감관을 향해, "네가 비록 양반이라고 하나 남의 조상[父祖] 성함이 올라 있는 장적을 살피는 데 이같이 거만하게 굴 수 있나?"라고 소리치며 옷깃을 잡고 다리를 잡아채 당하로 끌어 내리니 옆에 있던 수집사와 부관 등이 다반으로 말리는 일까지 있었다. 2심의 취조관은 호적도감에 대한 이남준의 포갈과 홍범구의 '예족하당(曳足下堂)'이 다른 패류들을 고무시켜 '호적감관과 색리를 때려 죽이는 변[監色打殺之變]'을 낳게 된 것이라고 의미를 부여하였다. 이들의 호적도감에 대한 도발로 중민이 고무되어 난이 촉발된 것이라는 판단이었다. 장적 고적(考績)은 이틀이 지나도 끝나지 않고 무수한 불만이 표출되는 가운데 마침 추석명절이 끼어 하루 건너서 16일 다시 모이기로 하였다. '다민상의(多民相議)'한 결과 '중론귀일(衆論歸一)'하여 추석 지나고 장적을 더 살핀 후 호적을 다시 고친 것을 가지고 통영에 정소하여 바로잡자는[呈營釐整] 것이었다.

8월 16일 약속대로 부관소에 다시 모여 민소 판행 홍섭이 옹진수영이나 법성진 등과 같이 독진으로 만들어 달라는 취지의[獨鎭施行事] 정소문을 올리고 이는 통제사의 허락까지 받았다.[82] 그런데 이 부관소의

82. 춘원면을 고성으로부터 분리시켜 독진으로 만들어서 통영이 독자적으로 관리해 달라는 정소는 통영 사또의 허락을 득하였다(민소 공원 업무 이상길; 16일 又爲來會收議 以春元一面 每式年 自營收單之意 呈于營門 幸得許題(獨鎭事)). 이상길은 통제사의 뎨김을 가지고 통영의 각 청을 돌았는데, 마침 본면 집강이 그 내용을 고성현감에게 보고하기 위해 막 베껴 쓰는 차에 사태가 발생했다고 하였다.

모임과는 따로 어변정에서는 별도의 모임이 열리고 있었다.[83] 이 16일의 '어변정 민회' 역시 공원 이상길의 통문에 따른 것이었는데, 추석 전날에는 16일 부관소에서 장적을 다시 보자는 결정을 했던 만큼 통문이 16일 당일 돌려진 것인가 의문이 아닐 수 없다. 2심 취조관은 춘원면 사태를 민란으로 규정하고 '난민작변'의 도화선이 된 어변정 '도회'를 주목하고 그 주요 관련자로서 면 집강과 약정 및 민소 판행과 공원 외에 처음(5일) 취회(어변정민회)시 상좌에 앉았던 동 존위들을 문제 삼았다. 그 가운데 창동 존위 반준이(54)와 동교동 존위 박흥여(64)가 실마리를 제공한다.

반준이는 1심 초추에서, 8월 13일 통문이 또 도착하자, "우리 동은 별로 호적이 문제될 것이 없으므로 동민들이 부회하려 하지 않는다."라고 하자 소위 김봉석이란 자가, "많은 사람[多民]이 모두 모이는데 너만 유독 따르지 않으니 무사할 것 같으냐?"라고 공갈하여 16일 부득이 어변정에 가서 참석하였다고 진술하였다. 이에 심문관은 두 번 다 참석했다면 시종 참석한 것이라 하여 앞에서 선동한 난의 괴수라는 혐의를 면할 수가 없다고 하였다.[84] 박흥여는 초추에서 동 소임이 통문을 갖고 와서 8월 초5일 어변정에 갔었고, 8월 13일에는 감색이 장적을 가지고 와서 역시 부관소에 갔으며, 고적 후에 16일에 이르러 과연 민변이 터졌다고 하였다. 이에 심문관은 갱추에서 5일과 13일에 참석했다면 16일 취회 시에도 참석했을 터인데 왜 아무 얘기도 없냐고 다그치자, 박흥여는 16일 이 몸은 서표루에 갔는데 중민이 천만으로 구름과 같이 회집하였다고 답하였다. 사실 그는 그전 1심에서 16일 또 민소로부터 서장대로 와 달라고 해서 가 보니 중민이 앉기도 하고 서기도 하여 부지기수였는데, 나오는 얘기[所發之論]가 하나같이 호적에 관한 얘기뿐이었고, 집에 돌아와 나중에서야 호적 감색이 많은 사람들에게 맞아서 죽었다는

83. 西堂 존위 유학 홍범구(2심, 갱추); "16일 夕時 衆民齊會于禦邊亭."
84. 倉洞 존위 한량 반준이(2심, 갱추).

얘기를 들었다고 한 바 있다.[85]

위 반준이 박홍여 두 동 존위의 얘기를 종합하면 5일의 첫 번째 어변정 민회 이후 두 번째 호적 고적을 위한 부관소 모임이 있었던 13일에 별도의 통문이 있었다는 것과, 뒤에 살피겠지만, 16일에는 이 어변정(만하정) 취회 외에도 서장대(서표루) 취회가 동시에 있었다는 얘기이다. 서장대 취회 통문은 16일에 나온 것이다. 이같이 보면 민소 판행 홍섭이 자기는 1차 통문에만 간여했을 뿐 2차 통문은 자신과 무관하다고 극구 변명한 그 2차 통문이 바로 이 16일 서장대(서표루) 통문인 셈이다.

16일의 어변정 모임[作拏於禦邊亭][86] 과정에서는 하동 동임 김봉석이[87] 고성 영주인 문효재의 집으로 가서 고문(庫門)을 부수고 감관 부자를 끌어내는 등의 사태가 진행되었는데, 그 내용은 불확실하지만, 이날 오후의 남문 밖 모임과 연동된 것으로 추정된다. 이날 저녁 남문 밖에서는 다민이 취회하여[88] 중민이 호적 감관과 색리, 그리고 뒤에 감관의 아들로 밝혀진 이름 모를 한 사람 등 3인을 타살하는 사태가 발생했다. 날짜가 불확실하여 다 믿기는 어렵지만, 감색의 시신을 시친에 넘기지 않고 영주인 문효재한테 지키도록 하여 시신을 불태운 책임을 추궁당했던 동낙리 림자서의 발언에 의하면 남문 밖의 모임도 민소 공원에 의해 계획된 것이며, 공원 이상길은 16일 부관소 모임 후 어변정 모임

85. 東橋 유학 박홍여(1심, 초추).

86. 8월 16일의 어변정 취회를 1심 삼추에서 취조관은 어변정 민회로 표현하였다.

87. 下洞 동임 김봉석은 영아전을 지낸 인물로 동 존위들과는 별개로 시종 사태를 주도한 자이다. 1차 심문에서는 이름이 보였으나 감사 주도의 2심에서는 보이지 않는다. 감색의 시신을 불태운 사태를 주도한 것으로 먼저 효수된 윤복출, 김명필과 함께 효수된 3인 가운데 하나이다. 김원, 서학인, 이우연 등 3인의 걸인은 통영의 중영 옥중에서 사망하였다.

88. 면 집강은 8월 16일 부관소에서 장적을 대략 살핀 후 영문에 소장을 올려 호적 단자는 영문에서 받아 마감한다는 제사를 보고 난 후 각각 흩어졌는데, 얼마 후 남문 밖 해변가에 위치한 수항루 아래서 큰 고함소리가 나서 가서 알아보라고 하니 각동 사람들이 호적감관 이정권과 그 아들 (이)인규, 그리고 색리 김택호를 붙잡아다 구타하여 죽이는 사태가 벌어졌다고 하였다(1심, 초추).

의 진행상황을 확인하기 위해 오후에 어변정에 나타났던 셈이다.[89]

8월 17일: 다시 서표루에서 모임이 있었다.[90] 서표루 민회는 저녁에야 취회다민이 물러갔다. 영문의 지시에 의해 중민이 흩어졌다고 하나 사태는 그에서 그치지 않았다. 관련자들의 진술에 의하면 민소 판행이 통기하여 서장대에 오르니 각 동 다민(多民)이 또 모두 모였다고 하였는데, 서장대는 서표루를 지칭하는 것이다. 전날 소식을 들은 고성현령은 닭이 울 무렵에야 집강과 함께 영주인가에 도착했으나, 이미 이경(二更)부터 수백다민이 시가(市街)에 각기 장작목을 들고 집결하여 시신을 불태우고 난 다음이었다. 시신이 고성현으로 옮겨질 경우 관련자들이 본읍으로 붙잡혀 갈 것을 우려하여 증거를 없앤 것이었다. 당일 이경(二更) 언저리에 면사(面舍)를 부수고 가져온 나무와 평무창에 보관되어 있던 3,000단의 나무까지 동원되었다.

이상 고성현 춘원면 민회(민란) 사건에서 드러난 특징을 민회를 중심으로 간략히 정리하면 다음과 같다. 첫째, 춘원면의 민회는, 통영 소속이란 특수한 조건과 관련된 것으로, 민소 판행이 주재하는 각 동 대표자(존위)들의 모임을 지칭하는 것이었는데, 회의의 성격상 면내 대·소민이 모인 회의로 확대되었다는 것이다. 1차 통문을 날린 민소 판행은 처음 8월 5일 개최된 '어변정 민회'가 각 동 존위만을 대상으로 한 것임을 누누이 강조하고, 작변이 이루어진 16일의 각동지민(各洞之民)이 모두 모인[更會多民] 어변정 취회는 공원 이상길의 자의에 따른 것이라고 차별화하였던 것으로 미루어 첫 번째 69개 동 존위를 대상으로 한 민회는 일반 군현의 향회에 해당하는 것으로도 볼 수 있을 것 같다.

1차 통문에 따라 어변정에서 모인 민회를 제일 잘 표현한 것은 동교

---

89. 東樂리 업무 임자서(2심, 삼추).

90. 泉洞 유학 서석준(1심, 초추), "16일 저녁 본동의 하예가 동중에 소리쳐 이르기를 명일 어변정 민회에 하나라도 불참하면 그 집을 부순다고 돌아다니면서 일일이 알려서 참가를 독려한 까닭에 이유도 모르고 익일 서표루 민회에 왕참하였다."

리(동) 존위 박흥여이다(60세라는 나이 때문인지 모임 날짜와 참석자들의 참석 범위나 숫자에 착오와 과장이 있지만). 그는 지난 달 초5(4)일 민소 판행이 "호적을 바로잡기 위하여 통문을 내어 어변정에 취민한다고 하여 이 몸은 존위이기 때문에 다음 날 오후에 민회에 갔다(歸正戶籍次 發通聚民於禦邊亭是如 故矣身亦以尊位 翌日午後 往于民會)"는 것이다. 한편 위 16일 이후의 진행상황에서 확인되는 것으로서 전체 면(각 동)의 대소지민(大小之民)의 모임을 민회라 부르고 있다는 점도 주목된다. 호적을 수단(修單)하기 위한 모임 등 동 단위로 모인[洞中上下老少] 모임을 동회라고 했던 것과 대비되는 것이다.

일직이 춘원면 민회를 소개한 김용민은 본관의 부세수납을 담당하는 면임의 집무소인 면소와 대비시키면서, "민들은 관과 직접적으로 관련되지 않는 이른바 '자치기구'라 할 수 있는 민소를 가지고 있었다."라고 하고 면임이 일을 보는 면사와 달리 별도의 민소가 있고, 민소를 면내 제반 문제의 해결을 위해 열리는 민회의 실무기구였다고 추정하였다.[91] 그런데 민회가, 향인들의 향회와 달리, 주민들의 상설조직이 되지 못한 상태에서 민소를 판행과 공원의 집무소이자 민회의 실무기구로서 면소와 별도로 존재했던 것으로 설명하려면 보다 면밀한 검토가 필요할 것 같다.[92] 앞에서 언급했듯이 민소는 판행 공원의 집무소라기보다는 춘원면

---

91. 김용민, 앞 논문, 《사총》 43, 68쪽.

92. 민회가 상설조직화되지 못했다는 점은 東樂里 업무 임자서(磚石洞 戶籍里監 거행)의 진술(1심 초추)에서 확인된다. 그는 17일 "또 人言(사람들의 말)을 들으니 본읍에서도 謂聚多民한다고 하여, 내가 말하길 원래 사단이 없으면 어째서 취민하려 하는가?" 하였다. 이로써 보면 사단이 생겨야 취민하는 것이고, 따라서 민회는 일이 있어서 사람들이 모인 것이라 하겠다. 즉, 민회는 취민한다는 통기에 의해 모인 모임인 것이다. 여기에서 갱추시 취조관이 직접 민회를 언급하고 있다는 점이 주목된다. 취조관은 임자서가 이전 심문에 대한 답을 하는 가운데, "西表樓民會也雖爲往參 南門外殺變事 只聞傳言이라고 하였는데, 서표루는 남문에서 그리 멀지 않은데, 이미 그 모임(서표루 민회)에는 참가하고 이 變怪에 대한 얘기를 듣고도 아무 일 없다는 듯 귀가하였다는 것이 말이 되는 얘기냐?"라고 다그친 것이 그것이다.

당사자는 1심 초추에서 언급하지 않았는데, 3추에서 심문관이 민회를 언급한 경

이 갖는 행정구역상의 특성과 관련된 것으로 보는 것이 낫지 않을까 한다. 왜냐하면 판행이나 공원을 지칭할 때 '민소'를 접두어로 붙이고 있는데, 면임으로서 집강 약정을 지칭할 때 그들의 집무소로서 면소를 앞에 붙이지는 않기 때문이다. 마찬가지로 각 동에는 동임의 집무소로서 동사가 있고, 특별한 사안에 따라 모이는 동회가 있지만 그 실무기구로의 '동소'는 발견되지 않는다.

위와 같이 본다면 춘원면에서의 민소는 일반 군현의 향소와 대비시켜 설명하는 것은 어떨까 한다. 다만 향소(향임)는 향회라는 조직의 실무기구이자 집무소로서의 향청(향사당)이 있던 데 비해, 민소(판행, 공원)는 민회라는 공인된 조직적 기반은 없었지만 통영 소속 춘원면의 민사 문제를 총괄하는 역할을 하면서 동임(동 존위 부존위 동예 등)들을 통할하고 있었던 것이다. 그러니 민소는 관과 직접 관련되지 않는 민의 자치기구라기보다는 통제사나 그 휘하에 있던 부관의 지시를 받는 관임(官任)이고, 동 존위들의 모임인 민회는 '작은 향회'가 되는 셈이다. 그런데 이러한 민회 역시 아직은 관행화된 상설조직은 아니었다. 작은 민회의 대상이었던 창동 존위 반준이는 1심에서 진술하기를, "지난 달 8월 초4일 동예(洞隷)가 환분성책을 받아 오기 위해서 부관소에 갔다가 돌아와서 보고하기를, 민소 공원이 다음 날 어변정에서 '회민(會民)'하기로 했으니 너희 동 존위에게 참석하라고 했다고 해서 부득이 회중(會中)에 들어갔다"고 한 바 있다. 민회와 회민은 통용되고 있었다. 그리고 뒤에 설명하겠지만, 이 작은 향회를 판행과 공원, 그리고 각 동 존위(그 가운데 관의 행정을 조금 아는 자들)는 민회라고 호칭할 수 있었지만, 그것이 난의 조직 기반이 되었다는 지적을 받자 '민회'라는 명칭을 바로 거두었다.

우도 있다. 취조관이 직접 서표루 민회를 언급하였던 것이다. 김선산(倉洞 下隷 한량)에 대한 삼추에서 취조관은 갱추초를 언급하면서 감색의 머리를 휘어잡고 발로 찼다는 얘기를 민회 가운데[民會之中]에서 들었다고 한 것을 문제 삼았다. 사실 김선산은 초추에서는 (그곳에 모인) 남녀노소한테 들었다고 진술하였는데, 이를 취조관은 민회라 한 것이다.

다음 두 번째, 창원부사 윤영하, 사천현감 오신묵이 사관이 되어 심문한 1심에서는 참가자나 취조관 모두 '민회'로 지칭했던 '어변정 민회' 등의 명칭이 감사가 주관한 2심에서는 모두 바뀌어 민회라는 명칭이 빠지고 있다는 점이다. 11월 4일 열린 재심(2심)은 '금번 춘원면 민란(民亂)은 전에 없던 변'이라는 말로 시작되었다. 1심에서의 '고성현 춘원면 민변'이 '춘원면 민란'으로 바뀐 것에서 이미 예정된 것이지만, 호적이정사(戶籍釐正事)를 통영에 정소하기 위해 모인 8월 5일 어변정에서 도회(都會)한 '어변정 민회(民會)'는 '난민취회지장(亂民聚會之場)'으로 이름이 바뀌었다.[93] '유학전'징수 과정에서 드러난 호적문란 문제를 이정해달라는 합법적인 정소까지 민란의 한 과정으로 파악했기 때문에, 이러한 인식하에서는 민회라는 용어가 용납될 수 없었던 것이다.

순영 감사의 주관 아래에 이루어진 심문(2심)에서는 기본적으로 취조관이나 심문에 답변한 자 모두 특별한 경우를 제외하고는 1심 때 칭했던 민회라는 명칭을 쓰지 않고 있다. 대신 도회(都會), 취회(聚會), 참회(參會), 제회(齊會), 중민지회(衆民之會), 민변(民變), 난민작뇨(亂民作鬧), 난민작변(亂民作變), 난민둔취(亂民屯聚) 등으로 바꾸어 표현하였다. 취조관은 처음 통문을 돌려 백성들을 모이게 한 자가 누구이고, 거기에서 살인하고 시신까지 불태운 자가 누구인지를 밝히는 데 주로 관심을 기울였다.[94] 특히 8월 16일의 어변정 회의 이후 남문 밖에서의 모임에 주목, 이들 난민취회 시 통영에서는 관속들로 하여금 성문 밖으로 나가지 말 것을 분부하였다. 민란이라 규정하고 난민작변, 난민지취회(亂民之聚會)라는 언사가 중심이 되니 심문받는 자들은 그에 거슬리지 않는 중립적인 용어를 사용할 수밖에 없었던 것이다.

민회라는 용어를 쓴 경우는 총 27(28)인에 대한 3번에 걸친 재심(2심)에서는 세 사례만 보이는데, 모두 '민회'는 있어서는 안 되는 잘못된

---

93. 西橋 유학 정극신(2심, 갱추).
94. 統營軍牢 신인록(2심, 갱추); '發通而會民者誰也 殺人者誰也 消火者誰也'.

무지렁이들의 모임, 혹은 잘못된 집회라는 의미로 쓰인 것이다. 첫째 사례: 정동 유학 김장신(31세)은 8월 16일 사변(事變)을 소문만 들었지 비록 말단 장교이지만 직소(職所)에 있었기 때문에 처음부터 참여하지 않았다고 초초(初招)에서 답한 바 있는데, 그에 대해서 갱추에서는 취조관이, "난민이 둔취한 곳은 가위 인산인해일 터인데 거기에서 윤복출이란 자가 너를 보았다고 하니 어떻게 된 일인가?"라고 다그치자, 김장신은 거듭 "명색이 장교인데 어찌 민회에 가서 참석할 수가 있겠는가. 15, 16일 역시 직무소에 있었다."라고 답한 것이다.[95] 김장신의 이 답변을 보면 명색이 장교인데 어찌 무지렁이 같은 일반 민이 모이는 데 참석했겠는가라는 것이다.

둘째 사례: 집강 김종률이 삼추(三推)에서 취조관으로부터, "(갱추 때) 16일 난민민취회 시 통영문 분부로 관속들은 성문 밖을 나가지 말라고 하였기에 재청(在廳)하여 모른다고 했는데, 왜 어변정의 모임에 가고 호적을 고준할 때 부관소에 갔는가? 두 번 다 참가했다면 16일에도 참석한 것이 아닌가?"라고 묻자, "(5일)어변정에는 민소 통문 때문에 갔고, 14일 부관소에는 고적(考籍) 때문에 갔고, 16일에도 부관소에 있었고, 통영문 분부로 남문 밖의 민회에는 참석하지 않았다."라고 답하고 있다. 즉 남문 밖의 불법적인 집회에는 참석하지 않았다는 것이다.

세 번째 사례: 다소 특별한 것으로, 11월 4일 2심을 시작할 때에는 빠졌다가 같은 달 24일에 가서야 초추 갱추만 받았던 명정동 유학 탁장오(43)가[96] 자신은 출상입농(出商入農)하고 본래 식자(識字)를 모르기 때문에 이번 식년을 당해서 호적단자를 차서(借書)해서 동임한테 제출했더니 동임 말이 춘원면 장적문란이 막심해서 이번에 호적을 보고 난 다음에 호구단자를 수정[修單]해서 제출해도 된다고 하기에 부관소 모임에도 가지 않았고, 8월 16일에는 들에 나가 밭을 갈다가 저녁녘에야 들

---

95. 貞洞 유학 김장신(2심, 갱추); '矣身 名以將校 何可往參於民會也'.
96. 明井洞 유학 탁장오는 최종 결정문에도 치죄대상에 빠져 있다.

어왔기 때문에 많은 사람[多民]이 취회하여 감색을 타살했다는 것도 소문만 들어 알고 있다고 답한 바 있다. 그런데 갱추에서 조사관이 16일 당일 난민취회 시에 하나라도 불참하면 벌로 훼가(毁家)한다고 했는데 어찌 혼자 들에 나가 밭을 갈았냐고[出野耕田] 다그치자 여전히 초초에서의 답을 반복하고, 애초에 민회에 참섭(參涉)하지 않았는데 그 주범[首倡手犯之人]을 어찌 알 수가 있겠는가."라고 답하였다. 취조관이 '난민취회' 시에 불참한 자에 대한 훼가의 벌을 얘기했기 때문에 그 같은 취회, 즉 민회에는 참석하지 않았다는 것이다. 역시 불법적인 집회로서의 민회를 얘기한 것이다.

감사는 이번 사건을 기본적으로 난민들이 '살인을 하고 시체를 태운 변란[殺人燒屍之變]'으로 파악하였다. 잘못된 일이 있으면 정장(呈狀)하여 처분을 기다릴 일이지 법을 무시하고 살인에까지 이른 것은 민의 본분을 벗어난 것이라는 것이다. 수창자로 지목된 민소 판행 홍섭에 대한 결정문은, '그가 당초 제장발통(製狀發通)한 것은 호적을 바로잡는데 있었고 사람을 해칠 뜻은 없었다고 하지만, 민소 판행은 한 면의 일을 주관하는 자인데 판행의 잘못된 행위 때문에 민을 모아 소동을 벌이는 사태[聚民作拏之擧]가 야기되었고, 결국은 살인을 하고 시체를 태운 변란에까지 이르렀으니 중률(重律)을 면치 못한다'는 것이었다. 그런데 감사의 이 판결은 1심에서 민소 판행 홍섭을 취조할 당시 "통문을 돌리자 민이 모이고, 민이 모이자 살인을 하고, 살인이 저질러지자 (그것을 은폐하기 위해) 불을 질렀으니, 진실로 통문을 내지 않았다면 어찌 민이 모이고 살인을 하고 시체를 태우는 일이 일어났겠는가?"라는 질문에 비해 한 단계 완화된 것으로도 읽힐 수 있다.[97] 감사는 이 사건을 크게 키

---

97. 민소 판행 홍섭(1심, 3추); '發通而民會 民會而殺人 殺人而燒火 苟不發通 豈有民會·殺人·燒屍之擧乎'. 민회를 상설조직으로 보아서 위 문장을 '통문을 발하여 민회를 개최하고, 민회에서 살인을 하고 살인도 모자라 불을 지르니, 진실로 발통하지 않았으면 어찌 민회가 있고 殺人·燒屍之擧가 있었겠는가?'라고 번역할 수도 있을 것이다. 당시 감사가 만일 그같이 인식했다면 살인사건의 '주범'으로 '민

우려 하지 않았던 것이다.

감사는 민소 판행 홍섭을 바닷가의 어리석고 완고한 민[海隅愚頑之民]으로 표현했는데, 이 역시 이 사건을 크게 확대시키지 않으려는 뜻에서 나온 표현으로 읽힌다. 아래 보듯이 그는 한 동임으로부터 '대민(大民)'으로 인식되고 있기 때문이다. 홍섭 자신은 통영 소속 사고(社庫)를[98] 지키는 장교로서 본래 빈한하여 설경자생(舌耕自生)해 오다가, 외람되게 향로(鄕老)로서 명색이 판행이 되었다고 하였다.[99] 판행이 휴가를 얻어 집에 있었다고 하기도 하고 민소 공원을 관유사(官有司)로 호칭했던 것을 같이 고려한다면 판행이나 공원은 모두 관임(官任)이라고 할 수 있을 것이다.[100] 아울러 민소 판행은 통영의 대민(大民)으로서 백성을 진퇴시키는 것이 모두 그로부터 이루어진다는 얘기를[101] 같이 놓고 보면, 판행은 관임으로서 일반 군현의 향소[향청] 소임인 좌수 등에 해당되는 자로 볼 수도 있을 것이다. 면 집강인 김종률은 그래서 판행이 면소를 주장하는 자라고[102] 하였던 것이다.

앞서 통제사의 지시로 춘원면의 호적은 통영에서 별도로 마감한다는 결정을 이끌어 냈다는 점을 확인한 바 있었는데, 이는 정부로부터도 승인을 받았다.[103] 따라서 춘원면 난민들의 이번 작위가 전혀 의미가 없었

회'를 크게 문제 삼았을 터인데, 언급했듯이, 그렇지 않고 감사의 취조과정에서는 민회라는 표현을 거의 찾을 수 없다.

98. 社庫 명색은 將校 1인 吏 1인 百姓 1인이 담당한다.

99. 죄인 춘원면 민소 판행 유학 홍섭(2심, 초추).

100. 西堂 존위 유학 홍범구(1심 초추).

101. 下洞 동임 김봉석(1심, 갱추); '民所判行云者 卽營中大民也 進退百姓 皆立於此'.

102. 춘원면 집강 김종률(2심, 갱추); '面所 主張者 卽判行也'.

103. 《고종실록》, 고종 6년 8월 27일 병인.
議政府에서 아뢰기를, "방금 統制使 李顯稷의 狀啓를 보니, '固城縣의 호적을 가지고 농간을 부린 監色을 붙잡아 사실을 조사하던 중에 백성들이 성이 나서 주먹으로 쳐서 죽게 만들었습니다.'라고 하였습니다. 백성들의 습속이 비록 어리석다고는 하지만, 법을 무시하는 것이 이처럼 심할 줄은 헤아리지 못하였습니다. 그 주동자가 누군지를 조사하여 먼저 참수한 뒤 아뢰게 하소서. (중략) 호적에 관한 법의 내용이 얼마나 엄중한 것입니까? 그런데도 吏典과 鄕任이 조종하고 한결같이

던 것은 아니었다. 그렇지만 이번 사태의 원인을 제공한 관원들은 교체되는 선에서 머물고 말았다. 위 조치의 연장선상에서 다음 해 5월에는 고성현을 통영에 부속시켜 현령을 판관으로 고쳐 통제사의 종사관으로 삼고[104] 이어 8월에는 현을 부로 승격시켜 종4품 무관직으로 삼아 판관 겸 종사관을 겸대하게 하였다.[105] 앞에서 본대로 대원군의 지시로 만들어 올린 1872년 지방지도에 고성은 '본부(本府)'로 향청(鄕廳) 이청(吏廳)과 함께 통영 내 동남쪽에 자리하고 있다. 관방을 강화하고자 한 대원군의 정책과 긴밀히 연결된 것이라 하겠는데, 이 같은 조치는 1874년 대원군의 하야와 함께 바로 원상 복구된다.

맡겨 혼란스럽게 되었으니, 磨勘한 해당 守令은 現告를 받아 우선 파직시킨 뒤 拿問하여 엄히 처벌하게 하소서. 비록 현임 수령을 놓고 말하더라도 태만한 채 살피지 아니하여 이 변고를 초래하게 하였으니, 固城縣令 沈宜稷도 罷黜시켜 拿勘하소서. 春元面은 이미 변방을 방어하는 군졸들이 거주하는 곳이니 該邑에서 주관하게 하면 갈등이 생길 우려가 없지 않습니다. 영원히 統營에 劃付하여 전적으로 관장하게 하는 것이 어떻겠습니까?" 하니, 윤허하였다.

104. 《고종실록》, 고종 7년 5월 14일 기묘.
統制使 鄭圭應이 올린 상소의 대략에, "本營은 이미 지방에 있는 장수에게 맡긴 상황에서는 鏡城이나 沁都의 규례대로 固城縣令을 고쳐서 判官 겸 從事官으로 삼고, 殿最는 신의 군영에서 독자적으로 써서 처리하고, 고을을 옮기는 데 대한 방도는 많은 사람들의 의견을 널리 받아들일 것입니다. 외람되게 전하에게 아뢰니 신의 疏章을 의정부에 내려 보내 좋은 쪽으로 품처하게 하소서." 하니, 비답하기를, "이미 지방 장수의 군영으로 만들었으니, 체모상 지난날을 가지고 말해서는 안 된다. 이번에 올린 소장은 실로 事體에 합당한 것이니, 이 문제는 廟堂으로 하여금 좋은 쪽으로 품처하게 하라." 하였다.

105. 《고종실록》 7권, 고종 7년 8월 25일 기미.
김병학이 아뢰기를, "固城縣令을 判官으로 개칭하였습니다. 그러나 생각하건대, 統營의 체모가 원래 각별하니 縣은 응당 府로 승격시키고 判官은 府使로 승격시키는 동시에 從事官을 겸임하게 하여, 부사의 等第는 순영에서 써내고 종사관의 등급은 통영에서 쓰게 해야 합니다. 통영은 고성에 대하여 本官이니, 府 안의 모든 사무는 일체 통영에서 맡아서 다스려야 합니다. 三政과 戶籍은 순영을 거치지 않을 수 없으니 통영에서 하나하나 대조해 보고 순영에 공문을 내어 마감하게 해야 합니다. 본부는 이미 통영 밑의 고을이 되었으니 영원히 堂下武官이 맡는 守令 자리로 만들어야 합니다. 지금 판관 柳箕東이 비록 4品을 거치지는 못하였지만 여기에 구애되지 말고 부사로 승급시키도록 銓曹에 분부하는 것이 어떻겠습니까?" 하니, 윤허하였다.

민회의 전화

앞서 고성현 춘원면의 민회에 대해서 자세히 살펴보았다. 창원부사와 사천현감 2인이 조사한 1심에서는 1차 통문을 발한 민소 판행 홍섭에 대해서, "통문을 발(發)하여 민회가 열렸고, 민회가 있어서 살인사건이 발생하고 사람을 죽이다 못해 시체를 불사르는 일까지 일어났으니, 진실로 통문을 내지 않았다면 어찌 민회가 있고 살인과 시체를 소각하는 일이 있었겠는가."라고 하여 사태의 근원이 '발통(發通)'에 있음을 강조하였다.[106] 여기에서 '민회가 열렸고'는 '사람들이 모이고' 정도로 읽힐 수 있는 내용이다. 1차 '어변정 민회'가 동 존위들만을 대상으로 한 통문에 따라 열렸다고 했고, 상당수 존위들이 그것을 '민회'로 표현했지만, 대부분의 존위나 참가자들은 민소 판행과 공원이 어변정에 모이라고 해서 참석했을 뿐이라고 하였기 때문이다.

사실 '민회'라고 한다면 주민, 대・소민인들이 모두 참여하는 그러한 것이 되어야 하는데, 동 존위들만을 대상으로 하는 '민회'는 성립하기가 어렵다. 아직은 '민회'가 보통명사로 자리 잡고 있지 못한 것이다.[107] 그렇지만 민소 공원이 소집한 회의를 '민회'라고 강하게 인식하고 있는 사람도 있었다. 자료상 확인되는 것이 아니지만, 일반 군현 향소의 향임(향인)들이 향회를 운영하고 있었던 것을 생각할 때 민회가 성립 불가능한 것은 아닐 것이다. 실제 춘원면의 민회는 판행의 통문에 의해 소집된 69개 동 존위들의 모임에서 시작되었지만, 각 동 주민, 대・소민인

---

106. 본장 각주 97과 같음.

107. 西橋有司 능로군 김필언(1심 초초); "이 몸은 서교동의 하예로서 (8월) 16일 洞丁 수인과 治道次 한미당에 갔다가 저녁 무렵 돌아오는 길에 들으니 호적감색이 多民한테 맞아 죽었다 한다. 17일 또 들으니 감색의 시체를 불태우는 데 소목이 부족해서 면소를 부쉈다고 하였다."
위 김필언은 자신이 아는 것은 그뿐이니 살펴 달라고 하였다. 서교동의 동 실무자[有司: 下隷]는 어변정민회나 서표루민회 등 민회에 대해서는 전혀 언급하지 않고 있다.

이 모두 모이는 모임으로 확대되었다.

어변정 민회와 공론(공의)을 비교적 명시적으로 언급한 것은 동교리 존위 박홍여이다. 그는 8월 5일 호적을 바로잡기 위해 '어변정에 민을 모이게 한다[聚民於禦邊亭]'는 민소 판행의 통문을 받고 다음 날(?) 민회에 갔다. 좌상에는 민소 판행과 면의 집강 약정 및 동 존위 홍범구 등 수천 민인이 좌우에 위립해 있었다고 하였다. 1차 어변정 취회의 참석인원에 대해서는 '백천다민(百千多民)'이라는 표현도 있는 만큼 박홍여의 표현은 다소 과장된 것으로 보이지만, 이 모임에 동 존위들만 모인 것은 아니고 호적 이정에 관심을 가진 다수의 주민이 같이 참석했다고 보아도 좋을 것이다. 박홍여는 판행에게 '민회의 까닭[民會之由]'을 물었더니, 그가 '장적이 효잡하여 한 번 크게 이정하는 것이 불가피하다'고 해서, 그것은 중인(衆人)에 관계되는 일이니 한두 사람이 판단할 일이 아니라고 하였다. 논의 결과 좌중의 모든 사람이 또 영문(營門)에 원(寃)을 알리자는 뜻으로[以鳴寃營門次] 공의(公議)가 이미 모아져[已成], 이에 따라 민소 판행이 민장(民狀)을 써서 입정(入呈)하게 하고, 장적감(호적감관색리)을 데려와 대령하라는 데김[題辭]을 받았다고 하였다.[108]

처음 모임은 69개 동의 동임(존위)들만을 대상으로 한 것으로, 호적을 이정하기 위해 영문에 정소하자는 결정이 이루어졌는데, 이를 공의가 이루어진 것으로 설명하고 있다. 그런데 그 역시 감사 주관의 2심에서는 8월 5일의 69개 동 동임이 모두 줄지어 앉았는데 '중론'이 모두 영문에 정소하여 호적을 이정해야 한다고 하여 판행 홍섭이 소장을 작성하고 영문(통영)에 들어가 의송을 바쳐서 '호적감관·색리가 장적을 가지고 대령할 일[戶籍監色 持帳籍來待事]'이라는 처분을 받아 냈다고 말하고 있다. '공의'를 '중론'으로 바꾸었으니 자신들은 아직 '공론'을 얘기할 처지가 못 됨을 자인한 것이었는지도 모를 일이다.

---

108. 東橋 존위 유학 박홍여(1심, 초추).

민란기에 대·소민인, 중민을 이끌었던 이들은 기존 향인이나 이향층이 주도하는 향회를 강하게 인식하고 있었고, 그들의 모임과 구별하여 자신들의 모임을 읍회나 도회, 또는 장소명을 병기하는 수청가회의(진주), 어변정회의(고성 춘원면) 등으로 호칭하였다. 상주에서 보았던 민회, 민론이라는 것도 남이 붙여 준 이름이었지 자신들이 명명한 것은 아니었다. 임술년(1862) 4월 초이레, 개령에서 자신의 여식을 조인국이라는 자한테 수양녀로 보냈던 여아의 아비가 김산에 우거하고 있던 조인국을 찾아가, "금일 민회에서는 관비 가운데 억울하게 속공된 자는 모두 돌려준다고 한다"고 알려 주어, 그 말을 듣고 개령읍에 들어갔다가 난민들과 함께 관아로 들어가 원을 풀어 보려던 조인국이 결국 관장 압박, 인명 상해, 문부 소각 등의 죄목으로 치죄 받는 신세가 된 바 있다.[109] 당시 여아의 아비가 읍내에서 '민회'가 있다고 하는데 거기에 가면 모든 문제가 해결된다고 하니 한 번 가 보라고 권유했을 때의 그 민회 역시 읍회(향회, 대·소민회의)와 크게 다른 것이 아니었다. 일반 민초가 보기에 읍내에서 사람들이 모인다고 하는데, 그것이 민회인지 읍회인지 향회인지 구별할 방도가 있었을지 의문인 것이다. 앞서 검토한 상주의 경우도 그러하지만, 특히 고성 춘원면에서는 민회가 1심과는 달리 2심에서는 불법적인 모임, 민란과 같은 차원에서 다루어지고 있었으니, 관을 상대로 민회를 입에 올린다는 것은 아직 합법적인 공간에서는 쉽지 않은 일이었다.

상주의 민회나 춘원면의 민회에서 또 하나 주목되는 점은, 일부 특별한 경우 사용된 경우가 없지 않지만, 백성(百姓)이라는 어휘를 거의 찾아볼 수 없다는 점이다. '민(民)'과 '백성(百姓)'은 혼용될 수도 있는

---

109. 《일성록》 1862년 6월 10일, 〈開寧按覈使尹泰經 亂民趙仁國查覈馳啓〉.
개령인 조인국은 수양녀를 김가 양반한테 빼앗기고, 항의하다가 결국 金班의 '誣訴'로 여아가 官婢로 屬公당하고 관으로부터 家產什物을 모두 몰수당하여 破家沒產하고 개령에서 살지 못하여 김산 땅으로 옮겨 가 우거하고 있다가 민란의 기회를 틈타 개령 관정에 들어갔다가 연루된 것이었다.

용어일 터인데 그렇지 않다는 것은 왕민(王民), 적자(赤子)로서의 백성의 위치가 크게 달라졌다는 점을 의미하는 것이다. 대민과 소민 사이의 넘을 수 없을 것 같은 장벽이 없는 것은 아니었지만, 기존 관 주도의 향촌 통제책이 위기를 맞는 가운데 대·소민인이 '관(官)'의 상대역으로서 '민(民)'으로 단일화되어 나간 사정을 반영한 것으로 이해할 수도 있을 것 같다.

1900년대 초반 평안도 덕천에서 향회를 주관하던 향인들이 자신들의 모임을 '민회'로 자정한 것에 비추어 본다면,[110] 삼남 지방의 경우 향인들의 존재가 여전히 무시할 수 없는 상태였다고 할 수도 있을 것이다. 그러나 지방 행정체계에서 향인들의 위치를 찾기란 거의 힘든 상태였다. 마찬가지로 삼남 지방에서 1860년대의 민회 역시 아직은 정식 시민권을 획득하지 못한 상태였다. 그렇지만 동시에, 하나의 상설적 조직으로 자리 잡지는 못하였지만, 대·소민인들이 만들어 나온 민회는 조만간 자기 위치를 찾아 나설 것이었다.

1894년 고성현 도선면 등장(等狀)

앞서 1869년 고성현 춘원면의 민회를 살펴보았는데, 1894년에는 바로 인접한 도선면에 사는 강달주 등이 통영에 제소한 등장(等狀)에 대해 통제사가 내린 뎨김[題辭]에는 민회가 당당한 모습으로 자리 잡고 있다.

---

110. 이영호, 〈향인에서 평민으로-평안도 향인체제의 구조와 그 해체과정-〉, 《한국문화》 63, 2013.
1904년 평안도 덕천에서는 관속들의 料米를 鄕論에 따라 '還戶'에 분담·배정한 것에 대해 平民들은 '民論'이 하나로 모아져 민회에서 결정한 것으로 문제가 없다고 주장한 반면, 會民(一進會民)들은, "관속의 료미는 비록 향론이 있으나 민론이 둘로 갈라졌다."라고 주장하여 '평민'과 '회민' 사이에 대립이 있었다고 한다. 평안도 지역에서는 1900년대에 들어오면 전 고을의 의견이 '민론'으로 단일화되었던 것이다. 이 논문에서 저자는 서북지역에서는 1900년대 초반에 들어와 '향인체제'가 향인들의 평민으로의 자정에 의해 해소되어 근대 국민국가의 성원으로 될 수 있는 기반이 갖추어졌다고 하였다.

내용은 고성현 소속 도선면은 전적으로 주사(舟師: 水軍)에 속해 있는데 육군의 역이 중첩되어 첩역된 부분을 반으로 감하라는 '향론관제(鄕論官題)'가 있어, 즉 향론이 일어 관의 판결문(題辭: 뎨김)까지 받았는데, 이번에 갑자기 (본관에서) 혼동하여 책임을 지우니 통제사가 나서서 육군 역을 제할 수 있게 조처해 달라는 것이다.[111] 근거로는 도선면에 부과된 첩역분을 반으로 감하라는 향중(鄕中)의 건의가 받아들여져 본관에서도 허락하는 뎨김을 내린 것을 들고 있다. 그런데 이 등장을 받아 처리하면서 통제사는, "'민회 교혁(民會矯革)'은 필경 공공지론(公共之論)을 따른 것이거늘 어찌 어떤 것은 덜어 내고 어떤 것은 더할 까닭이 있겠는가? 다시 이정(釐正)하여 이 같은 일이 일어나지 않도록 하는 것이 마땅하다."라고 뎨김을 내리면서 본관으로 하여금 처리하도록 지시하였다.[112] 향론에 따라 각 면에 부과된 부역(부세) 감당량을 조정한 것을 '민회 교혁'이라 하고, 이것이 공론에 따른 것임을 확인하고 있는 것이다. 통제사는 물론 본관 수령도 민회에서의 결정을 기본적으로 인정한다는 것인데, 그 민회의 내용은 한 세대 전 1862년, 1869년의 그것과 큰 차이가 없는 것이었지만, 이제 1894년에 들어와 관(통제사)으로부터 일정한 지위를 부여받게 되었다는 점에서 커다란 차이가 있는 것이었다. 다만 이 같은 현상이 전국적 차원에서 의식되고 제도화될 수 있는 것이었는가 하는 점이 문제로 남게 된다.

19세기 후반기 민회에 대해서는 흔히 1893년 전봉준 세력이 주도한 보은집회의 민회 발언을 중심으로 이해해 왔다. 선무사(宣撫使) 어윤중(魚允中)이 보고한 바에 따르면 교조신원을 위해 충청도 보은(報恩)에서 모인 농민군들은 스스로 말하길, "이번 모임은 아주 사소한 병기(兵器) 하나 휴대하지 않았으니 이는 민회(民會)이다. 일찍이 듣건대 각 나라들

---

111. 〈民狀草槪〉 甲午(1894) 8월 8일, 통영(《한국 지방사자료총서》 30, 여강출판사).
112. 위와 같음, 〈初八日 固城民人等狀〉, "題, 民會矯革 必由於公共之論是去乙 豈有何祛何添之理 更查釐正 不之(至)更聒宜當向事 本官."

에도 민회라는 것이 있어 조정의 정령(政令) 가운데 민국(民國)에 해가 되는 것을 회의하여 해결한다고 하니, 이는 근자에 흔히 있는 일이다. 어찌 이를 비류(匪類)들의 행위로 몰아붙이는가?"라고 하였다.[113] 앞서 19세기 전반 갑오년(1834) 경상도 선산부에서 볼 수 있었던 양반이 중심이 된 대소민 공회(大小民公會)가 60년 한 갑자(甲子)가 지나 민중이 주체가 된 민회로 변모하고 있었던 사정을 잘 보여 준 것이었다.

이미 30여 년 전 임술민란에서 선무사가 경상도 71개 군현 중 20개 군읍을 수행한 뒤 총평으로서, '병들지 않은 읍이 없고 그 병도 고질이 되지 않은 것이 없지만, 위로는 '국계(國計)', 즉 국가 재정에 손실이 없고 아래로는 '민납(民納)'에 더 추가되는 것이 없어야만 비로소 변통할 수 있을 것'이란 보고를 한 바 있다.[114] 18세기 후반 이래의 민국(民國) 문제, 즉 민사(民事)와 국계(國計)에 걸린 부세 문제가,[115] 이제 19세기 말에 이르러 국정 전반에 관련된 문제로 확대되고 있음을 보게 된다.

19세기 일련의 사태 진전과정에서 농민들은 동리 단위에서의 결집력을 바탕으로 등소(等訴)를 올리는가 하면, 민란기에는 읍, 면, 리(동) 단위에서 지배층 피지배층을 떠나 대·소민인들이 공동으로 문제 해결방안을 모색하는 전통 위에서 기존 향회와는 또 다른 의사결정기구를 만들어 나갔다. 모이는 장소나 방법에 따라 읍회나 도회로 불리기도 하였

---

113. 〈宣撫使再次狀啓〉, 《東學亂記錄》, 123쪽.

114. 〈종산집초〉 선무사 이삼현 〈별단〉, 《임술록》, 227쪽.

115. 영·정조시대 이후 부쩍 늘어나는 '民國'이라는 용어를 최근에 들어와 '백성의 나라'라거나 '君民共治'의 政體를 뜻하는 것으로 오해하고 사용하는 경우를 자주 보게 된다. 이는 후대의 관념을 잘못 투사한 것이기도 하지만, 더욱 중요한 것은 사료에 대한 誤讀에서 나온 잘못을 계속 답습하는 데서 비롯된 것으로서 우려되는 바가 크다. 18세기 후반 이래 '민국'이라는 용어는 정치체제와 관련된 것이 아니라 民事·國計나 民憂國計, 즉 백성의 삶과 나라의 살림살이(국가재정)를 뜻하는 것이었다. 그러니 '민국정치'라는 용어를 굳이 쓴다면 정쟁(당쟁)에서 벗어나 '정치적 안정을 기반으로 민사와 국계에 대해 깊은 관심을 보인 정치' 정도로 설명하는 데 그쳐야지, 그것을 정치이념을 반영한 정치체제론으로까지 밀어 올리려고 해서는 안 될 것이다. 이에 대해서는 김인걸, 〈정조의 '국체' 인식〉, 《정조와 정조시대》, 서울대학교출판문화원, 2011, 120-123쪽 참조.

고, 같은 향회란 명칭이 사용되는 경우에도 반관적인 성격을 띠는 것이 보통이었다. 그 가운데는 '민론'을 반영하는 '민회'라는 명칭의 집회도 모습을 드러내고 있었다. 그리고 1893년에는 한 고을을 넘어서 삼남지방을 넘어 온 지방 사람들이 다 같이 모이기 쉬운 충청도 보은에서 전국적인 '민회(民會)'를 개최할 수 있었으니, 이는 민중의 탄생으로서 19세기 정치사가 이룬 커다란 성과였다.[116] 그렇지만 이 같은 시대적 경험은 기억의 벽을 넘지 못하고 아직까지도 정치적 현실에 갇혀 시민권을 획득하고 있지 못한 것으로 보인다.

1894년 '동학농민혁명'의 실패로 대·소민이 참여하는 '거족적' 공론의 장은 사라진 듯 보였다. 이 거족적 공론장은 일제의 압박하에 '천도교' 등을 매개로 다시 살아났지만 아직 독립된 민족국가에 자리 잡을 수가 없었다. 일본군과 관군에 의해 동학군이 물러간 자리에 새로이 들어앉은 독립협회는 친일 개화파나 동도서기론을 내세운 보수 관료들의 놀이터가 되었고, 정치의 공백을 틈타 안경수, 정교 등은 쿠데타를 통한 정권 장악을 기도하는가 하면, 대중적 기반을 가진 것으로 평가되는 만민공동회 역시 러시아를 견제코자 하는 일본(영국, 미국)의 후원을 받아 활동하였지만 그 집회의 범위는 종로거리를 넘어서지 못하였다. 그렇지만 19세기 이래 삼남지방에서 볼 수 있었던 대·소민들의 동향이나 1904년을 전후한 서북지역에서의 '민회'에서 볼 수 있듯이 전 주민의 의견들은 '민론'으로 새롭게 자리 잡아 나가고 있었다.

---

116. 김선경, 앞 논문, 〈19세기 농민저항의 정치〉, 2006; 배항섭, 앞 논문, <19세기 후반 민중운동과 공론〉, 2013; 오수창, 〈조선후기 체제인식과 민중운동 시론〉, 《한국문화》 60, 2012 참조.

Ⅵ. 결론

조선후기에는 과거 조선왕조를 이끌어 온 '공론정치'에서 양반계급이 중심이 된 '공론'과 병행하는, 때론 그것의 허구성을 비판하고 새로운 공론의 장을 펼쳐 나간 공공영역이 자리하고 있었다. '향회(鄕會)'와 '민회(民會)'가 바로 그것이다. 18세기 후반-19세기 지방사회 전 구성원[大小民人]의 의사를 결집해 내고 있었던 조직으로서 향회와 민회는 당시 새롭게 제기되고 있던 지방사회 공론을 대변하였으며, 기존 양반문화와는 다른 새로운 정체성 기반의 하나가 되었던 것으로 이해된다. 그 안에 넘을 수 없는 벽이 하루아침에 없어질 수는 없는 것이었지만, 대·소민인이 같은 뜻으로 자리를 같이한다는 것은 16세기 같으면 상상조차 할 수 없는 것이었다. 그런데 위와 같은 새로운 공론의 장은 평지돌출의 것이 아니라 기존 공공영역 속에서 배양된 것으로서 양자는 상호 충돌하면서도 영향을 주고받는 것이었다.

숙종대 이후 리정법 체제하에서 면리·군현 안에서, 상호 감시와 연대 속에서 이루어지는 것이기는 하였지만, 사망이나 도망 등으로 부족해진 군역대상자를 대소민인·상하노소가 모여 상의하여 공론에 따라 대정(代定)하도록 하였고, 이 같은 공동납이 진행되는 가운데 점차 납세자들의 목소리가 커져 나가게 되는 것은 필연이었다. 1834년 경상도 선산부에서는 각 면의 풍헌, 요즘 식으로 말하면 면장을 소민들이 모두 모여 권점(투표)을 통해 추천하면 아관(亞官: 좌수)이 임명하는 방식으로 소민들의 의견을 지방행정에 반영하는 조치가 감사의 승인 하에 인정되기도 하였다. 이 같은 방식은, 비록 대민 중심의 향촌질서를 유지하기 위한 것이었다고 하더라도 큰 진전이라고 하지 않을 수 없다. 숙종 원년(1675) '오가통사목'을 강화하면서 양반 지배계급의 향임 및 면리임 기피 현상을 제어하기 위하여 문무음직을 지낸 자들을 찾아 리정(里正)·면윤(面尹)에 차정하려 한 적이 있고, 리정법을 핵심내용으로 하는 숙종 37년(1711)의 양역변통절목에서는 리임을 존위·부존위로 나누고 존위에는 면리 내의 표저양반을 차정하려고 했던 것과 비교하면 더욱 분명해진다.

조선후기 향촌사회에서 권점이라는 것은 향안에 오를 대상을 놓고 향원들이 흑백돌로 투표하여 '삼불(三不)', 즉 3인 이상이 검은 돌을 던지면 입록대상에서 제외하였던 것, 그리고 수령에게 좌수, 별감 등 향임을 추천[鄕薦]할 때 다수결로 대상을 가리던 방식을 원용한 것이었다. 그리고 그것을 향론에 따른 것이라 하였으니, 권점은 향인·대민들의 향중공론의 실현 방식이었던 셈이다. 당시 소민들은 스스로 공론을 표방하지는 않았지만 19세기 '민회'에서 중론이 감영에 정소하자는 쪽으로 의견이 모아진 것을 '공의'가 이루어진 것으로 간주하였다. 공론은 중앙의 대간 같은 고급관리들이나 대민 양반들의 전유물을 넘어 대·소민 누구나 따라야 하는 정치문화로 자리 잡아 나갔던 것이다. 동학농민군들이 자신들의 모임을 병장기 하나 소지하지 않고 조정(朝廷)의 정령(政令) 가운데 민국(民國), 즉 백성이나 국가에 불편한 것이 있으면 회의를 통해 검토하여 정하는 서구의 민회와 같은 민회라고 주장하였다. 한국 근대의 국민적 정체성의 굵은 뿌리를 찾는 눈이 아직 여기에 이르지는 못한 것이 아닌가 한다.

19세기 '민란'이나 '삼정문란'의 처리 과정에서 대·소민 간의 이해관계가 첨예하게 대립하고 보수적 인사 가운데는 난민들이 겉으로는 읍폐

교구(邑弊矯救)를 내세우지만 그 밑바닥에는 양반에 대한 쌓인 원한을 풀고자 하는 뜻이 깔려 있다고 강조하는 이도 있었다. 이는 조선후기 사회모순의 핵심에 닿아 있는 판단이다. 그렇지만 사회 현실은 그렇게 단순한 것이 아니고 모순의 해결방식 역시 마찬가지다. 처음 기존 부세자문기구였던 향회의 결정에 반대하여 앞서 나선 것도 대민과 요호부민들 가운데서 나온 것이 아닌가. 강위(姜瑋) 같은 개혁론자 역시 임술민란 이후 '삼정구폐책'을 건의하면서, 소민(小民)과 거성대족(巨姓大族)·향리호활지민(鄕里豪猾之民) 양자 사이의 첨예한 이해관계의 대립을 지적하고, 거성대족·호민의 기세가 수많은 소민들의 기세를 당할 수 없는 이 기회를 이용하여 호요(戶徭)·구전(口錢)·균전(均田) 같은 개혁안을 추진하자는 안을 제기한 바 있다.[1] 그렇지만 '민란'이라는 특수한 형세를 이용하여 '오래된' 개혁 불가론을 떨치고 근본적인 개혁을 추진하자는 것이었지, 당시 위에서 살핀 바와 같은 대·소민인들의 공동의 대처방안을 고려한 실천방안으로서 제기한 것이었는지는 의문이다.

같은 시대를 살았던 최한기(崔漢綺)는 진주민란 등 임술민란의 원인을 파악함에 있어 학정(虐政: 厲虐之政)에서 비롯된 것으로 보고, 이에 대응하여 무리지어 일어난 것을 백성들이 제일 바라던 바이고[生民之大願] 자연의 이치[天則之順勢]라고 옹호하면서, 아울러 이 기회를 이용하여 치안을 유지할 수 있는 덕이 있는 자를 추천하여 왕업을 이루는 것이 사람 쓰는 법칙[天則之用人]이라고 하였다.[2] 그는 전 인민의 동향을 아우르되 부유한 계층에 주목하고, 인민의 상층을 구성하는 계층의 능력을 계량화함으로써 합리적으로 인재를 평가 선발하는 데서 사회개혁

---

1. 강위(1820-1884), 〈擬三政救弊策〉, 《강위전집》.
2. 최한기(1803-1877), 《人政》 권23, 〈用人門〉 '用人大勢'. 民의 정치 참여 및 정치적 위상에 관한 최한기의 인식에 대한 최근 논의는 백민정, 〈최한기 정치론에서 民의 위상에 관한 문제〉(《대동문화연구》 67, 2009)에 자세하다. 최한기의 정치론에서 민의 정치참여 문제와 관련된 선행연구들을 요령 있게 소개해 놓고 있어서 참조하였다.

을 기대하였던 만큼,[3] 민란을 보는 눈이나 대처방식에서도 그러한 견해를 보였던 것이다. 우리의 주제와 관련하여 주목되는 점은 그러한 그가 여러 군데서 공론에 대해 언급하고 있다는 것이다.

최한기는 사람을 추천[選擧]하는 데서는 백성의 공론[生靈之公論]을 위주로 삼아야 하며, 군신 상하가 그 공론이 다 발현될 수 있도록 붙들어 세우고 그 공론이 침해되는 것을 막아야 한다고 하면서도, 동시에 위로는 임금[人主]으로부터 아래로 관료[僚友]에 이르기까지 모든 정성을 다하여 인재를 찾으면 인재를 선발하는 부서[選部]에 알리는 것을 공론을 수집하는 방법으로 삼으라고 하여 관료들의 역할을 인정하고 있었다.[4] 그 가운데 선부(選部)에 착오가 있으면 대간이 논박하고 임금[人君]이 시비를 가려 선거(選擧)가 치우치지 않도록 해야 한다고 하였는데, 이는 기존 공론정치 관행을 일정하게 반영한 것이라고 하겠다. 아울러 시비를 정하는 주인으로서의 인군, 즉 국왕을 정점에 놓고 있다는 점에서 왕정체제에 대한 어떠한 의문도 제기하지 않고 있었던 것이다.

최한기의 공론 관련 언급 가운데 위 '생령(生靈: 백성)'의 공론을 주목한 것 외에, 평생의 노작이라 《인정》의 제일 앞에 나오는 〈측인문〉 총론에서, "여러 의견들을 합하여 사람됨을 헤아리면 공론이 저절로 그 안에서 추출될 것이고, 여러 사람들의 말을 모아서 사람됨을 헤아리면 지켜야 할 마땅한 도리가 그 안에 있어 바로 세워진다."[5]라는 언급과, 〈선인문〉 3의 '국심선인(國心選人)'조에서의 공론에 관한 언급이다. 전자의 경우는 다수의 의견을 들어 판단하는 것이 공론에 부합하는 것이

---

3. 유봉학, 〈조선후기 개성지식인의 동향과 북학사상 수용 — 최한기와 김택영을 중심으로—〉, 《규장각》 16, 1993 참조.
4. 최한기, 《人政》 권17, 〈選人門〉, '一人私情 害選擧', "選擧以生靈之公論爲主 君臣上下 扶植其公論之不逮 防遏其公論之侵害 選部之所差誤 臺諫駁論 人君正其是非 期至盡於選擧之得中而已 (중략) 上自人主下至僚友 聰明所及 如得可目之才 言及選部 以位搜集公論之道."
5. 최한기, 위 책 권1, 〈測人門〉 1, '총론' "輯群言合衆見."
"<u>合衆見而測人 公論自其中抽拔</u> 集群言而測人 達道在其中而榦立."

라는 말로서, 공론이 다수의 의견을 따르는 것이라는 점에서 큰 이견이 없을 것이다. 과거 천리(天理)를 구현하는 의론으로서의 공론이라는 관념적인 언사를 가시적인 다수 의견으로 대치하고 있다는 점에서 주목할 만하다. 문제는 후자이다.

'국심선인'조의 공론 관련 언급을 보면, "일국의 일은 마땅히 일국인과 공치(共治)해야 하고 한두 명의 사인(私人)과 하고 싶은 대로 다스려서는 안 된다. 국인과 공치한다는 것은 일국의 공론이 지망(指望)한 사람을 취해 관리로 임명하여 성과를 내도록 하는 것을 의미한다. (여기에서) 공론은 국인(國人)이 함께 받드는[共推] 의론이니, 공론이 아니면 무엇을 가지고 국인의 마음을 모을 수 있겠는가."[6]라고 하였다. 여기에서 공론은 관리 추천의 도구로서 사용되고 있는 점도 문제이지만, 더 중요한 것은 그것이 '국인'이 함께 받드는 것이라고 했을 때 그 '국인'이 포괄하는 범위가 어떻게 되는가 하는 점이다.

최한기가 생각했던 '국인'이 서북지방의 '향인'을 염두에 둔 것인지, 아니면 '인민'을 다 포함하는 개념인지 자세히 구명하는 것은 이 책의 취지를 넘어서는 것이므로 여기에서는 논외로 한다. 그렇지만, 앞에서 우리가 누누이 강조했던 '대·소민인'들의 집단적 움직임을 고려할 때, 그의 언급에서 대민과 소민의 이해관계를 염두에 두고 그 이해관계의 대립까지를 지양하는 '국인'을 기대하는 것은 어려울 듯하다. 그러니 그가 말한 '생령의 공론'도, 민을 공론의 주체의 하나로 인정했다는 의미에서 주목할 수도 있겠지만, 그가 여러 군데서 언급하고 있는 '민심', 즉 왕화의 대상이었던 '백성의 마음'과 그다지 크게 다를 것 같지는 않다. 대민들의 양보와 소민에 대한 이해가 전제되어야 전 인민을 포함한 '국인', '국민'이 시야에 들어올 수 있을 것이지만, 서양의 신지식에 대한

---

6. 최한기, 위 책 권16, 〈選人門〉 3, '國心選人', "一國之事 當與一國人共治 不可與一二私人從欲而治 取一國公論所指望之人 任官責成 卽與國人共治也 公論乃國人共推之論 非公論何以會國人之心也."

이해에도 불구하고 아직 그의 눈이 전 인민, 특히 소민들에게까지 고루 미치는 데 이르지는 못한 듯하다.

최근 근대적 공론장으로서 독립협회나 만민공동회가 다시 주목되는가 하면,[7] 19세기 '저항인민'에 의한 공론장의 구조변동이 검토되기도 하였다.[8] 아울러 이 시기 만민공동회 등을 통한 민중의 분출을 영·정조시대 사회적 역동성의 재분출로까지 이해하고자 하는 경향도 나타나고 있는 듯하나, 그 같은 민의의 분출이 조선의 공론정치와는 어떠한 관련을 가지는 것이며, 그 새로운 공론 형성과정에서 만들어졌던 공감대는 과연 근대 한국민의 정체성의 기반으로 전화할 수 있었던가는 더 추구되어야 할 과제로 남아 있다. 조선 '공론정치'의 변모를 근대 한국의 정체성 기반과 연결지어 검토할 필요가 제기되는 것이다.

공론이 강조되는 것은 예나 지금이나 변함이 없는 것 같고, 특히 황성신문 등 대한제국기의 신문들을 보면 "민의가 비등하고 공론이 행해지면" 모든 문제가 해결될 것으로 보는가 하면,[9] '일어교과서' 문제에 대해 2천만동포가 일대 공론을 일으켜 우선 정부에 청원하고 정부가 듣지 않으면 불가불 황상폐하께 읍소해 볼 것을 주장하는 등[10] 구래의 공론 담론이 그대로 이어지는 듯한 판단을 갖게 하는 다수의 글을 보게 된다. 그렇지만 역설적이게도, 조선시대에는 임금 이하 조정의 신료, 유생 일반에 이르기까지 상하 모두가 공론의 담지자로서 공론 구현의 주체로 자부하고 있었던 반면, 국망을 눈앞에 두고는, 정부 당국자들은 "암흑세계에 앉아 여전히 권력 다툼에 골몰하고 정치는 날로 부패"하여 한심한 지경이라 공론

---

7. 서희경, 《대한민국 헌법의 탄생 ―한국 헌정사, 만민공동회에서 제헌까지―》, 창비, 2012.
8. 송호근, 《인민의 탄생 ―공론장의 구조변동―》, 민음사, 2011.
9. "오호라 民意가 비등하고 公論이 행해지면 법 밖의 近侍가 나아가지 못하고 사인녹을 구하는 경우가 없어질 것이요 공적으로 행해지는 뇌물이 사라질 것이오 겉으로 권력을 빙자하는 것이 없어질 것"(《황성신문》, 1898년 11월 18일 〈官民共同會五條疏〉).
10. 《황성신문》, 1906년 4월 15일 기사 〈論日語教科書〉.

이 땅에 떨어지고 원기가 날로 꺾여 나가 망국의 길로 접어들고 있음을 개탄하는가 하면,[11] 심한 경우는 일부단체(일진회, 상업회의소)로부터 정부가 공론의 적으로까지 간주되고 있었다.[12] 공론 주체의 도치를 보게 된다. 우리는 어디에 비중을 두어 받아들여야 할 것인가.

조선 정치사에 대한 기존의 연구들은 조선시대 정치의 특징을 '공론정치'라고 규정하고, 이 공론정치가 조선후기, 특히 19세기 세도정치기에 들어오면 종식되는 것으로 설명하고 있다. 그런가 하면 정반대로 조선시대 내내 양반 중심의 사회체제는 강고하게 유지되어 왔다는 인식도 불식되지 않고 있다. 그렇지만 이 같은 견해들은 조선시대사, 조선 정치사를 양반 지배계급 중심으로 파악하는 것으로서, 조선사회 내에서조차 지배계급의 존재형태가 변화해 왔다는 사실, 그리고 조선후기 사회변동에 따라 정치운영방식에도 커다란 변화가 있었다는 사실을 제대로 설명해 주지 못하는 문제점을 가지고 있다. 그러니 식민지 시기의 조선이나 근대 한국의 자기 정체성의 기반을 전통과 연결지어 설명한다는 것은 아직 요원한 일인지도 모른다.

조선사회를 지탱하는 이념은 성리학이었고 이 성리학적 질서를 사회에 구현하고자 하는 주체로서 사대부 양반계급은 스스로 공론의 주체로 자임하고 초기 왕권의 전제화(專制化) 경향 속에서도 공론정치의 기틀을 다지고 발전시켜 나갔다. 중앙 관료기구로서의 언론(言論) 삼사(三司), 16세기 이후 활성화되기 시작한 유생공론(儒生公論) 등이 그 기초

11. 《황성신문》, 1906년 3월 15일자 〈논보호국연구문제〉, "오늘날 우리 (대)한의 상태를 보건대 진실로 한숨만 나오고 한심스러운 것이 한둘이 아니니, 정부의 당국자 제공은 암흑세계에 앉아 여전히 권력다툼에 골몰하고 정치는 날로 부패하며 탐욕스런 관리만 충원되며 교육은 날로 퇴보하고 의심과 아첨은 날로 치성하며 민생은 날이 갈수록 도탄에 빠져 추호도 쇄신의 희망이 없고 오로지 자기 자신만을 살찌우는데 사사로움을 좇고 있어서 공론이 땅에 떨어지고 원기가 날로 꺾여나가고 있으니 비록 평화로운 시절이라도 정계가 이와 같으면 바로 망하는 것이 필연이건만…."

12. 《황성신문》, 1904년 11월 1일 〈政府失職之責(一)〉; 1904년 11월 29일 〈讀商會趣旨書〉; 1906년 10월 11일 〈孀婦再怨〉; 1906년 10월 27일 有是官有是民〉 참조.

가 되었다. 16, 17세기에는 그야말로 초야의 유생들도 하나의 정치주체로서 성장할 수 있었으니 지배층으로서 본다면 공론 기반이 크게 강화된 것이었다고 하겠다.

조선의 지배층이 자신들의 집단 정체성을 강화시켜 나갈 수 있었던 데에는 지방 차원에서 계급적 기반을 갖추고 광범한 사족, 유생층을 동원할 수 있었던 것도 중요한 요인이었다. 향안(鄕案)을 기반으로 한 향회(鄕會)와 서원(書院) 등이 그 기반이었다. 그런데 이후 공론 담당층의 확산이라는 발전적 면모에도 불구하고 중앙정계가 당론(黨論)에 따라 분열되면서 공론 담당층 전반이 당론을 중심으로 분열되고, 이제 공론은 당론을 의미하는 것으로 변모하게 된다. 당인(黨人)들 스스로 공론의 대변자임을 자부하고 있었으므로 공론 담당층이 당론에 따라 나뉘는 것은 당연한 일이라도 할 수 있었지만, 18세기 왕권 강화의 시기에 들어오면 당인들의 당론은 부정되고 '공론정치'는 위기를 맞게 된다.

1920년대 안확이 정조대 이후의 정치를 평가함에 있어 '정당'정치, 즉 기존의 붕당정치가 종식되고 탕평정치가 추진된 것을 부정적으로 평가한 이래, 정치사 연구자들은 기존 공론정치를 뒷받침해 온 기제들이 혁파되거나 변화된 것을 근거로 하여 공론정치가 종식되는 것으로 평가해 왔다. 그런데 공론정치란 국왕(國王)과 대신(大臣), 대각(臺閣: 언론삼사), 그리고 그 지지기반이라 할 양반층의 역학관계 속에서 소장(消長)을 보여 온 것이기 때문에, 당인 사족들의 공론이 부정되었다고 하여 공론정치의 종식을 예단할 것은 아니었다. 정조는 양반 사족들의 공론만으로 국정을 운영할 수 없다고 보고, 새로운 정치논리를 모색하고 이를 실현할 수 있는 정치집단을 양성하기 위하여 노력하였는데,[13] 이는 새 시대에 맞는 공론의 새로운 구현방식을 모색하는 과정이기도 하였다.

정조는 직접 상언 격쟁을 통해 올라오는 일반 '대·소민인'의 의견을

---

13. 박광용, 〈진보적 개혁을 꿈꾸면서 보수적 개혁을 추진한 정조〉, 《실패한 개혁의 역사》, 역사비평사, 1997, 98-99.

듣기 위해 남다른 노력을 보여 주었다. '일시경외(一視京外)', '손상익하(損上益下)' 등의 정책기조 위에서 지난날 소외되었던 지역의 인재를 등용하고, 지배계급의 이익보다는 소민들의 이익을 우선시하였던 정책을 폈던 것도[14] 마찬가지 노력이었다. 새롭게 제기되고 있던 여론에 보다 주목한 것이었다고 하겠다. 문제는 새로운 공론의 지향점과 실현 방식이었다.

정조대까지만 하더라도 양반계급과 소민 사이의 간극을 해소할 수 있는 새로운 공론이 자리할 수 있는 공간은 넓지 않았고, 이를 뒷받침할 수 있는 새로운 제도도 제시되지 못하고 있었다. 정조 사후 그가 추진한 정책이 일시에 수포로 돌아갔던 것이 한계를 반영한 것이라 하겠다. 그럼에도 불구하고 각종 소원제도를 활성화시켜 일반 민의 의사를 수렴하고자 하였던 정조의 노력은 정소제도를 활성화시켜 지방사회의 새로운 공론의 장에 활력을 제공하였다. 18세기 중반 이래 향회가 기존 사족과는 지향을 달리하는 '대·소민인'의 의사결집의 장으로 새롭게 태어난 것은 이 시대가 이룬 성과의 하나였다.

처음 대·소민인들은 주로 부세행정을 보좌하는 수동적이고 소극적인 차원에서 관측에 이용당하는 면이 없지 않았으나, 향회가 정례화되고 다양화되며 그 구성원이 변화되는 가운데 자신의 영역을 확장할 수 있었다. 그리고 19세기에 들어와 중앙 조정이 한계를 보이기 시작했을 때, 중앙 권력에서 소외된 양반토호와 요호부민은 향회의 공간을 십분 활용하여 지방민들 전반의 의사를 결집시킬 수도 있었다. 중앙 지배층의 입장에서 보면 지방사회에서 '대·소민인'이 수령의 부세행정에 이의를 제기하고, 소원제도가 허락하는 한계를 넘어서 수령을 탄핵하고 고을에서 내쫓는 '민란'을 촉발하는 데 중심 기구의 역할을 했던 향회나, 그 연장선상에 있었던 '민회' 등은 결코 용납될 수 없는 것이었다. 그러나 앞에서 인용한 율곡 이이의 표현을 들어 다시 조선후기의 상황을 설명

14. 한상권, 〈정조의 군주론과 왕도정치〉, 《정조와 정조시대》, 서울대학교출판문화원, 2011.

한다면, 민들은 공론이 '위'에 있지 못한 상태이기 때문에 '아래'에서 향회나 민회를 통해서 문제를 제기한 것이었고, 이는 사회발전의 당연한 결과이기도 하였다. 다만 공론의 주체가 사대부에서 정치권력으로부터 소외되었던 요호부민이나 일반 평민층으로까지 확산되고 있었던 것이 16세기 이이가 살던 당시와 차이가 있었다.

따라서 18, 19세기 민의 입장에서 보았을 때 당시 상황은 권력에서 소외되어 왔던 대·소민들이 향회와 민회를 통해 새로운 공론정치의 기반을 만들어 나가고 있었던 것으로 평가할 수 있을 것이다. 그런데 19세기에는 향회나 민회를 통한 민의 공론이 중앙 정권 담당자에게 받아들여지지 못하고 있었고, 조선사회는 중앙권력(국가적) 차원에서 이들의 여론을 수렴할 수 있는 새로운 제도적 장치를 갖추는 단계에까지 이르지는 못하였다. 거기에는 전통사회로부터 오는 상·하, 대·소 인민에 대한 뿌리 깊은 차별인식이 깊이 자리하고 있다.

16세기 공론정치의 기본 틀을 제시한 이이가 국가에 대한 충(忠)을 얘기할 때 양반의 그것은 임금을 섬김에 성의를 다하고 자기 직무를 잘 수행하며[守職奉公] 국가와 존망을 같이한다는 점을 강조한 데 비해, 하인(下人)의 경우 상전을 섬김에 성의를 다하되 조금이라도 숨김이 있어서는 안 되고 지시하는 바가 있으면 부지런히 복역하고 힘들고 고달픈 것을 고생이라고 생각하지 말며, 소득한 물건은 반드시 상전에게 올릴 것을 먼저 생각해야 한다는 점을 강조한 바 있다.[15] 상하, 존비에 따른 책임과 의무가 엄격히 구분되는 것이 당연시되었던 것이다. 지배계급 내에서 이러한 관념은 19세기 후반에까지도 크게 극복되지 않았던 것이 사실이다. 임술민란이 발생한 철종 13년, 선무사 조구하를 통해 영남에 내려진 유시에는, 영남이 우리나라[我國]의 근본이 되는 땅으로

---

15. 이이, 앞의 책, 권16, 〈사창계약속〉, "忠於國家: 忠謂 盡誠事君 守職奉公 亡身許國之類 下人則 事上專以誠 不敢所有欺隱 有所使令 奔走服役 不歎勤苦 凡有所得之物 必欲獻于上典之類."

서 그 풍속이 질박하고 아름다우며 순후하다고 치켜세우면서, 선비[士] 대부분이 독서수행하며 충군사상(忠君事上)의 도리를 강(講)하고, 백성[民]들은 부지런히 농사지어 옷감과 곡식을 내어 공상(供上)하는 점을 강조하였다.[16] 사·민 사이의 엄격한 경계가 여전히 살아 있음을 보여 준 것이다.

1894년 개화파정권은 기존의 인식 틀에서 벗어나 갑오경장을 추진하면서, 당시 지방사회의 여론을 수렴할 수 있는 장치로서 향회를 제도화하고자 새로 '향회조규(鄕會條規)'를 만들었다. 그 향회는 우민관(愚民觀)을 견지했던 개화파가 가진 한계를 반영하듯 당시까지 조선사회가 만들어 나온 '민회'의 전통을 수용하는 것이 될 수는 없었지만, 그 시도마저 실패로 돌아갔다. 이어 등장한 대한제국에서는 그 향회 대신 구시대의 '향약장정(鄕約章程)'을 들고 나왔으니, 모두 당시 조선의 왕조정치가 갖는 한계를 반영한 것이었다고 하겠다.

그러나 위와 같은 시행착오가 있고, 그 밑바탕에 이 책에서 강조해온 19세기 이래의 향회와 민회의 전통이 있었기 때문에 갑오·광무 정권의 실패 이후에도 공화제(共和制) 등 다양한 정체(政體) 논의가 계몽운동 기간 내에 힘을 받을 수 있었던 것으로 추론한다면 억측이 될 것인가. 이상의 역사 경험이, 특히 대·소민인들의 합의에 기초한 공론이 일제하 3·1운동과 상해 임정의 정체 구상에 자연스럽게 반영될 수 있었던 것으로 보는 것이 지나친 추단만은 아닐 것이다.

---

16. 《임술록》 19쪽, 〈同治元年 4월 15일자 有旨〉; 《조선왕조실록》 철종 13년(1862) 4월 정묘, '頒下綸音 使宣撫使趙龜夏 諭嶺南父老士民'.

참고문헌

저서

고석규, 《19세기 조선의 향촌사회 – 지배와 저항의 구조 –》, 서울대학교출판부, 1998.

김 돈, 《조선전기 군신권력관계 연구》, 서울대학교출판부, 1997.

김영석 편, 《여론과 현대사회》, 나남출판, 1996.

김인걸 외, 《정조와 정조시대》, 서울대학교출판문화원, 2011.

김준형, 《조선후기 단성 사족층 연구》, 아세아문화사, 2000.

김현영, 《조선시대의 양반과 향촌사회》, 집문당, 1999.

망원한국사연구실, 《1862년 농민항쟁》, 동녘, 1988.

미야지마 히로시, 《나의 한국사 공부》, 너머북스, 2013.

박용운, 《고려시대 臺諫제도 연구》, 일지사, 1980.

서희경, 《대한민국 헌법의 탄생 – 한국 헌정사, 만민공동회에서 제헌까지 –》, 창비, 2012.

설석규, 《조선시대 유생상소와 공론정치》, 도서출판 선인, 2002.

송호근, 《인민의 탄생: 공론장의 구조변동》, 민음사, 2011.

안 확, 《조선문명사》, 안동서관, 1923.

윤대원, 《상해시기 대한민국임시정부 연구》, 서울대학교출판부, 2006.

이상희, 《조선조사회의 커뮤니케이션 현상연구》, 나남, 1993.

이태진, 《한국사회사연구》, 지식산업사, 1986.

______, 《한국유교사회사론》, 지식산업사, 1989.

이태진 편, 《조선시대 政治史의 재조명》, 범우사, 1985.
정석종, 《조선후기 정치와 사상》, 한길사, 1994.
정연태, 《한국근대와 식민지근대화논쟁 – 장기근대사론을 제기하며 –》, 푸른역사, 2011.
최승희, 《조선초기 언관·언론연구》, 서울대학교출판부, 1976.
______, 《조선초기 언론사 연구》, 지식산업사, 2004.
한상권, 《조선후기사회와 소원제도 – 상언·격쟁 연구 –》, 일조각, 1996.

Palais, James B., *Politics and Policy in Traditional Korea,* Cambridge, Mass.: Harvard University Press, 1991.
Price, Vincent, *Public Opinion*, Newbury Park, C.A.: Sage, 1992.

논문

구덕회, 〈언론과 언관〉, 《역사비평》 37, 1997년 여름호.
권오영, 〈1881년의 영남만인소〉, 《윤병석교수화갑기념한국근대사논총》, 1990.
김경래, 〈인조대 朝報와 공론정치〉, 《한국사론》 53, 2007.
______, 〈조선 공론정치론에 대한 비판적 검토와 제안 – 이이의 공론 개념을 중심으로 –〉, 《사학연구》 105, 2012.
김경숙, 〈等狀을 통해 본 조선후기 연명정소와 공론 형성〉, 《규장각》 36, 2010.
김선경, 〈19세기 농민저항의 정치 – 1862년 농민항쟁, 관민 관계 위기와 법담론 –〉, 《역사연구》 16, 2006.
김용민, 〈1860년대 농민항쟁의 조직기반과 민회〉, 《사총》 43, 1994.
김용섭, 〈일제관학자들의 韓國史觀〉, 《思想界》 1963년 2월호(역사학회 편, 《韓國史의 反省》, 신구문화사, 1969 재수록).
김인걸, 〈'民狀'을 통해 본 19세기 전반 향촌사회 문제〉, 《韓國史論》 23, 1990.
______, 〈사족의 향권과 수령권〉, 《한국사》 31, 국사편찬위원회, 1998.
______, 〈16, 17세기 재지사족의 거향관〉, 《한국문화》 19, 1997.
______, 〈정조의 국체인식〉, 《정조와 정조시대》, 김인걸 외, 서울대학교출판문화원, 2011.
______, 〈조선후기 여론과 정치〉, 《최승희교수정년기념논문집 – 조선의 정치와 사회 –》, 집문당, 2002.
______, 〈조선후기 재지사족의 '거향관(居鄕觀)' 변화〉, 《역사와 현실》 11, 1994.
______, 〈조선후기 鄕村社會 변동에 관한 연구〉, 서울대학교 박사학위논문, 1991.

______, 〈1960, 70년대 '내재적 발전론'과 한국사학〉, 《한국사인식과 역사이론》(김용섭교수정년기념사학논총 I), 지식산업사, 1997.
김현영, 〈조선후기 남원의 사회구조〉, 《역사와 현실》 2, 1989.
남지대, 〈15세기 조선사회와 농민〉, 《역사와 현실》 5, 1991.
박광용, 〈17, 18세기 조선의 국가와 공론〉, 《제44회 전국역사학대회 발표논문집》, 2001.
______, 〈조선의 18세기〉, 《역사학보》 213, 2012.
______, 〈진보적 개혁을 꿈꾸면서 보수적 개혁을 추진한 정조〉, 《실패한 개혁의 역사》, 역사비평사, 1997.
박찬승, 〈한국학연구 패러다임을 둘러싼 논의 – 내재적발전론을 중심으로 –〉, 《한국학논집》 35, 계명대학교 한국학연구원, 2007.
박현모, 〈정조시대의 공론 연구 – 대간의 활동과 유생들의 집단상소를 중심으로 –〉, 《한국정치연구》 11-2, 2002.
______, 〈조선왕조의 장기지속성 요인 연구 – 공론정치를 중심으로 –〉, 《한국학보》 30, 2004.
배항섭, 〈19세기 후반 민중운동과 공론〉, 《한국사연구》 161, 2013.
백민정, 〈최한기 정치론에서 民의 위상에 관한 문제〉, 《대동문화연구》 67, 2009.
송양섭, 〈19세기 부세운영과 '향중공론'의 대두〉, 《역사비평》 116, 2016 가을.
송웅섭, 〈조선 성종대 公論政治의 형성〉, 서울대학교 박사학위논문, 2011.
송찬섭, 〈농민항쟁과 민회〉, 《역사비평》 37, 1997년 여름호.
______, 〈1862년 진주농민항쟁의 조직과 활동〉, 《한국사론》 21, 1989.
안병욱, 〈19세기 향회와 민란〉, 서울대학교 박사학위논문, 2000.
______, 〈조선후기 자치와 저항조직으로서의 향회〉, 《성심여대논문집》 18, 1986.
오수창, 〈조선후기 체제인식과 민중운동 시론〉, 《한국문화》 60, 2012.
유봉학, 〈18.19세기 경・향학계의 분기와 경화사족〉, 《국사관논총》 22, 1991.
______, 〈조선후기 개성지식인의 동향과 북학사상 수용 – 최한기와 김택영을 중심으로 –〉, 《규장각》 16, 1993.
이근우, 〈18세기 공론정치 구조에 대한 시론〉, 《조선시대사학보》 71, 2014.
이수건, 〈정조조의 영남만인소〉, 《교남사학》 창간호, 1985.
이영호, 〈'내재적 발전론'역사인식의 궤적과 전망〉, 《한국사연구》 제152호, 2011.
______, 〈향인에서 평민으로 – 평안도 향인체제의 구조와 그 해체과정 –〉, 《한국문화》 63, 2013.
이영훈, 〈조선후기 이래 소농사회론의 전개〉, 《역사와 현실》 45, 2002.
이윤갑, 〈경상도 성주의 1862년 농민항쟁과 사회변동〉, 《대구사학》 155, 2014.

이태진, 〈18세기 한국사에서의 民의 정치적·사회적 위상〉, 《진단학보》 88, 1999.
이헌창, 〈한국사 파악에서 내재적 발전론의 문제점〉, 《한국사시민강좌》 제40호, 2007.
전형택, 〈17세기 담양의 향회와 향소〉, 《한국사연구》 64, 1989.
정만조, 〈사족의 향촌지배와 서원의 발달〉, 《한국사》 31, 국사편찬위원회, 1998.
______, 〈조선시대의 사림정치 ― 17세기의 정치형태 ―〉, 《한국사상의 정치형태》, 일조각, 1993.
정진영, 〈19세기후반 영남유림의 정치적 동향〉, 《지역과 역사》 4, 1997.
정창렬, 〈백성의식, 평민의식, 민중의식〉, 《한국민중론》, 한국신학연구소 편, 1984.
______, 〈한국사(학)에서의 민중 인식〉, 《리영희선생화갑기념문집》, 두레, 1989 (《정창렬 저작집Ⅱ, 민중의 성장과 실학》, 도서출판 선인, 2014 재수록).
한상권, 〈민소의 활성화와 민본정치〉, 《역사비평》 37, 1997년 여름호.
______, 〈정조의 군주론과 왕도정치〉, 《정조와 정조시대》, 서울대학교출판문화원, 2011.
______, 〈1811년 황해도 곡산지방의 농민항쟁〉, 《역사와 현실》 5, 1991.

Woodside, Alexander, "Territorial Order and Collective-Identity Tensions in Confucian Asia: China, Vietnam, Korea," *Daedalus* Vol. 127, No. 3, Early Modernities (Summer), 1998.

宮嶋博史, 〈東アジア小農社会の形成〉, 《アジアから考える6 ―長期社会変動 ―》, 溝口雄三・浜下武志・平石直昭・宮嶋博史 編, 東京大学出版会, 1994.

자료

국사편찬위원회 편, 《壬戌錄》, 1955.
국사편찬위원회 편, 《東學亂記錄》, 1959.
국사편찬위원회 편, 《各司謄錄》 11, 1982.
국사편찬위원회 편, 《嚮山日記》, 시사문화사, 1985.
국사편찬위원회 편, 《朝鮮社會史資料 Ⅰ(南原)》, 보경문화사, 1990.
한국정신문화연구원 편, 《古文書集成》 35(거제 구조라리편), 1998.
안동독립운동기념관 편, 《국역 경북지역 의병자료》, 선인, 2000.
오세창 등 편, 《嶺南鄕約資料集成》, 영남대학교 출판부, 1986.

內藤吉之助 편,《朝鮮民政資料 － 牧民編 －》, 이문사, 1977(1942).
이영훈 외 편,《한국 지방사자료총서》 1-30, 여강출판사, 1987-1990.

《조선왕조실록》.
《승정원일기》.
《비변사등록》.
《일성록》.
《홍재전서》.
《황성신문》.

《姜瑋全集》(강위).
《孤山遺稿》(윤선도).
《訥齋續集》(박상).
《東岡遺稿》(최시옹).
《晩村稿》(박종희).
《牧民心書》(정약용).
《三峰集》(정도전).
《笑菴先生文集》(조하위).
《順菴先生文集》(안정복).
《漁村集》(심언광).
《愚伏集》(정경세).
《栗谷全書》(이이).
《凝窩先生續集》(이원조).
《定本 與猶堂全書》(정약용).
《政要抄》(안정복).
《質庵遺稿》(이성중).
《海石日錄》(김재찬).
《厚齋先生集》(김간).

《星州民擾時前吏房徐宅鉉辨誣錄》(연세대학교 중앙도서관 소장).
《永嘉志》 안동부 읍지.
《龍城誌》 남원부 읍지.
《一善誌》 선산부 읍지.

Abstract

New Developments in '*Kongnon* Politics' During the Late Chosŏn Period: Local Councils and People's Assemblies in the 18th and 19th Centuries

Kim, Ingeol

This work views the political history of the Chosŏn period (1392-1910) from the perspective of '*Kongnon* politics' (the politics of public discourse). Survey histories of Chosŏn political history divide the dynasty into three major periods. The first is the period of factional politics centered on the political culture of '*sarim Kongnon*' (public discourse of the Neo-Confucian literati). The second is the period of impartial (*t'angp'yŏng*) politics superintended by the national monarch based on the notion that public discourse was best to be found in the monarch's pronouncements. The third is the era of royal in-law politics (*sedo chŏngch'i*). An additional feature of politics in the Chosŏn period found in prior research is that even while the politics of public discourse was observed, *Kongnon* politics was deemed to have been extinguished in the late Chosŏn period, especially with the arrival in the 19th century of royal in-law politics. However, such a view fundamentally apprehends Chosŏn political history as centered on the *yangban* ruling class. If one instead interprets the era by incorporating both the monarch as well as the members of non-ruling class (the *min*), then a completely different interpretation become possible. This work seeks to set forth a dynamic history incorporating jointly the *yangban* literati class, the general populace, and the monarch, grounded on research in social history that has greatly flourished since the 1980s.

Previous surveys paid only scant attention to new public discourse coming rising from below in society. These were the *Kongnon* expressed in the 'Local Councils' (*Hyanghoe*) and 'People's Assemblies' (*Minhoe*) of local society in the late Chosŏn period. When looked at from above, centered on the ruling class, it may indeed appear that the politics of public discourse was extinguished, but looking from below there was a new chapter of *Kongnon* unfolding. As Yi I (Yi Yulgok) said to the monarch Sŏnjo (r. 1567-1608) in identifying the core of the *Kongnon* politics, "If *Kongnon* derives from the Court, the country will be ruled, and if *Kongnon* derives from those literati out-of-office, the country will be confused. However, if it has neither of these two, the country will perish." His intent was to convince the monarch that since public discourse was blocked in the royal court, it was only natural that moral discussions appear among those out of power, and that this situation be accepted. More succinctly, his conclusion was that "If there is no *Kongnon* either from above or below, the nation will perish." However, because from the period of in-law politics in the 19th century a new form of *Kongnon* emerged from below, the nation encountered a new breakthrough and it may be said that in the face of the military force of imperialism the goal of securing independence was never forgotten for a moment.

The Local Councils and People's Assemblies had a new, emerging place in the public arena in the late Chosŏn period that paralleled the public discourse of the earlier *Kongnon* politics centered on *yangban* class, even as they at times criticized the vacuity of the *yangban*. The Local Councils and People's Assemblies represented the newly emerging public discourse of local society, because they were organizations that could garner the ideas and sentiments of the entire populace, both high-born and low-born. This may be understood as one of the bases for a new identity at variance with the prior *yangban* culture. However, this advent of new public discourse intermingled in both legal spaces and illegal ones, and they influenced each other as they collided in the existing public arena.

This work, excluding the preface, comprises four sections. The first one (Chapter 2) concerns the structure and the process by which *Kongnon* politics developed in the Chosŏn period. Reflecting the latest scholarship it newly defines *Kongnon* politics and is notable for incorporating a discussion of the *Hyanghoe* (Local Councils), which operated at the county and prefectural levels in the developmental process. *Kongnon* politics is determined to be the actualization of public discourse in real politics, as a moral discourse of the realization of the principles of heaven (天理). Accordingly in its fundamental essence it can be said to be the politics seeking the goal of realizing the ideal Confucian society. It was a natural phenomenon for *Kongnon* politics to spread to the locales, given the activities of each political force based on their local partisan positions in rural counties and prefectures. Yet, also it also reflected time-honored standards and local characteristics

The second section (Chapter 3) addresses the continuation of *Kongnon* politics and its subsequent rupture. It is an attempt to reconstitute, through a nuanced and overall reconsideration, a comprehensive understanding of scholarship on *Kongnon* politics to date. This section well delineates the central scholarly goal of the work: the quest for a more dynamic political history that treats not only the ruling class, but also takes account on the monarch, as well as the common people.

The third and fourth sections (Chapters 4 and 5) discuss the transformed nature of the Local Councils, and examine the diverse nature of the these councils in the 19th century. While the historical references are relatively limited in number, specific cases are discussed in detail and the development of the new form of *Kongnon* politics examined. One point of worthy of special note is that the tradition which began in the 18th century concerning government tax policies — conducting government business in line with public discourse of the general populace (both elite and commoner) assembled in one place — and continued into the 19th century. In light of this, the People's Assemblies may be understood as having grown through the transformation of an intermeshed relationship between the ruling class, the officials, and the populace, rather than as a sudden eruption of a new field of public discourse. Additionally, it is understood that the policies of the monarchs espousing impartiality exerted considerable influence, entirely separate from the intentions of the participants.

The Chosŏn monarchs espousing impartiality actively sought to listen to the opinions of the people. In particular, the monarch Chŏngjo (r. 1776-1800) brushed aside the opposition of literati in the royal court and lent his ear to all the problems afflicting the people. However, even through the era of Chŏngjo's reign, the space for new public discourse that could lessen the gap between the *yangban* class and the lower classes was not extensive, and no new system to alleviate the situation was advanced. In spite of this, the efforts of Chŏngjo to take account of the intentions of ordinary people through the activation of various systems of appeals by the populace, did invigorate the official appeal (呈訴) system, providing a new site for public discourse in rural society. As a result this was an achievement of the period, and from the mid-18th century onward, it gave birth to a new site for opinions to be garnered among the mighty and the low-born, an advance from the prior practice of the Local Councils being constituted by local elites.

At first the assembled populace, elite and commoners, were taken advantage of by state officials, and deemed largely passive advisors on issues of tax administration. However, as the Local Councils came to be settled they grew more diverse and as their constituent members changed as the scope for the members' action expanded. Additionally, with the 19th century when the central government began to evince limitations, alienated local *yangban* and the more affluent commoners strongly make use of the Local Councils and were able to garner the full extent of popular opinion.

From the perspective of the central ruling class, the Local Councils and their extension, the People's Assemblies, were unacceptable. They raised opposing opinions in local society to the tax policies of the magistrates, they exceeded the limits permitted by the official petition system through the group expression of their opinions and thereby excoriated magistrates receiving royal orders, and becoming a central apparatus in triggering 'popular uprisings' that forced magistrates from their posts. Taking the words of Yi I and seeking to explain the situation in the late Chosŏn period, because there was no *Kongnon* from 'above', issues were raised from 'below' via the Local Councils and People's Assemblies, and this was a natural result of social development. Except, however, this was now different age from that of Yi I in the 16th century, and the agents of *Kongnon* had shifted away from members of the established literati class to alienated local *yangban*, wealthy community members, and ordinary members of the populace.

Accordingly, the situation can be evaluated from the perspective of the people in the 18th and 19th centuries: the populace alienated from power used the Local Councils and People's Assemblies to form a new base for *Kongnon* politics. However, the public discourse in the 19th century deriving from the Local Councils and People's Assemblies was unacceptable to the ruling central government officials, and Chosŏn society could not reach the stage where a new apparatus that could systematically accommodate their discourse at the central (national) level of power. The roots of discrimination between people of the noble and base class, between those of great and small standing that came from traditional society were deep indeed.

The Kabo Reforms carried out in 1894 by the Enlightenment Party administration attempted to institutionalize, via its 'Regulations on Local Councils', the Local Councils as a body to garner popular opinion in local society, but the effort failed. In truth the reformers deemed the general populace to be ignorant and the Local Councils that the reformers attempted to set up remained limited in their ability to adopt the tradition of Popular Assemblies created by Chosŏn society. Additionally, during the Korean Empire period the Village Compact, dating from centuries in the past, was instead endorsed; it reflected all the limits of Chosŏn imperial politics.

However, because of the existence of the tradition of the Local

Councils and People's Assemblies discussed above, even after the failure of the Kabo reforms, they conferred strength during period the reform movement to diverse voices pondering new governmental forms, including those of a republic. Additionally, it seems no exaggeration to conclude that the March 1st movement during the Japanese Colonial Period and the design of the governmental form of the Shanghai Provisional Government naturally reflected that process and result.

찾아보기

발간사

'한국학'에 대한 관심과 요구가 국내외에서 높아지고 있다. 한국학을 전공으로 하는 학과도 생겨나고 한국학 연구자들의 국제학술대회도 종종 접하게 된다. 한국사회가 짧은 시기에 보여 준 역동적인 변화에 대한 학문적 관심이 나라 안팎으로 증대된 결과일 것이다. 한국의 역사와 문화, 사회적 경험이 점점 더 많은 연구자들의 관심대상으로 되고 있다는 사실은 매우 반가운 일이다.

한국학이란 고정된 분과학문 체계 내의 한 부분영역이 아니라 다양한 분과학문들이 함께 참여하는 학제적 연구의 성격을 지닌다. 한국학은 과거의 전통에 깊은 관심을 갖지만 현재의 문제들에도 주목하며 미래의 전망을 모색하는 작업도 포함한다. 인문학적 논의와 사회과학적 관심은 물론이고 자연과학적 문제의식과 예술적 시각이 함께 어우러지는 곳이다. 당연히 한국학은 국내의 연구자들이 자신의 특수성만을 부각시키는 폐쇄적인 장이 아니라 전 세계의 학자들이 자유롭게 참여하는 지적 토론의 공간이다. 한국을 대상으로 한 다양한 연구를 지원하며 진지한 논의와 지적 실험을 뒷받침하는 것이야말로 한국학의 가장 중요한 역할이라 할 것이다.

이런 의미에서 한국학은 한국의 문화와 역사적 경험을 전 인류의 문화유산과 역사적 경험의 한 부분으로 바라보는 전 지구적 시각을 요구받고 있다. 한국학은 한국사회의 경험을 연구하되, 그것을 21세기 세계사적 과제들과 더불어 사고함으로써 새로운 문명적 대안을 모색하는 전 지구적 논의에 적극적으로 동참하는 작업이 되어야 한다. 이런 종합적이고 개방적인 연구의 집적을 통해서만 한국의 특수성만을 절대화하는 오류에서 벗어나면서 동시에 서구의 눈으로 한국을 대상화, 타자화하는 오리엔탈리즘적 지역학의 한계도 극복할 수 있는 길이 열릴 것이다.

한국의 학문 발전에 큰 책임을 지고 있는 서울대학교는 한국학의 바람직한 발전을 위해 적극적인 역할을 하고자 한다. 이를 위해 별도의 연구기금을 마련하여 '한국학 장기기초연구 지원사업'을 추진하고 이 사업의 결과물들을 모아 연구총서, 자료총서, 모노그래프를 출간하기로 했다. 서울대학교 교수진의 연구역량과 진지한 문제의식들이 결집됨으로써 한국학의 연구수준이 더욱 높아지고 내용이 보다 풍부해질 것을 믿고 있다. 이 연구사업이 해를 거듭할수록 한국사회에 대한 이해가 깊어짐은 물론이고 한국의 경험을 통해 세계 학계의 시각과 논의도 더욱 풍성해질 것을 기대해 마지않는다.

2003년 8월

서울대학교 규장각한국학연구원 한국학연구사업위원회

저자약력

김인걸(金仁杰)
현재 서울대학교 인문대학 국사학과 교수
서울대학교 문리과대학 국사학과 졸업(문학사)
서울대학교 대학원 국사학과 석사 · 박사

주요저서:
《조선시기 사회사 연구법》(공저, 한국정신문화연구원, 1993)
《20세기 역사학, 21세기 역사학》(공저, 청년사, 2000)
《朝鮮의 政治와 社會》(공저, 집문당, 2002)
《정조와 정조시대》(공저, 서울대학교출판문화원, 2011)
《朝鮮時代 社會史 硏究 史料叢書》 1, 2, 3(공편, 보경문화사, 1986)
《한국현대사 강의》(공편, 돌베개, 1998)

서울대학교 규장각한국학연구원 한국학모노그래프

01 예빈도에 보인 고구려 : 당 이현묘 예빈도의 조우관을 쓴 사절에 대하여 | 노태돈

02 현대 한국유교와 전통 | 금장태

03 살인의 진화심리학 : 조선 후기의 가족 살해와 배우자 살해 | 최재천 · 한영우 · 김호 · 황희선 · 홍승효 · 장대익

04 무협소설의 문화적 의미 | 전형준

05 정조시대의 무예 | 나영일

06 벼락도끼와 돌도끼 : 고고자료에 대한 전통적 인식 연구 | 이선복

07 한국 옛 경관 속의 생태지혜 | 이도원

08 식민권력과 통계 : 조선총독부의 통계체계와 센서스 | 박명규 · 서호철

09 한국의 천연염료 : 전통염료와 천연염색기술 | 김재필 · 이정진

10 북한의 의학교육 | 박재형 · 김옥주 · 황상익

11 국문 글쓰기의 재탄생 | 권영민

12 사할린 귀환자 | 이순형

13 조선시대의 간척지 개발 : 국토 확장과정과 이용의 문제 | 박영한 · 오상학

14 3칸×3칸 : 한국 건축의 유형학적 접근 | 전봉희 · 이강민

15 위성영상을 이용한 북한지역의 해안습지연구 : 평안남도를 사례로 | 유근배

16 한국 구비문학에 수용된 재담 연구 | 서대석

17 한국 자본자유화와 금융자유화의 근년변화 : OECD 가입 및 IMF 사태 이후의 실상, 평가 및 대응 | 이천표

18 구어 한국어의 의향법 실현방법 | 권재일

19 조선시대 복식에 나타난 적색계 색명의 의미 | 남윤자 · 김순영 · 박성실

20 우리나라 인체기생충 및 의용절지동물의 동물상과 개요 | 채종일

21 경제개방이 우리나라 노동시장에 미친 효과 | 김대일

22 한국 고소설에 나타난 오이디푸스 콤플렉스 : 〈심청전〉·〈콩쥐팥쥐전〉 | 류인균

23 남북한 경제의 이질성 : 경제통합에 관한 함의 | 이지순

24 한국에서 마르크스주의 경제학의 도입과 전개과정 | 김수행

25 한국 장수인의 개체적 특성과 사회환경적 요인 : 호남지방 장수벨트를 중심으로
박상철 · 이미숙 · 이정재 · 한경혜

26 전통마을 경관요소들의 생태적 의미 | 이도원

27 한국의 중산층 | 홍두승

28 한국 여성의 건강증진행위 | 윤순녕 · 김숙영 · 이지윤

29 心과 性 : 茶山의 『孟子』 해석 | 금장태

30 20세기 초기 국어의 문법 | 권재일

31 한국의 고령노동 : 경제활동과 고용구조의 장기적 변화 | 이철희

32 웃음으로 눈물 닦기 : 한국 언어문화의 한 특질 | 김대행

33 한국의 좌파 경제학자들 | 김수행 · 김공회

34 온돌과 한국인의 수면 생활 : 침상 기후를 중심으로 | 최정화 · 김문숙

35 한국 고대의 온돌 : 북옥저, 고구려, 발해 | 송기호

36 한국 시민단체의 내부의사결정과정에 관한 연구 | 김준기

37 한국문화를 쓴다 : 강용흘의 『초당』과 이미륵의 『압록강은 흐른다』 비교연구 | 최윤영

38 정약용 사상 속의 과학기술 : 유가 전통, 실용성, 과학기술 | 김영식

39 仁과 禮 : 다산의 『논어』 해석 | 금장태

40 서양인의 한국 종교 연구 | 김종서

41 韓國詩話에 보이는 杜詩 | 이영주

42 한국의 소득불평등과 빈곤 : 소득분배 악화와 사회보장정책의 과제 | 구인회

43 한국인 치매환자의 행동 및 심리 증상의 횡문화적 특성 | 조맹제 · 김진영

44 한국 사회복지 네트워크의 구성과 효과성 : 지역종합사회복지관의 네트워크 구성과 조직 효과성을 중심으로 | 김준기

45 근대한국의 국제관념에 나타난 도덕과 권력 | 장인성

46 한국의 의료체제 : 제도와 지배구조 | 송호근

47 몽골제국과 고려 : 쿠빌라이 정권의 탄생과 고려의 정치적 위상 | 김호동

48 한국무협소설의 작가와 작품 | 전형준

49 한국 근대소설에 나타난 오이디푸스 콤플렉스의 이해 : 이광수, 김동인, 염상섭, 이상을 중심으로 | 류인균

50 한국의 하구역 : 하구둑 건설 이후의 지형변화 | 유근배 · 김성환 · 신영호

51 한국의 신용평가제도 | 이인호

52 전통 마을숲의 생태계 서비스 | 이도원 · 고인수 · 박찬열

53 두 개의 예외적인 복제체제 비교 연구 : 한국 복지국가 모형의 탐색 | 김태성

54 박정희 체제의 성립과 전개 및 몰락 : 국제적 · 국내적 계급관계의 관점 | 김수행 · 박승호

55 한국 서해안의 해안사구 : 지형학적 관점을 중심으로 | 유근배 · 류호상

56 『기우제등록』과 기후의례 : 기우제, 기청제, 기설제 | 최종성

57 한국어 술어의 사건 구조와 논항 구조 | 남승호

58 舊韓末의 韓獨 外交文書 '德案' 硏究 | 권오현

59 현대 한국어의 공시 형태론 : 경주지역어를 실례로 | 최명옥

60 서양문화를 쓴다 : 강용흘의 〈동양 서양에 가다〉와 이미륵의 〈압록강에서 이자르강까지〉 최윤영

61 시장발전과 경제개발 | 이승훈

62 고려국가와 집단의식 | 노명호

63 근현대 한국미술과 '동양' 개념 | 정형민

65 현대 한국복지국가의 제도적 전환 | 안상훈

66 순응과 저항을 넘어서 : 이승만과 박정희의 대미정책 | 신욱희

67 생태서식처로서 한국 서해안 해안사구 | 유근배 · 신영호 · 김대현 · 김성환

69 한국 정신보건서비스의 전개 과정: 사회서비스의 관점에서 | 강상경

70 일제의 한국 식민지화와 문명화(1904~1919) | 권태억

71 이즈미 세이이치와 군속인류학 : 뉴기니 조사를 중심으로 | 전경수

72 조선후기 공론정치의 새로운 전개 : 18, 19세기 향회, 민회를 중심으로 | 김인걸

서울대학교 규장각한국학연구원 한국학연구총서

1 지방문학사: 연구의 방향과 과제 | 조동일

2 한국 근대과학 형성과정 자료 | 문만용 · 김영식

3 목석의 울음: 손창섭 문학의 정신분석 | 조두영

4 통일한국의 농업 | 김완배 외

5 현대 한국사회의 철학적 문제: 사회운영원리 | 백종현

6 한국유교의 과제 | 금장태

7 韓國 古代 · 中世初期 土地制度史: 古朝鮮~新羅渤海 | 이경식

8 『무과총요』 연구 | 나영일

9 북한 주요 산업지역의 토지이용 변화와 개방지역에 관한 연구 | 황만익 · 이기석

10 재벌체제와 다국적기업: 경제개발의 두 가지 유형 | 이승훈

11 붉은악마와 월드컵 | 이순형

12 『조선왕조실록』 보존을 위한 기초 조사연구 (1) | 송기중 · 신병주 · 박지선 · 이인성

13 한국 근대의 사회복지 | 안상훈 · 조성은 · 길현종

14 한국어 체언의 음변화 연구 | 이상억

15 조선 중기 무예서 연구 | 나영일 · 노영구 · 양정호 · 최복규

16 1950년대 사회주의 건설기의 북한 보건의료 | 황상익

17 후발 산업화와 국가의 동학: 탈관료화와 강성국가의 공동화 | 하용출

18 조선 후기의 기술도: 서양 과학의 도입과 미술의 변화 | 정형민 · 김영식

19 韓國 中世 土地制度史: 朝鮮前期 | 이경식

20 남북 언어의 문법 표준화 | 권재일

21 50권본 『화엄경』 연구 | 이승재